U0552434

长江文明

冯天瑜
马志亮
丁　援
◎
著

中信出版集团｜北京

图书在版编目（CIP）数据

长江文明 / 冯天瑜，马志亮，丁援著. -- 北京：中信出版社，2021.9（2022.7重印）
ISBN 978-7-5217-2573-5

Ⅰ.①长… Ⅱ.①冯…②马…③丁… Ⅲ.①长江流域—文化史—研究 Ⅳ.①K295

中国版本图书馆 CIP 数据核字（2020）第 265829 号

长江文明

著　　者：冯天瑜　马志亮　丁援
出版发行：中信出版集团股份有限公司
（北京市朝阳区惠新东街甲 4 号富盛大厦 2 座　邮编 100029）
承　印　者：河北鹏润印刷有限公司

开　　本：787mm×1092mm　1/16　　插　页：16
印　　张：20　　字　　数：554 千字
版　　次：2021 年 9 月第 1 版　　印　　次：2022 年 7 月第 10 次印刷
书　　号：ISBN 978-7-5217-2573-5
定　　价：79.00 元

版权所有·侵权必究
如有印刷、装订问题，本公司负责调换。
服务热线：400-600-8099
投稿邮箱：author@citicpub.com

自然长江

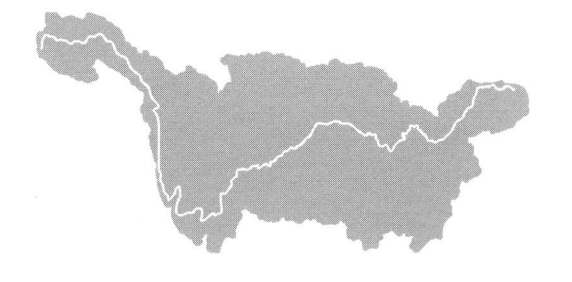

人文长江

目录

长江礼赞　　　　　　　　　　　III
导　言　　　　　　　　　　　　V

第一章　自然长江

第一节　流域　　　　　　　　　002
第二节　干流　　　　　　　　　008
第三节　支流　　　　　　　　　021
第四节　湖泊　　　　　　　　　039

第二章　自然长江认知史

第一节　主干之辨　　　　　　　052
第二节　江源考察　　　　　　　060

第三章　大河文明纵览

第一节　诸大河文明　　　　　　　　　　　　074

第二节　"人类文明发生线"横贯长江流域　　　104

第四章　文化分区

第一节　上游：羌藏文化、滇黔文化、巴蜀文化　125

第二节　中游：荆楚文化、湖湘文化　　　　　　140

第三节　下游：赣皖文化、吴越文化　　　　　　155

第五章　文明演进

第一节　中华文化的母亲河　　　　　　174

第二节　经济文化重心南移　　　　　　184

第三节　近代文化的推进线路　　　　　200

第六章　水运交通

第一节　早期运河工程　　　　　　　　218

第二节　长江与黄河的纽带：汉江　　　232

第三节　近代航运　　　　　　　　　　240

结　语　守护与瞻望　　　　　255

注　释　　　　　　　　　　　259

参考文献　　　　　　　　　　279

图片来源　　　　　　　　　　299

长江礼赞

长江，从雪山走来，自北而南，腾跃于羌藏滇群峰间，又东折入川，接纳巴蜀众水，汇巨流冲决川东绝壁，迎来荆楚平野阔，月涌大江流，江汉朝宗东去也，阅尽吴越繁盛，倾注大海不复返，以180万平方千米的丰美沃土，天赐中华。

长江，穿行于北纬30度南北。这是人类古文明（埃及、巴比伦、波斯、印度、中国）的发生线，而长江流域是其中自然条件最为优胜的地段——其他诸域皆因副热带高压控制，成为干旱的沙漠带，文明凭大河灌溉，而长江流域西边有横断山脉、青藏高原崛起，阻断太平洋湿暖季风，形成地球上少有的亚热带降雨丰富的地段，水热资源俱富。长江流域是中国乃至世界经济、文化最具发展潜力的区域，天赐中华。

回望古史，黄河流域对中华文明的早期发育居功至伟，而长江流域依凭巨大潜力，自晚周疾起直追，巴蜀文化、荆楚文化、吴越文化与北方之齐鲁文化、三晋文化、秦羌文化并耀千秋。龙凤齐舞、国风—离骚对称、孔孟—老庄竞存，共同构建二元耦合的中华文化。中唐以降，经济文化重心南移，长江迎来领跑千年的辉煌。近代以来，面对"数千年未有之大变局"，长江担当起中国工业文明的先导、改革开放的先锋。

长江流域人文兴盛，大江东去，浪淘尽，千古风流人物，当下正在创造更加壮阔的现代文明。试看今日之环球，长江正辉耀于东方。

2021年3月于武汉大学中国传统文化研究中心

导言

一

水是有机生命的源泉，而文化由人这一高级有机体创造，因此，水（尤其是人类饮用、农作物灌溉需要的淡水）是文化生成的必备条件。人类有了稳定的淡水供应，方可经营定居农业，进而跨入文明门槛（以城市的出现、文字的发明及金属工具的使用为标志）。而能够为人类生存及文明发展源源不绝地提供淡水的，主要是河流。

河流，是指陆地表面经常或间歇流动的天然水体。汉字的河流拟名甚多，大者如"江、河、川"，小者如"沟、涧、溪"，被统称为"水"（《水经注》称黄河为"河"或"河水"，称长江为"江"或"江水"）。江河纵横奔腾的流域，因有充沛的淡水供应和便利的水运条件，成为文明的发祥地。四大文明古国，皆仰赖大河的恩惠，比如，幼发拉底河、底格里斯河之于古巴比伦文明，尼罗河之于古埃及文明，印度河、恒河之于古印度文明，黄河、长江之于中华文明。古希腊"历史学之父"希罗多德称："埃及是尼罗河的赠礼。"此语适用于诸大河文明，巴比伦、印度、中国等文明古国，也都是江河的赠礼。

二

诸大河文明奠定人类文明的基础，又多已被取代而消弭在历史长河之中，如尼罗河文明被希腊化、伊斯兰化，两河流域文明被波斯征服，印度河文明先后雅利安化、伊斯兰化，而中华文明于起伏跌宕间传承不辍,其重要原因之一是中国领域广阔、地理形势错综,存在平行互补且有自然屏障相间的两个大河文化——雄浑的黄河文化和清奇的长江文化,所谓"北俊南孅。北肃南舒。北强南秀。北僿南华"。[1] 当黄河流域因垦殖过度、气候转向干冷、胡马南征而文明渐趋衰落之际,长江流域后来居上,发挥其优越的自然禀赋,成为粮食、衣被、财赋的主要供应区和人文胜地。黄河流域邻近游牧区,一旦长城被突破,就可能被游牧人占据。而"长江天堑"成为一道防卫线,拥有巨大经济、文化潜力的长江流域为华夏文明提供退守、复兴的基地。经由长江文化对黄河文化的承接与创造性发挥,自强不息、厚德载物的中华精义得以保持与光大。得两条大河的滋养与回护,是中华文明于数千年间延绵伸展、从未中绝的原因之一。正如近人梁启超(1873—1929)所说:"中国何以能占世界文明五祖之一。则以黄河扬子江之二大川横于温带。灌于平原故也。"[2]

三

黄河纵横于北温带 80 万平方千米的高原和平原,那里曾经是林茂草盛、自然生态良好的地域,先民在黄河诸支流(如洛水、渭水、汾水等)流经的台地采集、狩猎,进而发展农耕业,奠定文明根基。现代意义的考古学在 20 世纪初展开于中国,首批田野考古用力于黄河中下游。仰韶、龙山、大汶口等新石器文化遗址的发现,殷墟等商周故城的发掘,与《尚书》《左传》《史记》等传世史典对先夏及夏、商、周三代文化在黄河流域繁衍的记述相映照,学界据此确认"黄河流域是中华文化发祥地"。

长江流域广及 180 万平方千米,恰在北纬 30 度线这一"人类文明发生线"两侧。20 世纪 70 年代,浙江余姚发现河姆渡文化,其人工驯育稻谷推定距今 7 000~8 000 年,随后又发现长江下游的良渚、马家浜,中游的屈家岭、石家河,上游的大溪等"稻作文化",湖南道县更发现距今万余年的人工驯育稻谷。故长江流域"稻作文化"历史之久远,绝不让于黄河流域"粟作文化"。"黄河流域和长江流域是中华文化的两大发祥地"成为学界新共识。

四

  黄河流域和长江流域同为中华民族的摇篮。

  就古人类栖息和农业发明的时间而言，长江流域似早于黄河流域。然而，黄河流域的黄土层结构均匀、松散，具有良好的保水与供水性能，蕴含较高的自然肥力，便利于木石—铜石农具时期的垦殖。虽然年降水量较少，但雨水集中在夏季，有利于粟、稷、菽、麻等旱作物生长，黄河流域率先成为定居农业文化发达地区。古史所载之五帝（黄帝、颛顼、帝喾、唐尧、虞舜）以及海岱地区的太昊、少昊所代表之族群，多活动于黄河上、中、下游，夏、商、周、秦、汉、唐的都城及经济、文化繁盛地带，皆在黄河流域。以《诗经》代表的商周文学，儒、墨、法等学术流派，主要展开于黄河流域，形成齐鲁、三晋、三秦等繁富的文化区。

  古时长江流域瘴气弥漫，土壤黏结，以木石器及初级金属器开垦不易，故先夏及夏、商、周时期农耕经济落后于黄河流域。当金属器（尤其是铁器）普及为农具后，长江流域优越的水热条件渐次得以发挥。春秋战国时的巴蜀、荆楚、吴越等文化区在长江上、中、下游竞起，以屈骚代表的楚文学及道家等学术流派，主要在长淮滋衍。

  自东周以降，黄河—长江双峰并峙，"风—骚"竞辉，"儒—道"相济，构造了中华文化"和而不同"的多元一体格局。

  自汉武帝经营南方，尤其是东晋、中唐、两宋之际，中原士女南渡，铁制农具与牛耕普及。在黄河流域继续发展的同时，长江流域得以开辟和熟化，演进为物产丰富、人文兴盛的地区。从隋唐到宋元明清，长江下游及长江中游相继成为粮米、布帛的主要供应地。唐代有"赋出天下而江南居十九"[3]之说，南宋有"苏湖熟，天下足"之谣，明清更流行"湖广熟，天下足"之谚。总之，自秦汉起，在黄河流域以政治经济重心雄踞中华之际，长江流域的开发也取得长足进展，后来居上。以户口论，在西汉，北方与南方之比为 3∶1；到东汉则变为 6∶5，已大体持平，至北宋则为

4∶6，南方呈反超之势。[4]

明清之际学者王夫之《读通鉴论》议及文化南移："三代以上，淑气聚于北，而南为蛮夷。汉高帝起于丰、沛，因楚以定天下，而天气移于南。"黄宗羲更具体地述评中古至近古文化的南北变迁："秦、汉之时，关中风气会聚，田野开辟，人物殷盛；吴、楚方脱蛮夷之号，风气朴略，故金陵不能与之争胜。今关中人物不及吴、会久矣，……而东南粟帛，灌输天下，天下之有吴、会，犹富室之有仓库匮篋也。"[5] 然而，经济重心南移并不意味着军政重心的随之南移，因为军政重心的确立除经济因素外还有别种缘故，如地理位置居中以驭四方、择都的习惯性标准、抗御北方胡人的战略考虑等，这使得经济重心已经南移的诸王朝大多仍将首都设在北方。位于黄河流域的军政中心，须依凭东南财赋的支撑。为调适这种"政北—经南"的格局，隋唐至宋元南北运河开掘，以繁庶的长江经济支撑地处北方的政治军事中心。随着大运河的开通，由黄河、长江、汉水、大运河构成的中华文化内环线形成。"西北甲兵"与"东南财赋"共同构成唐、宋、元、明、清各朝赖以立国的两大支柱，而两大支柱所依托的正是黄河与长江，尤其是经济、文化潜力巨大的长江。

五

长江流域在中华文明中的地位日益提升，近代尤甚。除了与其优越的自然条件有关之外，也与整个中国近代文化发生发展的推进线路相关。中国近代文化的发生发展，大体是由东南向西北渐次推进的。第一次鸦片战争之后的通商五口都位于东南沿海。长江入海口的上海成为最大通商口岸。第二次鸦片战争之后，在增开的10个商埠中，长江流域就有4个（汉口、九江、南京、镇江），开放口岸已从沿海各地深入到长江中下游地区。此后数十年，上海、南通、镇江、南京、芜湖、安庆、九江、武汉、沙市、宜昌、重庆、成都等沿江城市逐渐连为一体，形成长江城市带。由通商而刺激生发的近代工业不断吸引人流涌入，各江城规模与日俱增，功能远胜以往，中国近代中期最重要的两大工商业基地，即以上海为中心的长江三角洲地区和以武汉为中心的江汉交汇地带。与此同时，中国的近代文化也循长江水道，自东南沿海向内陆渐次展开。

1911年10月，武昌首举义旗，上海、南京等沿江城市奋起响应，协力颠覆清廷，创建民国。当时的长江成为新旧、中外文化竞演的舞台，引领着中国的近代化进程。时至今日，长江仍为中国最广阔、繁盛之流域经济区，在保持经济强劲增长的同时，也纾解着生态的巨压，维系着中华文明的持久生命力。

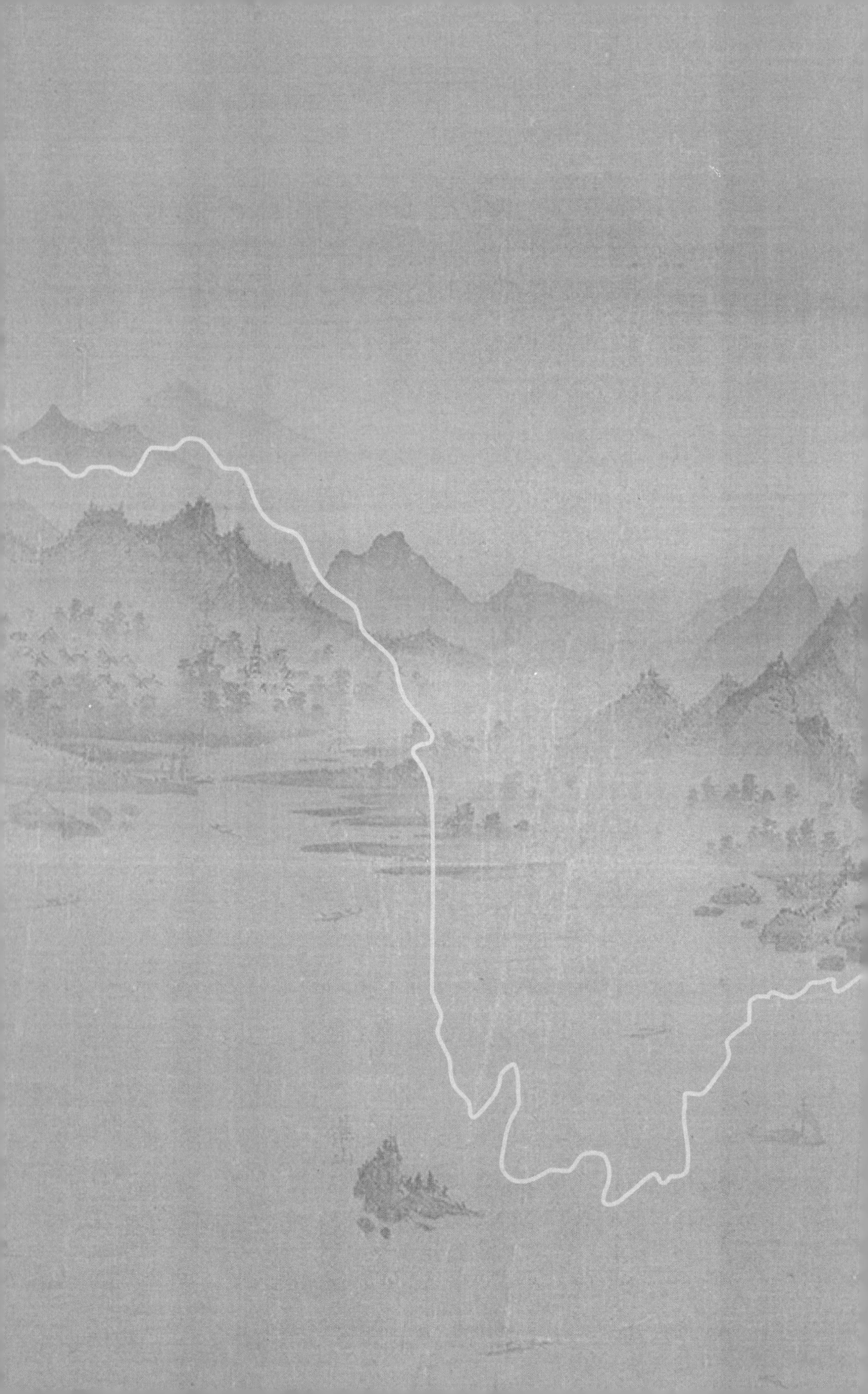

第一章 自然长江

第一节

流域

一、巨川初成

诗圣杜甫曾作七言绝句，其中两句云：

尔曹身与名俱灭，不废江河万古流。

——《戏为六绝句 其二》

唐人杜甫从人类历史视野，反观大江大河，以为万古长存，而今人站在地球46亿年历程的高度，可知江河不过为大地演变过程中的匆忙行者。

2.4亿年前，随着盘古大陆持续的板块分离运动，劳亚大陆（北方大陆）和冈瓦纳大陆（南方大陆）之间涌入大量海水，形成一片巨大的水域，这就是特提斯海（古地中海），今之地中海乃其残余。特提斯海发育在陆壳之上，并非真正的海洋。现今的长江流域所在地，彼时正没于这一片西部狭窄、东部辽阔的浅海之中。

1.95亿年前，印支造山运动引起我国西部地壳上升，特提斯海大规模西退，今长江上游所在地壳开始崭露头角，向西流入特提斯海的古长江雏形初现。

1.4亿年前，燕山运动进一步抬高青藏高原，令特提斯海继续退缩，今长江中下游的大别山、巫山等山脉逐渐隆起。

1亿年前，冈底斯板块的北移导致四川盆地缓慢抬升，云梦、洞庭盆地沉降。以三峡地区为分水岭，相背而流的东、西古长江各自形成，西江流入四川盆地的巴蜀湖，东江流入云梦、洞庭盆地的湘鄂湖。

4 000万~3 000万年前的喜马拉雅造山运动，形成喜马拉雅山脉，特提斯海消退，于2 000万~1 000万年前完全消失，今长江上游地区急剧抬升，中下游地区也和缓爬升，奠定了今日长江流域阶梯式东西分异的格局。

300万年前，喜马拉雅山脉再度强烈隆起，进一步抬高今长江上游地区。早更新世（300万~100万年前），长江仍处分段状态，大致分为古金沙江、宜宾—宜昌段古长江和湖口以下段古长江三部分。

120万年前，昆黄运动令西部山地隆起，并逐渐形成高原冰冻圈。至末次间冰期（13万年前），气候变暖，冰川加速消融，河川径流陡增，终于切穿巫峡，贯通东西，形成如今的东流水系。

二、地理状貌

长江是一条舞动的巨龙，自青藏高原唐古拉山脉[①]各拉丹冬[②]雪山蜿蜒东下，一路横穿中华大地中部，汇纳众水，注入东海，全长6 300余千米，仅次于尼罗河和亚马孙河，是世界第三长河（见图1-1-1）。由其干支流编织的庞大水网，散布在北纬24度30分~35度45分、东经90度33分~122度25分的广阔区域，东西直线距离达3 219千米以上，南北宽度一般可达966千米（除江源及三角洲地区外），流域面积达180万平方千米，几乎占中国陆地总面积的1/5。长江养育5亿多人口[③]，蕴含着丰富的页岩气、锰、钒、钛、钨、锡、锑、稀土、锂、磷等矿产资源。[1]

---

① "唐古拉山"藏语意为"高原上的山"，蒙语意为"雄鹰飞不过的高山"。
② "各拉丹冬"藏语意为"高高尖尖的山峰"。
③ 据《2018中国统计年鉴》，2017年长江经济带总人口为59 501万。

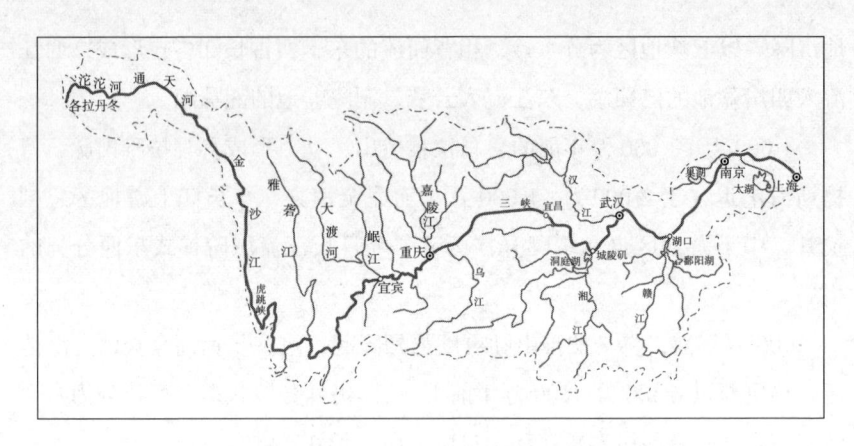

图 1-1-1　长江流域示意图

长江是中国水量最丰富的河流，多年平均年径流量约为9 600亿立方米，占全国河流年径流量的36%，是黄河的20倍，仅次于亚马孙河与刚果河，居世界第三位；水能蕴藏量为2.68亿千瓦，占全国水能蕴藏量的40%，其中可开发量为1.97亿千瓦，占全国可开发量的53.4%，仅次于刚果河与亚马孙河，也居世界第三位。[2]长江各级支流约有7 000条，其中通航河流共有3 600条。截至2015年底，长江干支流水系通航里程达6.5万千米，占全国内河通航总里程（12.7万千米）的51%，其干线货运量自2005年以来一直居于世界首位。长江是世界上运量最大、通航最繁忙的河流。[3]

在长江的各大支流中，流域面积在8万平方千米以上的有8条，分别是上游的雅砻江、岷江、嘉陵江、乌江以及中游的湘江、沅江、汉江、赣江，其中长度以汉江为最，流域面积以嘉陵江为最，流量以岷江为最（见表1-1-1）。

表1-1-1　流域面积大于8万平方千米的支流概况[4]

所在水系	支流名称	流域面积 （平方千米）	多年平均年径流量 （立方米/秒）	河道长度 （千米）	天然落差 （米）
金沙江	雅砻江	128 556	1 914	1 535	4 420
岷江	岷江	135 000	2 850	735	3 560
嘉陵江	嘉陵江	159 357	2 120	1 120	2 300

(续表)

所在水系	支流名称	流域面积（平方千米）	多年平均年径流量（立方米/秒）	河道长度（千米）	天然落差（米）
乌江	乌江	87 770	1 690	1 037	2 124
洞庭湖	湘江	94 815	2 070	856	756
洞庭湖	沅江	88 451	2 070	1 033	1 462
汉江	汉江	154 804	1 640	1 577	1 962
鄱阳湖	赣江	80 948	2 130	819	937

长江流域还拥有总面积约 2 万平方千米的湖泊，我国五大淡水湖中的四座——鄱阳湖、洞庭湖、太湖和巢湖——皆位于长江中下游地区（见表1-1-2）。

表 1-1-2　长江流域主要湖泊的特性[5]

湖泊	所在省	水位高程（吴淞基面）(米)	面积（平方千米）	容积（亿立方米）	平均水深（米）
鄱阳湖	江西省	22	3 900	289	7.41
洞庭湖	湖南省	33.5	2 623	167	6.37
太湖	江苏省	3.1	2 338	48.7	2.08
巢湖	安徽省	10	780	48.1	6.17
洪湖	湖北省	25	344	10.8	1.92
梁子湖	湖北省	17	304	10.8	3.56
滇池	云南省	1 887.5	311.9	15.9	5.11

北纬 30 度线横贯，是长江流域的一大特色（见图 1-1-2）。受制于副热带高压，北纬 30 度线附近多为干旱少雨地带。但长江流域较为特殊，其西部横断山脉、青藏高原的崛起，将来自太平洋的温暖湿润的东南季风拦在其东面，使长江流域成为北纬 30 度线附近不可多得的雨量充沛地带，全流域年平均降水量达 1 126.7 毫米[6]，拥有丰富的水热资源供应，具备较大的文明发展潜力。

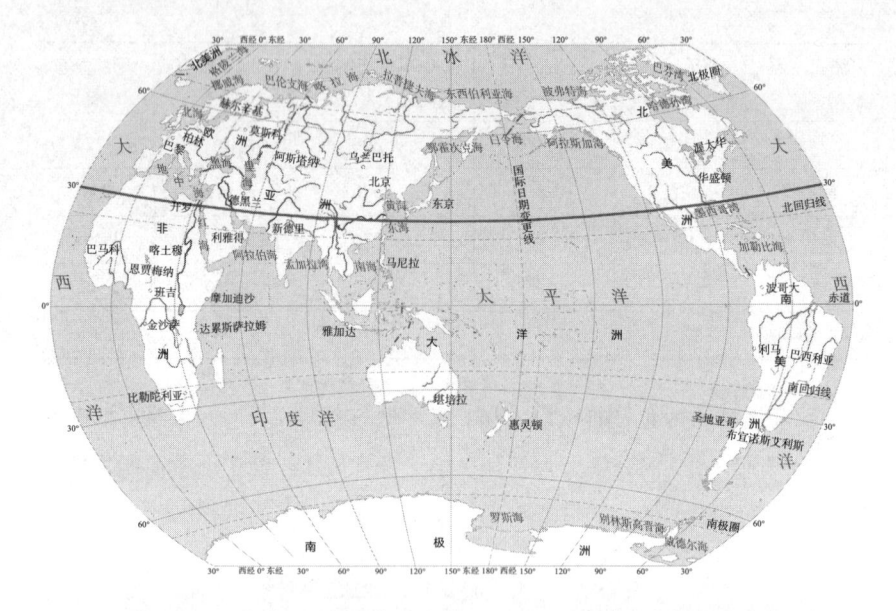

图 1-1-2　北纬 30 度线横贯尼罗河、两河、印度河与长江示意图

长江自西向东横跨中国第一、二、三级阶梯，整个流域分上、中、下游，以湖北宜昌与江西湖口为分界点，上、中、下游的长度分别为 4 504 千米、955 千米和 938 千米，流域面积分别为 100 万、68 万和 12 万平方千米[7]，各河段地理环境差异较大。长江流域土地宽广，山地、高原和丘陵约占全流域总面积的 84.7%，平原占 11.3%，河流、湖泊等水面占 4%。[8] 其中，长江的上游地区横跨第一、二级阶梯，地形以高原和山脉为主，一般海拔为 500~5 000 米（其中一级阶梯的一般海拔为 3 500~5 000 米，中间过渡带的一般海拔为 2 000~3 500 米，二级阶梯的一般海拔为 500~2 000 米），坡陡流急，不便航行，滑坡、崩塌、泥石流等灾害多发。中下游地区则以第三阶梯为主，流域内的地貌类型众多，以丘陵和平原为主，水流平缓。

长江流域大部分地区为亚热带季风气候区，气候温暖湿润；金沙江石鼓—雅砻江洼里—大渡河康定一线以北、海拔 3 000 米以上的整个高原地区则为高原气候区，内部区划复杂，气候差异较大。

长江流域的降水呈由西北向东南递增的趋势。除江源区年平均降水量仅为250~500毫米之外，大部分区间的年平均降水量为800~1 600毫米。由于季风进退的时空差异，各地雨季的开始有先后之别，鄱阳湖、洞庭湖水系开始于3~4月，随之逐渐向西北移动，10月以后，全流域雨季结束。由于受到季风带来的丰沛降水的影响，长江流域每年的汛期长达半年。通常在每年5月，干支流水量明显增大；7月、8月，洪水形成；10月，洪水逐渐消退。

长江流域因地域跨度大，气候类型多样，地形复杂，以及人类活动的作用，发育了森林、草地、灌丛、湿地、荒漠以及农田、城市等多种生态系统类型，孕育了丰富的生物类群，拥有14 000余种高等植物，其中重要保护植物有574种，如石斛、天麻、金萼杜鹃、冷杉、油松、翠柏、楠木等；拥有400余种鱼类，其中纯淡水鱼类有360种左右，淡水鱼类之多居全国各水系之首，约占全国淡水鱼类种类数的1/3，其中156种为长江特有鱼类[9]，如中华鲟、白鲟[①]、达氏鲟、胭脂鱼、长薄鳅、川陕哲罗鲑、岩原鲤等；拥有145种两栖动物，约占全国两栖动物种类数的45%，其中重要保护两栖动物有55种，如大齿蟾、凹耳蛙、中国瘰螈、盐源山溪鲵等；拥有166种爬行动物，其中重要保护爬行动物有87种，如乌梢蛇、乡城竹叶青蛇、太白壁虎、青海沙蜥、斑鳖、扬子鳄等；拥有762种鸟类，约占全国鸟类总数的62%，其中重要保护鸟类有153种，如峨眉柳莺、红腹山雀、蓝马鸡、四川林鸮、鸳鸯等；拥有280种哺乳动物，其中重要保护哺乳动物有146种，如长江江豚、中华竹鼠、雪豹、大熊猫、野牦牛、藏羚羊、梅花鹿等。[10]

---

① 2019年12月23日，《整体环境科学》发布论文称长江白鲟已于2005—2010年灭绝。

第二节

干流

以湖北宜昌与江西湖口为分界点，长江干流分为上游、中游和下游三段，长度分别为 4 504 千米、955 千米和 938 千米，各河段水文状况差别较大。长江源头至四川宜宾的上游河段，落差超过 5 000 米（见图 1-2-1），除江源段水流较缓外，其余段水流湍急，水能资源非常丰富。长江自宜宾开始，水流趋缓，冲过山高谷窄、水深流急的宜昌三峡后，流速顿减，泥沙沉积，河底抬高，河道曲折，加之汇集支流，水量大增，故洪灾多发。长江下游大支流不多，水量增加不明显，但水网密布，湖泊星罗棋布，是全国水网最密集的地区之一。镇江以下进入长江三角洲，江面逐渐展宽，至江阴以下形成喇叭状河口，江海相连，蔚为壮观。因海水顶托，江水流速减慢，泥沙沉积，多沙洲分布。

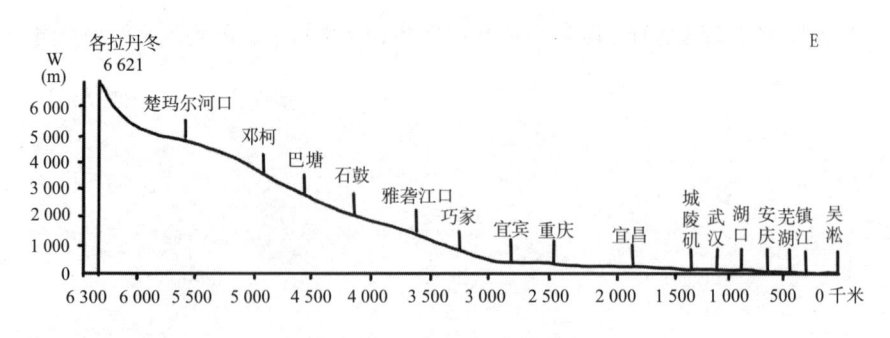

图 1-2-1　长江干流剖面图

一、上游

长江上游河段全长约 4 504 千米，流域面积约 100 万平方千米，占全流域的 55.6%，多年平均年径流量为 4 510 亿立方米，约占全流域的 47%。以楚玛尔河口、青海玉树巴塘河口、四川宜宾为分界点，长江上游分为江源、通天河下游、金沙江和川江四段，长度分别为 624 千米、约 550 千米、约 2 290 千米、约 1 040 千米。江源段水系呈扇状分布，除山区源头段外，水流较为平缓；通天河下游段属峡谷型山区河道，水流较急；金沙江段流经高山峡谷，坡陡流急，水量充沛，水能丰富，但泥沙较多，滑坡、崩塌、泥石流等灾害多发；川江段河谷开阔，可全年通航机动船舶。

（一）江源及通天河

长江源地区位于青海省西南部海拔四五千米的高原腹地，介于东经 90 度 33 分~95 度 20 分、北纬 32 度 26 分~35 度 45 分之间，北以昆仑山脉与柴达木盆地内陆水系为界，西与藏北内陆水系毗连，南以唐古拉山脉与怒江和澜沧江源头水系相邻，东至楚玛尔河口，面积约为 102 700 平方千米。江源区深处内陆高原，南北高山耸峙，地形呈半封闭状态，受海洋性风系影响较弱，属大陆性气候，无明显四季之分，仅有干、湿季之别，5~9 月为湿季，余为干季。

长江江源由三大源流组成，分别是正源沱沱河[1]、南源当曲[2]和北源楚玛尔河[3]，虽气候干寒，多风少雨，但因冰川覆盖，河湖、湿地发育，故其存水保水量多，被称为"中华水塔"（见图 1-2-2）。因气候变暖，江源区出现气温升高和气候变干趋势，湖泊水面缩小，大面积沼泽枯竭，面临高寒荒漠化的危险。

---

[1] 藏名"玛尔曲"，"玛尔"意为"红色"，"曲"为"河"之意，"玛尔曲"意即"红色的河"。蒙古语称"托克托乃乌兰木伦"，"托克托"是形容河水"滔滔"之意，"乌兰"意为"红色"，"木伦"为"河"之意，"托克托乃乌兰木伦"意即"滔滔的红水河"，后从蒙古语河名音译和意译转化而来汉语河名"滔滔河"或"托托河"。

[2] "当曲"又称"拉当曲"，均为藏族音译，意为"沼泽河"。"唐古拉"与"当拉"为同一藏语词音译的不同转写。蒙古语称"阿克达木河"，意为"宽阔"。当曲是江源区水量最大的河流，其与沱沱河谁为正源目前仍存在争议。

[3] "楚玛尔"系藏语音译，意为"红水河"，又称"曲玛河"或"曲麻莱河""曲麻曲"等，均为此意。蒙古语称"阿木齐图乌兰木伦"，意为"平静的红水河"。

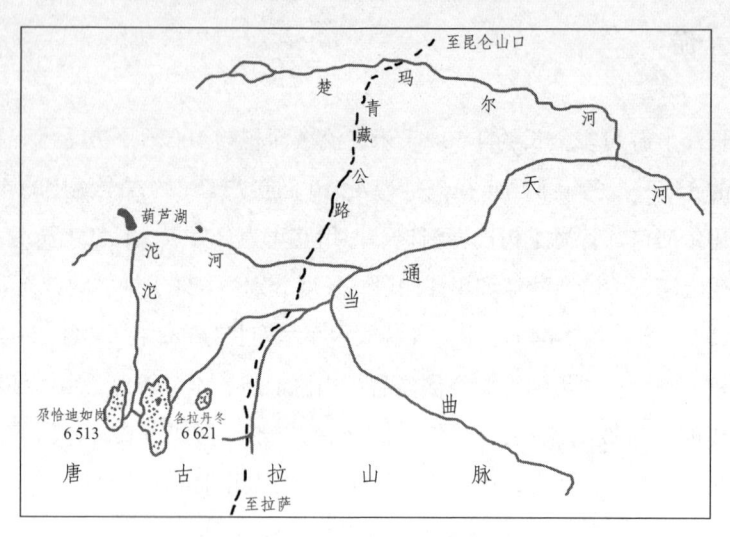

图 1-2-2　长江源头示意图

沱沱河源出唐古拉山脉中段各拉丹冬雪山群姜根迪如（藏语意为"人越不过去"）峰的西南侧冰川海拔5 820米的雪线，雪山谷地段44千米为"纳钦曲"，以下为"沱沱河"，二者总长346千米，水系呈扇形分布。除山区源头段外，河床纵横面较为平缓，汊道纵横。沱沱河与当曲在囊极巴陇汇合，以下为"通天河"（见图1-2-3）。通天河东流278千米后与北源

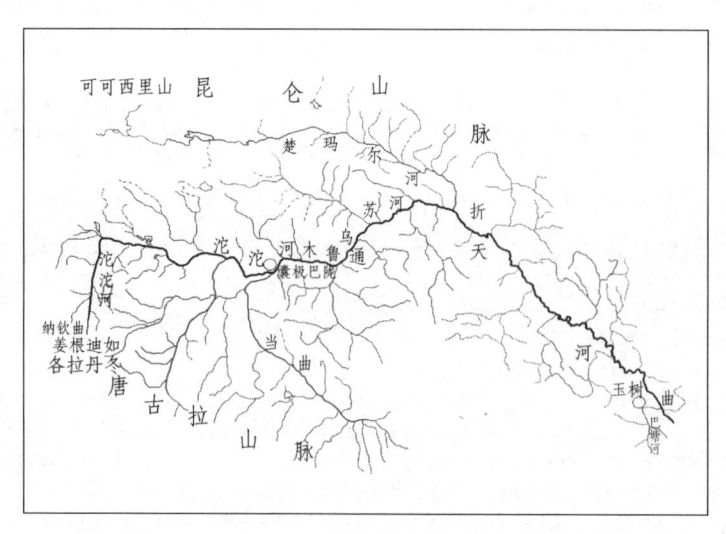

图 1-2-3　长江江源地区及通天河流域水系略图

楚玛尔河汇合，此段为"通天河上段"，河床宽浅，河道多分汊游荡。以上统称"江源段"，全长 624 千米，水系呈扇状，支流、湿地众多，水资源丰富。

以下至青海玉树巴塘河口为"通天河下段"，长约 550 千米，属峡谷型山区河道，水流较急。元明清时期至 20 世纪 70 年代，通天河上段称"木鲁乌苏河"（蒙古语，意为"冰河"），下段称"折曲"。

（二）金沙江

长江干流自青海玉树巴塘河口至四川宜宾岷江口为"金沙江"，长约 2 290 千米，流域面积为 36.2 万平方千米。金沙江古称"黑水""绳水""丽（犁、肇）水""神川"。东汉称雅砻江河口以上部分为"淹水"，而以"若水（雅砻江）"为干流。三国时，遂久（今云南省宁蒗县）以下一段为"绳水"，再以下为"泸水""泸江水"。西晋时，牛栏江口以下为"马湖江"。其中流经川藏间的河段，被当地藏人称作"布垒河"、"布叠河"或"布列楚河"，今攀枝花一段又被称作"磨些河"。宋代时，该河段因江沙呈黄色或因产金沙而得名"金沙江"，元代时，曾改称"丽江"。

以云南省丽江石鼓镇和四川省新市镇为界，金沙江分为上、中、下三段，长度分别约为 965 千米、1 220 千米和 106 千米（见图 1-2-4）。中、上段落差巨大，河谷雄伟，水流湍急；下段两岸多在海拔 500 米以下，属低山丘陵区，水流趋缓，沉积作用明显，河床多砾石。

金沙江流经青藏高原东部和横断山脉（中国最长、最宽、最典型的南北向山系，"横断东西交通"），属典型峡谷河流，落差达 3 300 米，水流湍急，流向多变，河道具有"高、深、陡、窄、弯"的特点，"河床纵比降大"[11]，江中多险滩。沿横断山脉，怒江、澜沧江与金沙江三条大江由西北向东南平行流淌 1 000 多千米，其间最短处（金沙江与澜沧江）直线距离不到 19 千米，形成"三江并流"奇景，其云南部分已列入世界自然遗产名录（见图 1-2-5）。

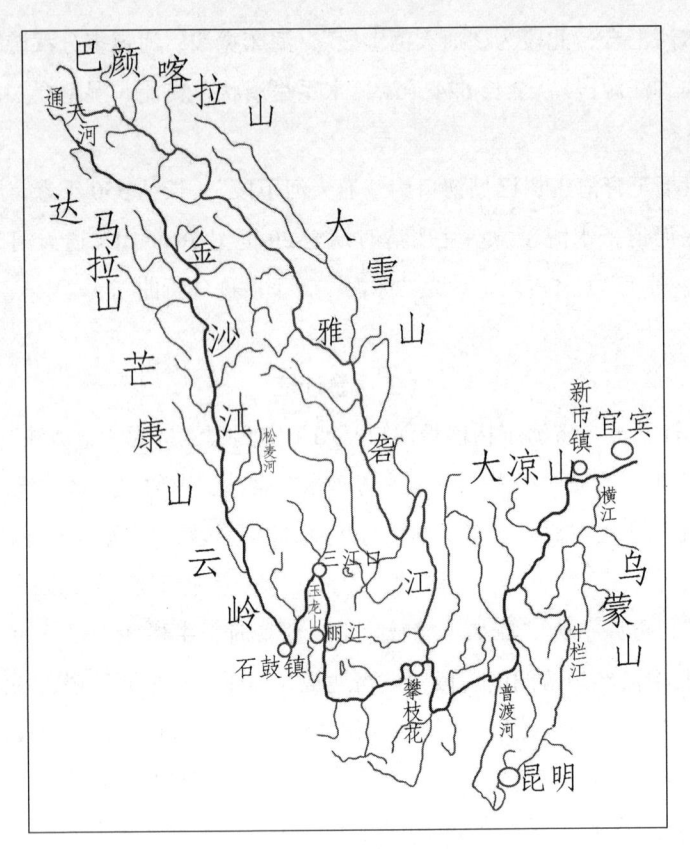

图 1-2-4　金沙江水系略图

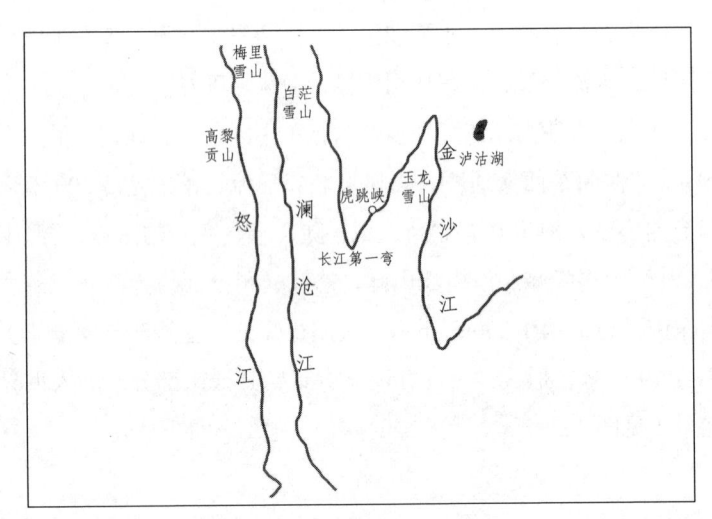

图 1-2-5　三江并流示意图

金沙江在云南省石鼓镇突然折向东北，形成长江第一弯（长江多弯，此处为第一道峻弯），弯度达120度，呈"U"字形（见彩图4）。此处江面宽阔，水势和缓，适于摆渡，相传为诸葛亮"五月渡泸"平定南中和忽必烈"革囊渡江"攻灭大理之处。1936年4月，长征中的红二方面军也由此渡江北上。

石鼓以下的江面渐窄，往东北不远即进入举世罕见的虎跳峡。虎跳峡夹于玉龙雪山和哈巴雪山之间，分上、中、下三段，上峡口与下峡口相距仅16千米，但落差竟达220米，是中国落差最大的峡谷之一，呈"V"字形，以奇险雄壮著称。峡中水面最宽处为60米，最窄处仅为30米，并有巨石（13米高）兀立江中（见彩图5）。奔腾江水与巨石互搏，山轰谷鸣，气势非凡。传说曾有一猛虎，在玉龙雪山被猎人射伤后，凭此巨石跃江而逃，故其被称为"虎跳石"，"虎跳峡"也由此得名。金沙江流出虎跳峡，继续向东北流至三江口，又急转向南，形成金沙江干流最大的弯道。

金沙江上段流域狭窄，无较大支流汇入，加之降水量稀少（600毫米以下），降水径流量较小，全河段降水径流主要来自石鼓以下及其支流雅砻江。因流域面积广大，汛期较长（6~10个月），该河段汛期降水径流约占全年径流总量的74%~81%。其中，7~9月的降水更为集中（最大月：上段为7、8月，中下段为8、9月，这也是各河段洪峰出现较多的时段），降水径流量约占全年径流总量的53%~61%。

金沙江支流众多，流域面积在1万平方千米以上的支流就有9条（含二级支流）。其中，最大的支流雅砻江的流域面积达12.84万平方千米。金沙江另有松麦河、水落河、普渡河、牛栏江、横江等较大支流。

金沙江水量丰沛，水能资源非常丰富，理论蕴藏量占长江总量的45.25%，但也存在泥沙量大的问题，其泥沙是长江泥沙的主要来源之一，"多年平均悬移质输沙量为2.47亿吨，约占长江上游输沙量的47%"[12]，攀枝花以下干流段为重点产沙区。金沙江泥沙含量大主要受自然因素影响。本区多为山地地形，山高坡陡，更兼构造运动强烈，断裂发育，地震频发，岩层破碎，加之气候干湿分明，令岩层风化强烈，易于松散破碎，在暴雨的冲击之下，极易发生崩塌、滑坡、泥石流等自然灾害。另外，随着流域人口的增长，过度垦殖与放牧及乱砍滥伐、工矿交通建设等也加重了水土流失程度。

金沙江的洪水和泥石流对下游影响较大。普渡河口上游2 000米处的老君滩，约百年前尚为浅滩，但因洪水和泥石流堵江，已形成长4 360米、落差41.33米的万里长江第一险滩[13]，人称"世界滩王"。滩中乱石密布，水流湍急，船舶无法通过，成为影响开辟攀枝花以下金沙江航道的最大障碍。

（三）川江

长江干流自四川宜宾至湖北宜昌段，因大部分流经原四川省境内（现有683千米江段属重庆市），故俗称"川江"，唐代以前或被称为"江""大江"，唐代以后又被称为"蜀江"。

川江全长约1 040千米，流域面积约为53.2万平方千米，横贯整个四川盆地，是沟通西南地区与长江中下游的黄金水道，汇入的几条主要支流均可通航。其中，重庆以上375千米为"上川江"，重庆以下665千米为"下川江"。在下川江中，奉节白帝城至宜昌南津关一段，为三峡河段，又称"峡江"。上川江两岸多低山丘陵，河谷形态以宽谷为主，河段宽窄相同。下川江则多峡谷、险滩，水流湍急，流向、流态复杂多变（见图1-2-6）。

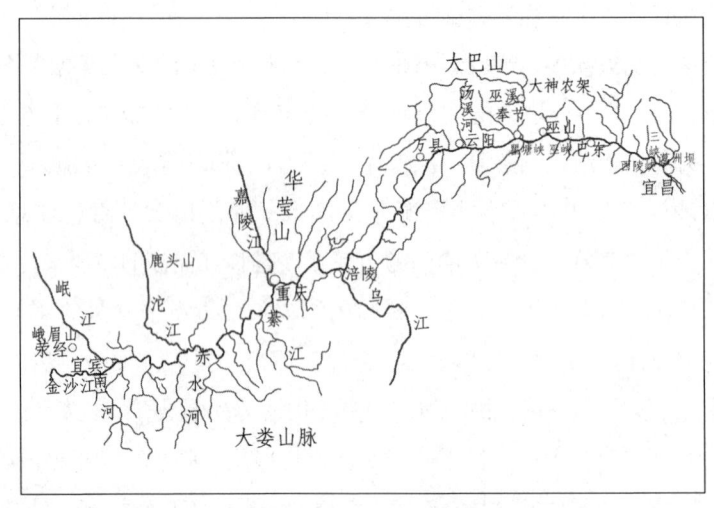

图1-2-6　川江水系略图

川江水系处于四川盆地及四周倾向于盆地的高、中、低山地带，地形变化很大。整体而言，全水系地势由西北向东南倾斜，海拔由4 000米逐渐降至四五百米（成都平原平均海拔）。受盆地地势影响，川江穿行于盆地南端，左、右岸有众多支流汇入。左岸有岷江、沱江、嘉陵江等支流，纵贯四川盆地、汇集众水，水势浩大，汹涌而来；右岸主要有南广河、赤水河、綦江、乌江等支流，但除乌江外，其余支流较短促。其中，嘉陵江是长江流域面积最大的支流（159 357平方千米）；岷江是长江流域中多年平均年径流量最大的支流（约890亿立方米），远超黄河（约580亿立方米）。

川江水量巨大，多年平均年径流量达2 950亿立方米，约占长江上游总水量的2/3。除大渡河上游有雪源补给外，川江主要水量来自季风带来的丰沛雨水。川江水系平均年降水量约为1 100毫米。其中，四川盆地西部及东北部因高山阻挡、气流聚集而成为长江流域著名的暴雨中心，分布着峨眉山、鹿头山和大巴山3个暴雨区。尤其是峨眉山地区年平均降水量达2 000毫米以上，人称"西蜀天漏"。其中又以"天漏"西侧荥经县金山站的年平均降水量为最大（2 592毫米）。年平均降水量的最高点则出现在大巴山东麓的巫溪县尖山站，1963年平均降水量竟高达2 980.5毫米。受季风气候影响，川江水系的降水多集中于5—10月，其中6—9月尤甚，降水量约占全年的70%，易形成峰高量大、历时长久的洪水，成为长江中下游洪水的主要来源。川江巨大的水能蕴藏量和长江中下游的防洪需求，先后催生了三峡河段上的葛洲坝和三峡两大水利枢纽工程。三峡枢纽建成后，川江中段和下段水位抬高了80~100米。此外，川江是长江干流雾日最多的河段，重庆每年雾日平均达50天，素有"雾都"之称。

二、中游

长江干流自湖北宜昌南津关以下至江西鄱阳湖湖口为中游，全长955千米，流域面积约为68万平方千米，占全流域的37.8%，河宽多为800~1 200米，水流平缓，河道弯曲。中游干流按其河道形态可分为四段，即宜昌至枝城、枝城至城陵矶、城陵矶至武汉和武汉至湖口（见图1-2-7）。

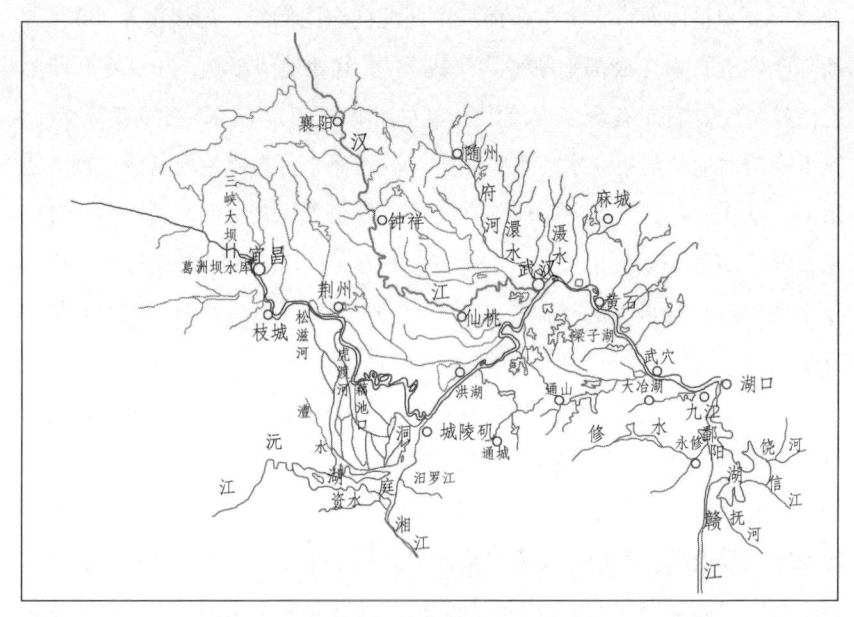

图 1-2-7　长江中游水系略图

中游段汇集大量支流，集中全流域大部分湖泊，水量大增，过鄱阳湖湖口，干流径流量已达全江九成以上；所经区域多为冲积平原，两岸地势低洼，湖泊密集，水网纵横，常有外洪内涝之忧。

湖北枝城至湖南城陵矶360千米的著名的"荆江"（因流经古荆州腹地而得名）河段，以藕池口为界，分为上、下荆江。其中，下荆江河道蜿蜒曲折，水流缓慢，常有大量泥沙淤积，汛期溃堤泛滥之灾多发，自古有"万里长江，险在荆江"之说，是长江防洪最重要的河段之一（见图1-2-8）。随着20世纪六七十年代以来的裁弯取直工程等一系列治理工程的实施，该曲流河段的河势基本稳定，经受住了1998年大洪水的考验。

汇入长江中游河段的主要支流有汉江和洞庭湖四水（湘、资、沅、澧）、鄱阳湖五水（赣、抚、信、饶、修）。其中，汉江全长1 577千米，是长江最长的支流；洞庭湖和鄱阳湖则是我国最大的两座淡水湖。此外，江汉湖群及鄂东南诸湖也与之相连。

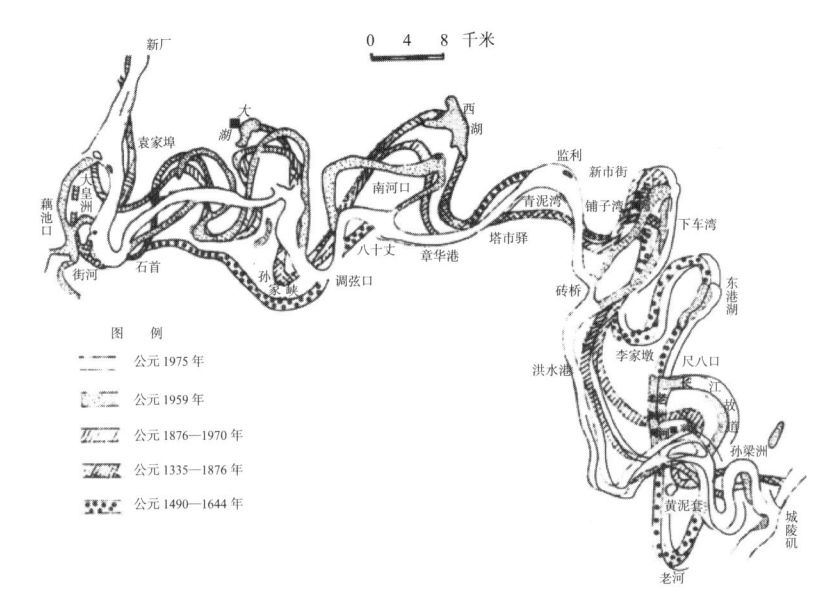

图 1-2-8　近 500 年来，下荆江的演变示意图

受来自太平洋的暖湿季风气流影响，长江中游区域南部每年 4 月（甚至更早）就进入了汛期；6—7 月，梅雨区广阔，降水集中；7—8 月，受上游洪水影响，水位达到最高；10 月以后，汛期才基本结束。

一般情况下，长江干流各段及支流洪水先后错开，中下游干流洪水历时较长且稳定。鄱阳湖水系及洞庭湖水系的湘江洪水多发生在 4—6 月，其余洞庭湖支流洪水多发生在 5—7 月，而更偏北、偏西的汉江和长江上游洪水则多发生在 7—9 月。但在大气环流反常的年份，鄱阳湖水系及洞庭湖水系雨季持续延后，长江上游及汉江洪水提前，多股洪水遭遇，易引发全流域型的大洪水，如 1931 年、1954 年和 1998 年的洪水。

三、下游

长江干流自鄱阳湖湖口至长江口 50 号灯浮为下游，全长 938 千米，流域面积约为 12 万平方千米，占全流域的 6.7%，江阔水深，水流平缓。下游干流以徐六泾为界，可分为两段，两段长度分别为 756 千米和约 182

千米。上段干流河道宽窄相间、多洲滩、多汊道；徐六泾以下为河口段，江面宽达90千米，呈喇叭状分汊入海。流域内地势低洼，湖泊星罗棋布（如中国五大淡水湖之二的太湖和巢湖），并有许多中小河流，是全国水网最密集的地区之一（见图1-2-9）。

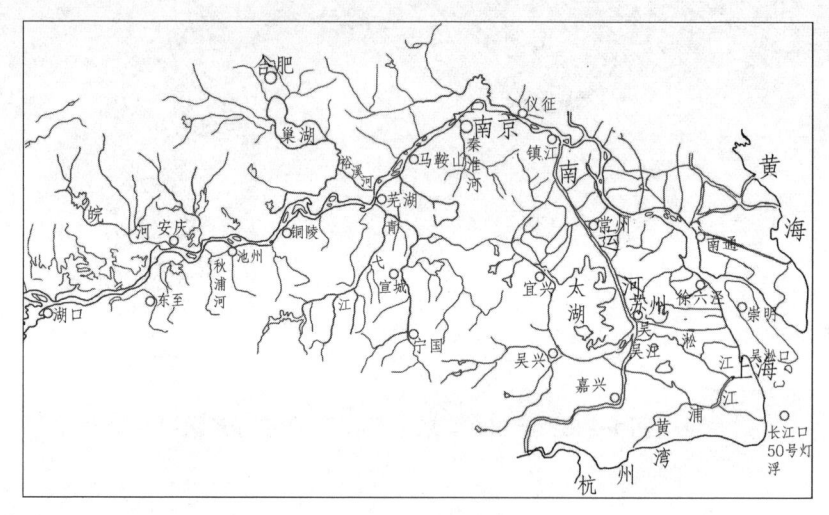

图1-2-9 长江下游水系

长江下游的主要支流有皖河、秋浦河、裕溪河、青弋江和黄浦江等。其中，黄浦江是长江的最后一条支流。该区域气候温暖湿润，年平均降水量为800~1 300毫米，大部分地区年平均降水量超过1 000毫米，呈现由东南向西北递减的趋势。因地势低平且干流水量巨大，虽有堤防保护，仍不免积水成灾。

（一）湖口至徐六泾段

该河段河道总体流势为自西向东，唯在湖口—南京—镇江段有一明显大转折，江水由西南—东北流向转为向东和东南入海。受地球自转的影响，水流长期南切，河道不断南移，这导致沿江两岸地貌类型差别较大。北岸多冲积平原（部分湖积），地势低平，支流、湖泊密布；南岸则多陡壁悬崖，河漫滩平原狭窄，山地丘陵众多，呈多级阶梯状地貌。

（二）河口段

长江河口段有广义与狭义两种说法。就广义而言，自安徽大通以下700余千米皆为"河口区"；就狭义而言，则仅指徐六泾以下入海河段。徐六泾以下的崇明岛将长江分为南、北两支，南支吴淞口以下被长兴岛和横沙岛分为南、北两港，南港再被九段沙分为南、北两槽，由此形成长江口三级分汊入海的格局。该河段的一般海拔为2~7米，地势平坦，西高东低，汇入支流较多且短小，仅黄浦江河长超过100千米（见图1-2-10）。

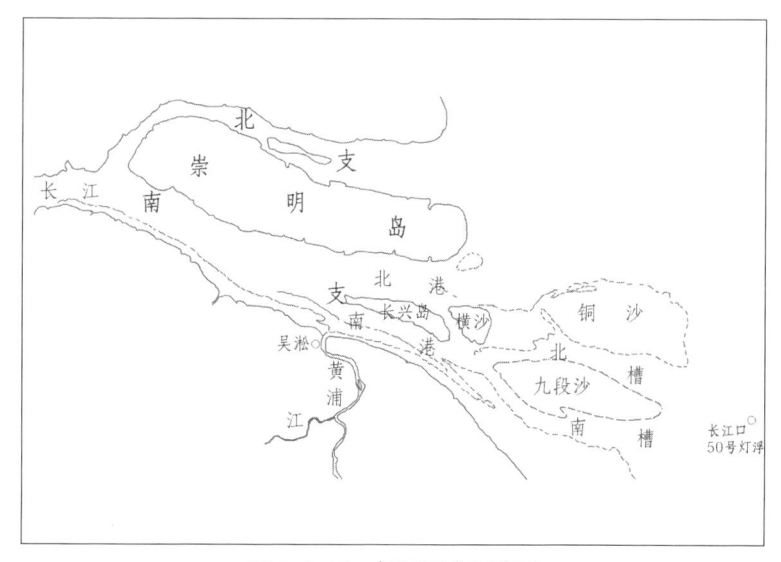

图1-2-10 长江口水系略图

长江入海口为陆海双相潮汐河口，径流量大，潮流亦烈，在径流与潮流的相互作用之下，河道分汊，主流摆动，滩槽变化频繁，演变过程复杂。

长江河口原为漏斗状河口湾，商周时期湾顶尚在镇江、扬州一带。2 000多年来，由于大量泥沙的堆积，河口不断向海推进，北岸大量沙岛陆续并岸，河口宽度逐渐由180千米束窄至90千米，河槽成形加深，主槽不断南偏，最终演变为如今这一多级分汊的三角洲河口（见图1-2-11）。

目前，河口南移的趋势仍在继续，河口处的崇明岛终将与历史上的

"瓜洲""泊洲"一样,被并入北岸大陆,而其南侧的长兴、横沙等年轻小岛则将成为新的"崇明岛"。

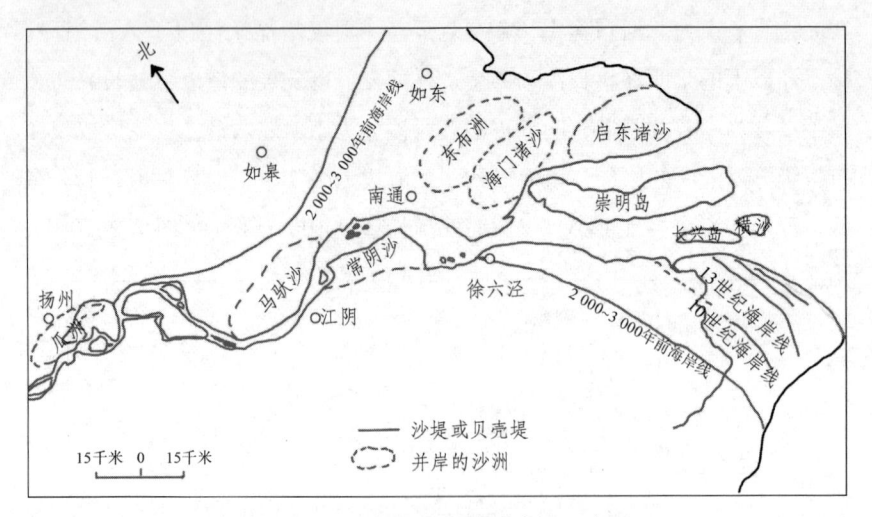

图 1-2-11 长江口海岸线变迁示意图

第三节

支流

长江径流广远，流域开阔，拥有7 000多条支流。流域面积大于1 000平方千米的支流有437条，其中，雅砻江、岷江、嘉陵江、乌江、沅江、湘江、汉江、赣江的流域面积超过8万平方千米。它们被称为长江的八大支流，与干流共同构成长江水网的主干。

一、雅砻江

雅砻江，古称"若水""泸水""诺江""东泸水""聂曲""打冲河""纳夷江""黑惠江""鸦砻江"等；藏语称"尼雅曲"，意为"多鱼之水"。在青海省境内，人们将其称为"札曲""清水河"，四川石渠以下始称"雅砻江"。雅砻江发源于青海巴颜喀拉山西南麓尼彦纳玛克山与冬拉冈岭之间，与金沙江平行南下，东南流入金沙江，是典型的峡谷河流；落差巨大（4 420米），弯多水急，多峡谷礁滩；虽无航运之便，但蕴水力之能；全长1 535千米，流域面积为12.8万平方千米，是金沙江最大的支流。其因自然地理特征酷似金沙江，故又被称为"小金沙江"。其因江水中荡漾着一层金色沙砾，故也被称为"金河"（见图1-3-1）。

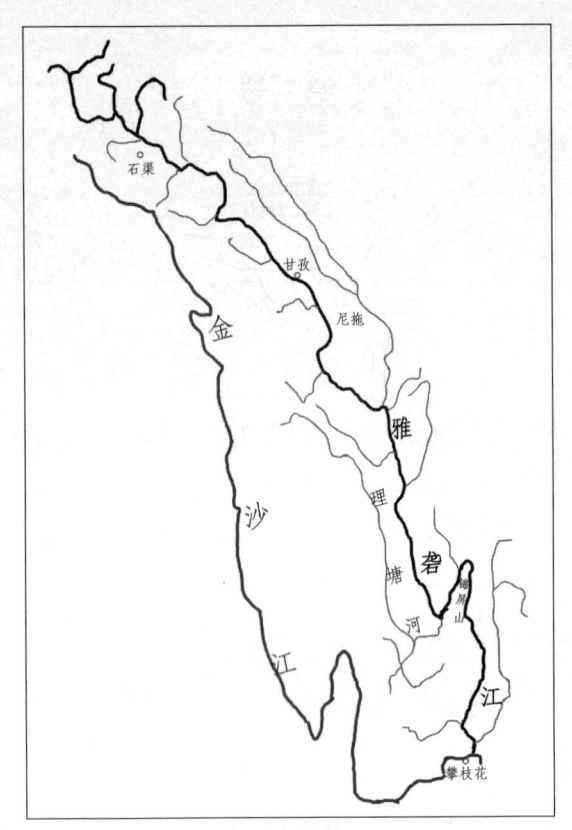

图 1-3-1 雅砻江水系略图

雅砻江流域地处青藏高原东南部，属一、二级阶梯过渡地带，系高山峡谷区，介于金沙江和大渡河之间。整个流域南北长 950 千米，东西平均宽 128 千米，南部最宽 410 千米，北部最窄处（甘孜段）仅宽 85 千米，略呈"柳叶"状。虽南北跨度不到 8 度，但其地貌复杂，地表高低悬殊，各地气候差异巨大。

雅砻江流域属川西高原气候区，主要受高空西风环流和西南季风影响，干湿季分明，在南北方向和垂直方向差异明显，下游大于上游，山地多于河谷盆地。北部干冷、少雨、多风，年均气温为-5~5℃，年平均降水量为 500~800 毫米；中部温湿多雨，年均气温为 10~15℃，年平均降水量为 1 000~1 800 毫米；南部干热，年均气温为 18~21℃，年平均降水量为 900~1 300 毫米。[14] 流域内径流主要来自降水，部分来自融雪和地下水补给，径流年内变化及地区分布与降水基本一致，年际变化不大，但年内分配不均，5—10月为湿季，降水集中。其中，6—10月为汛期，径流量约占全流域年径流量的75%以上，最大径流多出现在7月；其余月份为干季，干流最枯径流量出现在3月或4月，仅占全流域年径流量的1%~2%，丰、枯水期十分明显。

流域整个地势由西北向东南降低，地表切割由北向南加剧。依据河谷形态、河道特征及河流切割程度的不同，以尼拖和理塘河口为界，干流分为上、中、下游三段。上游高原地势起伏和缓，遍布草甸灌丛，河道切割微弱，河谷宽阔，河道迂曲，水流散乱但流速不大，无险滩急流；中下游河谷深邃，但沿岸植被茂密，降水强度不大，河流含沙量很小。中游以高山峡谷为主，多险滩急流，在理塘河口，河道转向东北再折回南流，绕锦屏山形成著名的雅砻江大河弯（见彩图6）；下游以中低山峡谷为主，山间夹有平原、平坝，河床平缓、开敞。

二、岷江

岷江，又名"汶江""都江""江水"等，发源于青藏高原东端的岷山南麓，自北向南流经茂县、汶川、都江堰，穿过成都平原，经眉山、乐山，于宜宾入川江，全长735千米，流域面积为13.5万平方千米，多年平均年径流量约为890亿立方米，**是长江水量最大的支流**。以都江堰和大渡河口为分界点，岷江干流分为上、中、下游，长度分别为约340千米、约240千米和约160千米。

岷江流域位于青藏高原东缘盆地系统内部，流域范围大致呈倒梯形，属典型高山峡谷区，内部地形复杂，起伏巨大，河道天然落差为3 560米，是长江上游重要的水源涵养区，也是我国一个重要的复合型生态过渡带。岷江分为东、西两源，东源出自贡嘎岭（又作"弓杠岭"）南麓（海拔3 526米），西源出自郎架岭（海拔4 000米），以后者为正源。东、西两源均位于岷山南麓（四川省松潘县），皆呈北南流向，在松潘红桥关汇合，形成干流。岷江上游水系呈树枝状分布，干支流支汊分明，河面狭窄，水流湍急，地势自西北向东南倾斜，流经区域多有高山深谷，地质复杂，地震、山崩、滑坡、泥石流等灾害频繁发生，江水泥沙含量较大（见图1-3-2）。

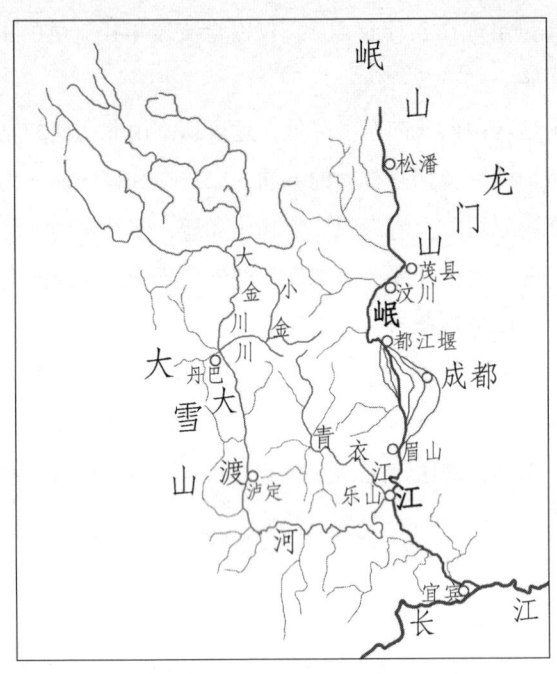

图1-3-2　岷江水系略图

岷江自都江堰鱼嘴进入中下游河段，地质构造简单，平原浅丘较多，河面渐宽，江中多有滩地、汊道，河道易淤塞成灾。为此，战国后期，秦国蜀郡太守李冰采取中流做堰之法，于都江堰修鱼嘴分水堤，将岷江分为内江、外江两股，由飞沙堰在内江河口段封住分水堤缺口，经离堆（亦作"离碓"）、宝瓶口引内江水灌溉农田，离堆为开凿岩石后被隔开的石堆，夹于内、外江之间，其东侧宝瓶口为内江水口，具有节制水流之能，"旱则引水浸润，雨则杜塞水门"。[15]蜀人深得其利，后世多开新渠堰，渐与天然河道交织成网，成都平原因此成为"天府之国"，现灌溉面积已超1 000万亩①。内、外江各支流均先后在彭山江口间汇入岷江，南流进入低

---

① 一亩≈666.67平方米。——编者注

山丘陵区，下游河段岔流浅滩发育，两岸台地及漫滩较宽（见图 1-3-3）。

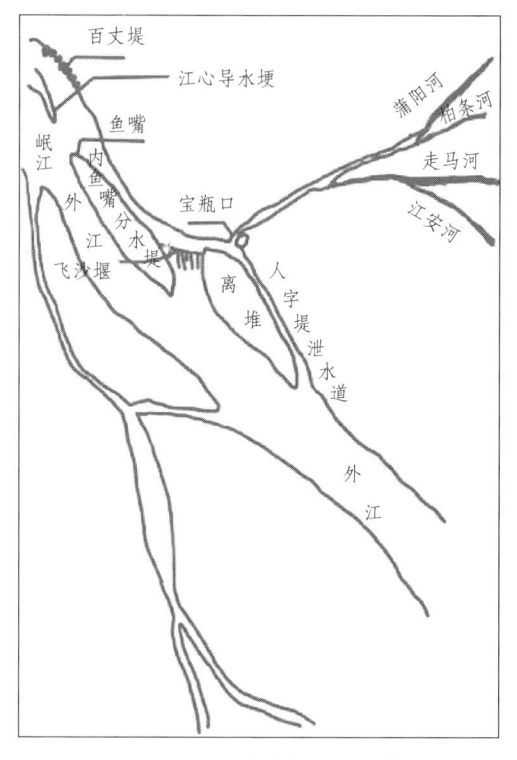

图 1-3-3　都江堰工程示意图

岷江流域除上游属山地高原气候外，大部分属亚热带季风气候，降水主要受东南、西南季风及副热带高压进退影响。降水季节变化明显，5—10月为丰水期，降水量占全年的80%左右；6—9月暴雨频发，形成汛期。流域各段降水量因受地形影响而相差较大。上游松潘县至汶川段少雨，年平均降水量仅为400~700毫米。汶川至都江堰段位于龙门山东南麓，是岷江干流的降雨中心，多年平均降水量达1 100~1 600毫米。以下河段流域年平均降水量为900~1 300毫米。流域总体降水丰沛，更兼支流众多（大小支流共90余条），流域面积大于1 000平方千米的一级支流有10条。其中，最大的支流大渡河的流域面积约为90 700平方千米，长约1 060千米，大于1 000平方千米的一级支流竟达19条之多，河道天然落差为4 170余米，年平均径流量约为470亿立方米；是岷江下游径流的主要来源，占比约为52.8%；各方面指标远超岷江干流，在乐山草鞋渡纳青衣江后，于乐山大佛脚下汇入岷江，其磅礴水势将岷江挤向斜窄的一侧。岷江水量由此剧增，故50~300吨级驳船可视水情在乐山以下干流河段航行，直入川江。剔除历史文化因素，大渡河更有资格成为长江的一级支流。

三、嘉陵江

嘉陵江，又名"西汉水""阆水""漾水""渝水"，发源于秦岭山脉陕西凤县西北代王山南侧，自北向南流经略阳、阳平关，在广元大滩乡进入四川省境，过昭化、苍溪、阆中、蓬安、南充、武胜、合川等地，于重庆入川江，全长1 120千米，流域面积达15.9万平方千米，**是长江流域面积最大的支流**。以广元、合川为界，干流分为上、中、下游，长度分别为约370千米、640余千米和约100千米，天然落差达2 300米。上游坡陡流急，河谷切割较深；中游河曲较多，江面开阔；下游穿行峡谷，滩沱相间（见图1-3-4）。

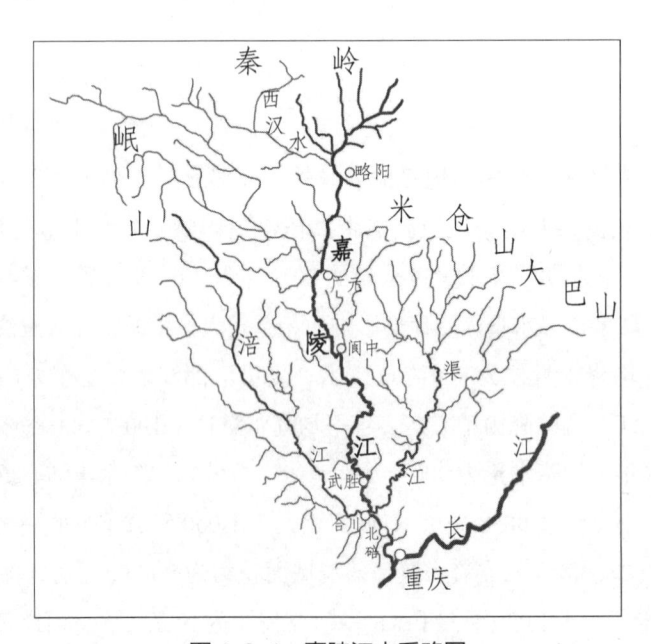

图1-3-4 嘉陵江水系略图

嘉陵江流域范围广大，主干明显，支流众多，是典型的树枝状水系；穿越陕甘、四川，北以秦岭与黄河、渭河水系相隔，西北以岷山与岷江、黄河水系分界，东以米仓山、大巴山与汉江水系相望，地势自北向南倾斜。上游河段穿行于海拔2 000米以上的秦岭、米仓山山区，源分东、西，以东为正。东源为陕西凤县代王山南侧东峪沟。西源为甘肃天水南之平南川，即"西汉水"，其流经森林稀疏的黄土区，水中多含泥沙，是嘉陵江干流上游主要产沙区。东、西源流至陕西略阳两河口始合，继续向南穿越崇山峡谷，深沱急滩相间，水深流急。中游河段游走于四川盆地的丘陵宽谷之中，水系多呈树枝状分布，河曲众多，江面开阔。下游河段穿行于平行峡谷区，形成沥鼻峡、温塘峡、观音峡三处峡谷，峡长9 400米；高水时河面也仅宽110~270米，因此得名"小三峡"。其中，在不到1 000米的观音峡口江面上有六座大桥，这当属国内桥梁密度之最（见彩图11）。出峡后，河面显著增宽，最终于重庆朝天门汇入川江。

嘉陵江上游与中下游的地形差别较大，气候差异明显。上游山区地处秦岭南坡，多为高山区，冬春受西北寒流影响显著，寒冷干燥，略阳以上山区年平均降水量仅为600~800毫米；中下游山区为盆地低山丘陵区，因有龙门山、秦岭、大巴山遮挡西北寒流，气候较为温暖湿润，年平均降水量在1 000毫米以上。其中，在上、中游交界的盆地边缘，东南季风因受北面高山阻挡而抬升，山麓一带多有暴雨。嘉陵江流域的径流主要由降水补给，5—10月的汛期水量占全年的80%，暴雨多出现在6—9月，降水十分集中，易受极端气候影响，频繁出现洪、旱灾害。

嘉陵江支流众多，共有大小支流439条，流域面积超过1万平方千米的支流有11条，其中左、右岸最大的支流——渠江（河长720余千米，流域面积达4.1万平方千米）和涪江（河长约670千米，流域面积达3.64万平方千米）——分别于重庆市合川区北、南汇入，形成了"三江汇流"盛况，下游河段因此水量倍增，成为川江洪水的主要来源之一。

四、乌江

乌江，古称"巴江""延江""巴涪水""德江""涪陵江"，元代始称"乌江""黔江"，发源于贵州西北部高原乌蒙山东麓，自西向东横贯贵州中部，经思南、德江、沿河，于贵州东北部出境，进入重庆，过酉阳、彭水、武隆，于涪陵注入川江；全长1 037千米，流域面积为8.78万平方千米，是川江南岸最大的支流，平均水量与黄河相当。干支流流经云南、贵州、重庆、湖北四省（市），全流域的76.9%位于贵州境内[16]，占贵州土地面积的38.3%，是贵州的母亲河（见图1-3-5）。

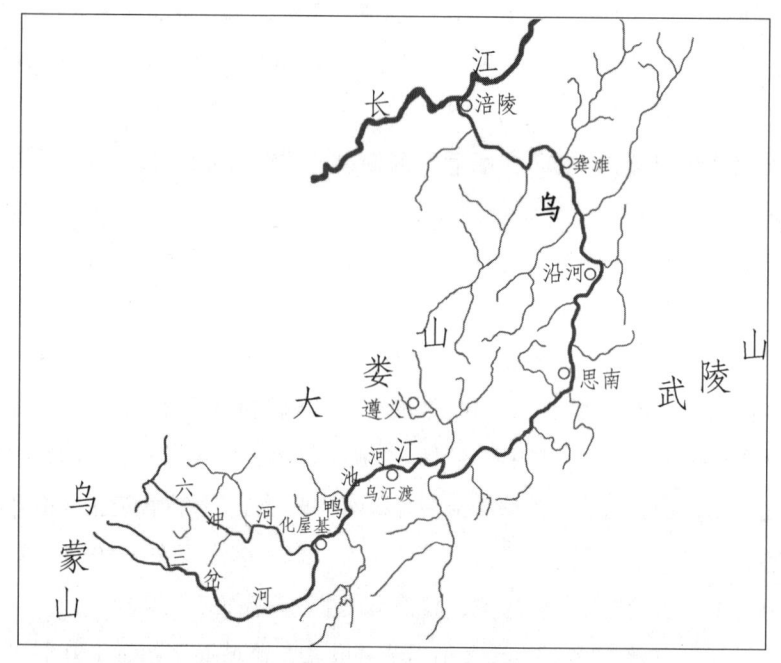

图1-3-5 乌江水系略图

乌江流域地处云贵高原向湘西丘陵过渡的斜坡带（我国第一、二级阶梯过渡带），东西高差大，天然落差达2 324米。全流域85%以上为山地，是典型的山地型河流，多为高山峡谷、急流险滩。以化屋基、思南为界，干流分为上、中、下游，长度分别为325.6千米、366.8千米和344.6千米。[17]上游为高原地貌，海拔为1 000~2 000米，坡陡流急，河谷切割较深；

中游为山原地貌，海拔为1 200米左右，水势趋缓，但遍布礁石、险滩；下游为中低山峡谷地貌，海拔为300~600米，河谷宽窄相间，多为险滩。

乌江流域地处云贵高原东北坡，是世界三大连片喀斯特地貌发育区之一的东亚片区的中心，具有典型的喀斯特山地流域地貌，地势西南高、东北低，境内山峦起伏，河谷深切，更兼岩溶地貌发育，干流两岸形成陡峭峡谷，多溶洞、伏流。流域西以乌蒙山与金沙江支流牛栏江、横江为界，南以苗岭与珠江水系相隔，西北以大娄山与川江支流赤水河、綦江为邻，东北以武陵山与沅江相望。流域呈狭长带状，水系呈羽毛状，河网密布，一级支流有58条，流域面积大于1 000平方千米的支流有16条。

乌江有南、北二源，以南为正。南源三岔河，出自贵州省威宁县盐仓镇三岗洞（又称"花鱼洞"）；北源六冲河，出自贵州省赫章县西北大坡山。两河穿山越岭，蜿蜒东流，至黔西县化屋基相汇，形成"鸭池河"，始有奔腾东流之势。上游两源系典型山地型河流，多深切峡谷，喀斯特地貌发育，多溶洞、伏流，水流湍急，落差较大，河道弯曲狭窄，急流险滩遍布。鸭池河东北流至遵义乌江渡，始称"乌江"。化屋基至思南为中游河段，其穿行于大娄山脉的崇山峻岭之中，沿途多有高山峡谷，谷深水急，险滩相接，落差较大，通航困难。思南以下的下游河段切穿大娄山脉与武陵山脉，进入四川盆周与武陵山区，峡谷与宽谷相间，水面较宽，大量支流汇入，水量大增，虽多险滩，但可通航。其中滇渝交界的贵州沿河土家族自治县132千米山峡，峡谷风光自成一体，以"奇山、怪石、碧水、险滩、古镇、廊桥、纤道、悬葬"构成天然山水画廊，有"乌江百里画廊"之称（见彩图7），而整个乌江也因其沿途奇美壮观的自然景观而被誉为"千里乌江画廊"。

乌江素以"天险"闻名于世，然其中下游曾为古代黄金水道。战国中后期，秦将司马错曾率巴蜀十万大军，乘万艘大舶船，从乌江与长江交接处的涪陵顺水而下，攻取湘西、鄂西一带。[①]唐代以前，乌江通航条件一直较好，但此后由于地质灾害多发，山岩崩塌堵塞河道，形成三大断航险

---

① 《华阳国志·蜀志》："司马错率巴、蜀十万众，大舶船万艘，米六百万斛，浮江伐楚，取商於之地为黔中郡。"

滩（潮砥、新滩、龚滩），导致航道不畅。但有赖于历代的河道整治与纤道开凿，乌江作为川盐入黔通道而被长期使用，至今仍是川系水道最重要的组成部分，是连接重庆、贵州的重要通道。

乌江流域属亚热带季风气候区，得益于众多山脉的护佑，冬无严寒，夏无酷暑，温暖湿润，气候宜人。流域内降水分布不均，全流域年平均降水量为900~1 400毫米，上游西北部不足1 000毫米，南部多在1 200毫米以上；中游各地一般为1 000~1 200毫米；下游各地多为1 000~1 300毫米。降雨主要集中于5—9月，夏季降水约占全年降水的40%~55%，且多有暴雨，强度也大，因此洪水来得较早，洪峰多发于6、7月，尤以6月中下旬为多。由于暴雨急骤，坡度较大，因此汇流迅速，洪水涨落快，洪峰比较尖瘦。而其盛夏7、8月间又易受副热带高压控制，出现高温连晴天气，极易发生夏旱。

五、沅江

沅江，又称"沅水"，也因屈原的《九歌·湘夫人》"沅有芷兮澧有兰"而得名"芷江"。沅江发源于贵州东南部高原，自西向东经锦屏折向北流，经天柱进入湖南，过湘西芷江、怀化、泸溪、沅陵、桃源等地，于常德市德山镇注入洞庭湖，为洞庭四水（湘江、资江、沅江、澧水）之一，全长1 033千米，干支流流经贵州、湖南、四川、湖北四省，流域面积为89 163平方千米。其中约57.9%位于湖南境内（51 600平方千米），33.9%位于贵州境内（30 269平方千米）。[18]

沅江流域地处我国第二、三级阶梯过渡带，东西高差较大，天然落差为1 462米。全流域大部分地区为崎岖山地，是典型的山地型河流，河道弯曲，多急流险滩。以湖南洪江和凌津滩为界，干流分为上、中、下游，长度分别为约547千米、389千米、96千米。[19]上游流经海拔千米以上的云贵高原，群山紧迫，河谷深切，河道曲窄；中游流经低山丘陵，起伏较为和缓，河谷渐宽，水流平缓；下游为低山丘陵及冲积平原，地势平坦，河道宽阔，水流缓慢（见图1-3-6）。

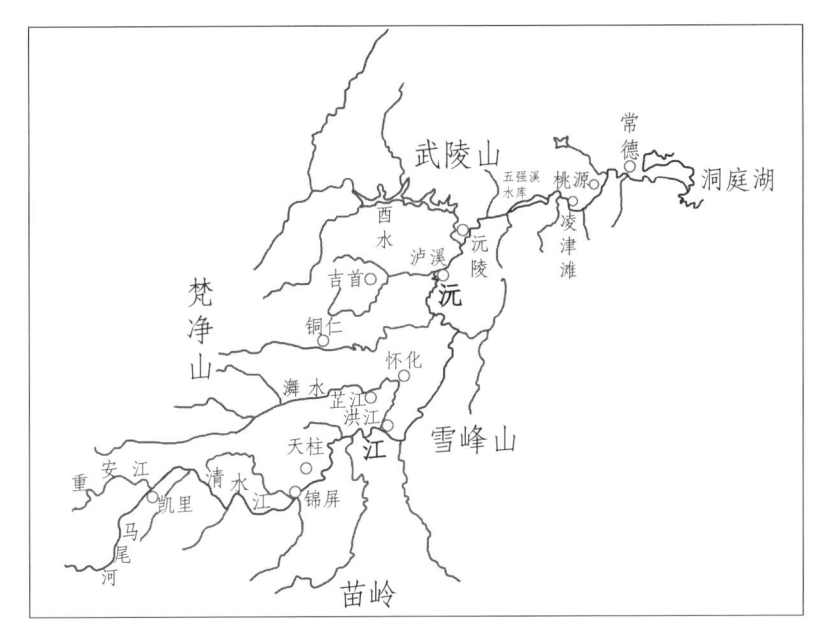

图 1-3-6　沅江水系略图

整个流域地势自西向东倾斜，西以梵净山与乌江为界，南以苗岭与珠江水系相隔，北以武陵山脉与澧水为邻，东以雪峰山与资江相望，南北长，东西窄，约呈由西南斜向东北的矩形，水系呈羽毛状，河网密布，其中流域面积大于1 000平方千米的支流达22条之多。左岸支流较多，流域面积是右岸的一倍多。

沅江有南、北二源，以南为正。南源龙头江又称"马尾河"，出自贵州省都匀市云雾山鸡冠岭；北源重安江又称"诸梁江"，出自麻江、平越间大山。两河蜿蜒东流，至凯里汇合，称"清水江"。清水江又东流至湖南省洪江市黔城镇，汇合潕水，始称"沅江"。上游河段多幽深峡谷，河谷深切，岸坡陡峻，河道曲折、深窄，水系较发育，支流众多。中游的黔城至沅陵，穿行于低山丘陵之中，峡谷与小盆地相间，河谷渐宽，水流趋平。沅江在沅陵纳最大支流西水，水量大增，其中，沅陵至桃源段流经武陵山西南麓，多为低山丘陵地带；桃源以下则为冲积平原，河道宽阔，水量较大，水流平缓，可通行80~150吨驳轮。

沅江流域属亚热带季风气候区，气候温暖湿润，年平均降水量约为

1 450毫米，年内降水量分配不均，2/3的降水集中于4—8月，洪峰多发于5—7月，易与长江中游洪水相遇，酿成洪灾。

六、湘江

湘江，又称"湘水"，发源于南岭山脉都庞岭西侧海洋山，自南向东经兴安、全州，于斗牛岭进入湖南省境，过永州、祁阳、常宁、衡阳、株洲、湘潭、长沙等地，于湘阴县濠河口注入洞庭湖，全长856千米，流域面积达9.48万平方千米，是洞庭湖水系第一大河，绝大部分位于湖南境内，是湖南省流量和流域面积最大的河流，湖南因此被简称为"湘"（见图1-3-7）。

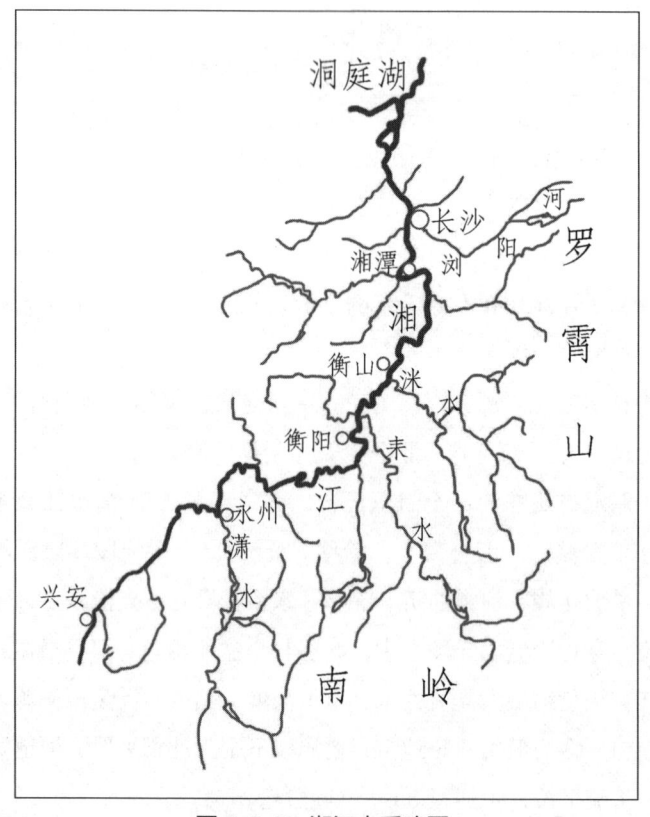

图1-3-7 湘江水系略图

湘江流域地处长江以南、南岭以北，地势大体呈盆地状，东、西、南三面均为山地，东以罗霄山脉与赣江相望，西以衡山山脉与资水为邻，南有南岭（本以此与珠江水系相隔，后来，秦朝因征伐西瓯的军事需要而修建灵渠沟通湘、漓二水，令长江与珠江两大水系就此连通，其通航作用延续至20世纪30年代，至今仍有灌溉之利；见图1-3-8）。

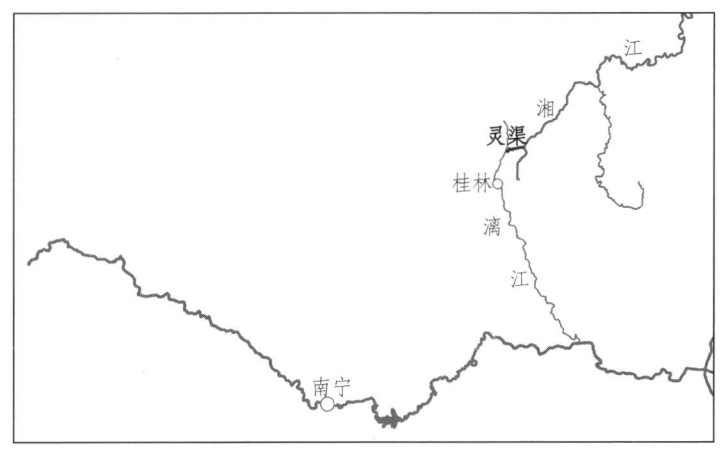

图1-3-8　灵渠位置示意图

流域内部多为起伏不平的丘陵与沿河平原或小型盆地，具有丘陵缓坡山溪河流特性。水系发达，河网密布，一级支流多达124条，其中17条流域面积超过1 000平方千米。左、右岸水系不对称，主要支流如潇水、耒水、洣水等均来自右岸，左岸流域面积不到全流域的1/3，且支流大多比较短小。

以湖南永州和衡阳为界，湘江干流可分为上、中、下游，长度分别为246千米、290千米、320千米。上游流经山区，河谷狭窄，支流短促，水流湍急；中游沿岸丘陵起伏，间有盆地，峡谷连续，河床稳定；下游多为浅丘，地势平坦，河道宽阔，河床多有泥沙，沙洲断续可见。其中，面积最大的橘子洲（见彩图13）纵贯湘江江心，绵延5.4千米，宽处不过140米，窄处仅为40米，形似长龙，西望岳麓山，东望长沙城，山水洲城融为一体，有"天下第一洲"的美誉。长沙以下冲积平原范围广大，与资江、沅江和澧水的河口平原连成一片。

湘江流域属亚热带季风气候区，气候温暖湿润，年平均降水量约为1 436毫米，因纬度较低，汛期开始较早，4月便可出现最大洪峰，9月汛期方告结束。随着干流梯级水利工程及支流众多水库的相继完工，湘江洪水期的洪峰得到有效调节。然而，中下游江心洲则处于不断冲刷萎缩之中，需修建人工护岸以保护江心洲湿地和维持航道稳定。[20]

七、汉江

汉江，又称"汉水""沔水""襄河""沧浪水""夏水""褒水"等，发源于秦岭南麓，自西向东经勉县、汉中、紫阳、安康、旬阳、白河等陕南县市，自十堰市郧西区进入湖北境内，经丹江口后，折向东南，过襄阳、宜城、钟祥、潜江、仙桃等地，最终于武汉市汉口龙王庙注入长江（见彩图12）；全长1 577千米，**是长江最长的支流**；流域面积达15.48万平方千米，在长江众多支流中仅次于嘉陵江（在1959年府河改道汇入滠水之前，汉江流域面积居长江支流之冠）。干流流经陕西、湖北二省（见图1-3-9），其中陕西境内干流长657千米，湖北境内干流长920千米，支流还伸入甘肃、四川、重庆、河南四省（市）。

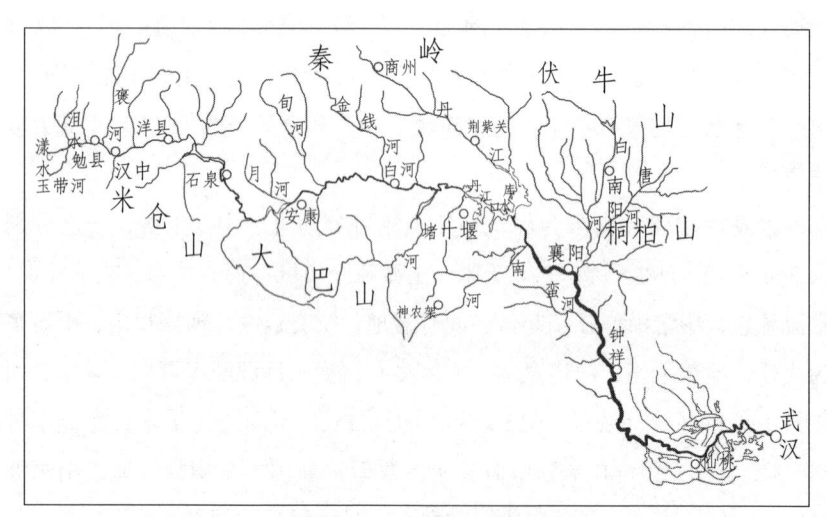

图1-3-9　汉江水系略图

汉江流域地处我国第二、三级阶梯过渡带，山地多，平地少，东西高差较大，天然落差为1 962米。以丹江口水库大坝和钟祥碾盘山为界，干流分为上、中、下游，长度分别为约925千米、约270千米、约382千米。上游河段几乎全为山地丘陵，坡陡流急，水深多滩；中游河段流经丘陵及开阔的河谷盆地，河道宽浅，江心滩众多；下游河段流经江汉平原，河道弯曲且逐渐收窄，洪水宣泄不畅，易酿洪灾。

整个流域地形向东南敞开，西南以大巴山脉与嘉陵江为界，北以秦岭、外方山、伏牛山与黄河流域相隔，东以伏牛山、桐柏山与淮河水系相望，东南为江汉平原，为古云梦泽旧地，至今河湖众多，无明显分水界限。

汉江有北、中、南三源，北源为"沮水"，出自陕西凤县紫柏山；中源为"漾水"，出自陕西宁强县北嶓冢山（此外尚有青泥沟、石钟沟两说）；南源为"玉带河"，出自陕西宁强县箭竹岭的紫木林。依"河源唯远"原则，原定北源"沮水"为正；但经2011年的汉江源头考证，宁强嶓冢山被确立为河源[21]；然而，经过2014年的河源考察之后，又有学者提出汉江源是一直被视作支流的褒河，其出自陕西太白县境内"一片手掌状山地中的一眼泉水"。[22]目前，人们对汉江源的探索仍在继续，一如长江源。

北源沮水南流至桃源以下向东，始称"汉江"，直至湖北丹江口皆为上游河段，其穿行于秦岭、大巴山之间，大致呈东西走向，沿途经过峡谷或盆地，属山地蜿蜒性河道，大部分地区河谷狭窄，落差较大，水流湍急，险滩众多。陕西洋县至石泉县间峡谷最多，如著名的黄金峡。山地河流发育，支流众多，水系呈不对称树枝状，北岸支流更多且长，主要支流有褒河、丹江、唐白河、堵河等。

丹江口大坝至碾盘山为中游河段，东南流经丘陵及开阔的河谷盆地，河谷渐宽，河床不稳，水流散乱，江心洲众多，洪水时汪洋一片，宽达两三千米，枯水时河汊密布，河宽仅三四百米，属游荡型河道。下游河段自钟祥碾盘山以下至汉口，自此以下，汉江进入江汉平原，水流变缓，属平原蜿蜒型河道，河道曲折且逐步缩小（潜江以上河宽约800米，以下仅宽300米）；泄洪能力逐渐减弱，加之受长江洪水顶托影响，常发洪涝之灾。该区域原属江汉不分的古云梦泽，古时为洪泛区，河道经常发生变迁，入长江的河口地点也时常变换，明代中期最后一次改道催生了武汉三镇的最后一镇——汉口。汉江中下游支流较短，水系呈格子状排列。

汉江流域属亚热带季风气候区，地处我国南北气候的过渡地带，四季较南方热带地区分明，冬季干冷，夏季湿热，年平均降水量为700~1 000毫米，呈由东南向西北递减的趋势。下游地区年平均降水量可达1 100毫米以上，中游地区年平均降水量为800~900毫米，上游地区年平均降水量为700~900毫米。一般情况下，下游地区每年4—9月降水较多，降水量约占全年的70%~90%[23]，4月下旬可能出现春汛，6月下旬至8月上旬为夏汛期，8月下旬至10月上旬为秋汛期。夏汛往往较大，历时虽短但洪峰高大，且常与长江洪水相遇。夏汛之后，雨带北移，汉江上游降水暴增，又容易引起秋汛。汉江具有最显著的前后期洪水特征，是长江流域汛期结束最晚的支流。

八、赣江

赣江古称"赣水"，因上游章水与贡水合流出赣州而得名，发源于江西省武夷山区石寮岽，自南向北纵贯江西全省，经赣州、万安、泰和、吉水、丰城、新建、南昌等县市，最终于九江市吴城镇注入鄱阳湖，全长823千米，流域面积达8.28万平方千米，为鄱阳湖五水（赣江、抚河、信江、饶河、修水）之首。流域地跨江西、福建、广东、湖南四省，其中98.45%位于江西，约占江西总面积的50%，是江西的母亲河（见图1-3-10）。

赣江流域地处长江以南，武夷山以北，地形以山地、丘陵为主，地势由南向北逐渐倾斜，干流河床走势平稳。以赣州和新干为界，干流分为上、中、下游，长度分别为312千米、303千米、208千米。上游河段山岭纵横，水流湍急，支流众多；中游河段初经峡谷段，滩多流急，后经盆地，河道渐宽，水势和缓；下游河段流经浅丘平原地带，江面开阔，多沙洲。

赣江流域东南以武夷山与福建水系为界，东北临抚河，北通鄱阳湖，西以罗霄山与湘江为邻，南以大庾岭与珠江水系相隔，南北长，东西窄，呈不规则四边形，支流众多，河网密布，其中流域面积大于1 000平方千米的支流达21条之多。

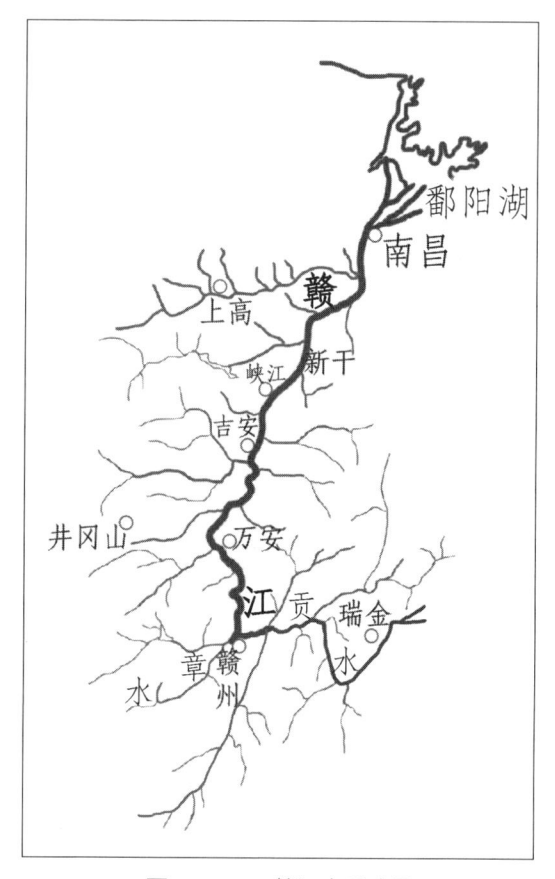

图 1-3-10　赣江水系略图

赣江有东、西二源，以东为正。东源"贡水"（古称"东江""会昌江""胡汉水"）出自江西省石城县横江镇赣江源村石寮崠；西源"章水"出自广东大庾岭。两河东西对流，于赣州市八景台汇合，"章""贡"相合，始称"赣江"。上游河段蜿蜒群山之间，多深涧溪流，落差较大，河道曲折，水流浅急，支流众多，为典型辐射状水系。赣州至新干为中游河段。其中，赣州至万安段穿行变质岩山区，河床深邃，水流湍急，曾有著名的"赣江十八滩"，阻隔大庾岭商道（大运河开通后至19世纪末的南北交通动脉——"京广大水道"的重要组成部分）千年之久，现因1989年万安水电站建成而不复存在。此后，赣江进入吉泰盆地，为低丘地带，河谷较宽，水流趋平，偶有峡谷浅滩，其中有段河谷格外束窄，遂被称为"峡江"（见彩图9）。赣州以下河段经整治后可通航500~1 000吨级轮船。下游河段流经低丘岗地和河谷平原，河道宽阔，水量较大。过南昌后，赣江绕扬子洲分为东、西两股，又各自分为中、南和西、北两支，四支又各有分汊注入鄱阳湖，其中以西支为主，其于江西省九江市修水县吴城镇出渚溪口汇修水后入湖。下游尾闾地区地势平衍，河道支汊纵横，水网极为复杂（见图1-3-11）。

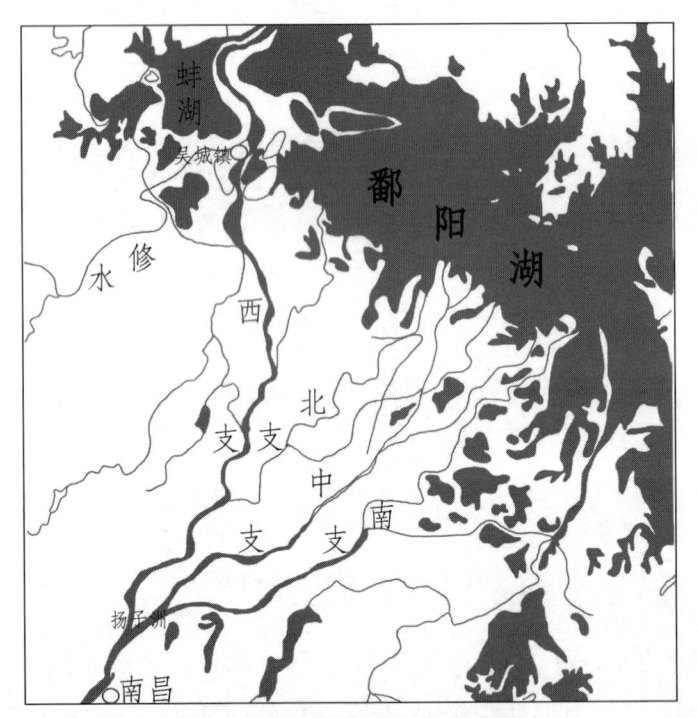

图 1-3-11　赣江尾闾河段示意图

赣江流域属亚热带季风气候区，气候温暖湿润，年平均降水量为1 580毫米，年内降水量分配不均，春雨、梅雨明显，夏秋间晴热干燥，每年4—6月暴雨集中，7—9月常有台风过境（带来暴雨），皆易致洪灾。

第四节

湖泊

长江流域湖泊众多，分布广泛，类型复杂。据20世纪80年代初的统计，全流域湖泊面积达1.52万平方千米，约占全国湖泊总面积的1/5，其中大部分（1.4万平方千米）分布在长江中下游平原区，该地区是我国淡水湖泊分布最集中的区域。两岸分布着100多座面积超过10平方千米的湖泊，包括我国五大淡水湖中的四座——洞庭湖、鄱阳湖、巢湖和太湖，湖泊面积合计8 752平方千米，占该区域湖泊总面积的55.9%。[24] 洪泽湖（五大淡水湖之一）虽属淮河流域，但考虑到目前淮河主要水量由三河闸导入长江水道，以及历史时期江淮之间的密切联系，我们也可将其视为长江下游地区的湖泊。五大淡水湖均系吞吐型湖泊，各有完整水系（见图1-4-1）。

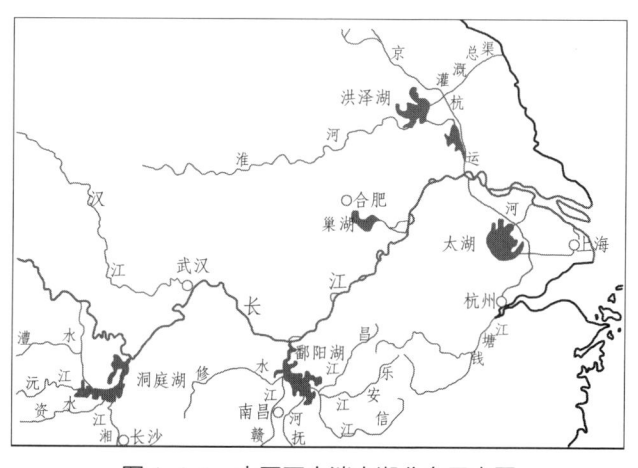

图 1-4-1　中国五大淡水湖分布示意图

一、洞庭湖

洞庭湖位于长江中游荆江段以南、湘北中部，平水期湖泊面积为2 691平方千米，是我国第三大湖（仅次于青海湖和鄱阳湖）、第二大淡水湖。洞庭湖西、南集湘、资、沅、澧四水，北有松滋河、太平河（虎渡河）、藕池河、调弦河（已断流）"四口"分泄长江来水，湖区周围另有沅水、汨罗江、新墙河等中小河流汇入，经湖泊调蓄后由城陵矶注入长江，是长江最重要的调蓄湖泊。在整个洞庭湖水系流域内，地势呈东、西、南三面高起，顺势向北倾斜，为敞口马蹄形盆地结构；流域面积可达26.28万平方千米，约占长江流域总面积的1/7（见图1-4-2）。

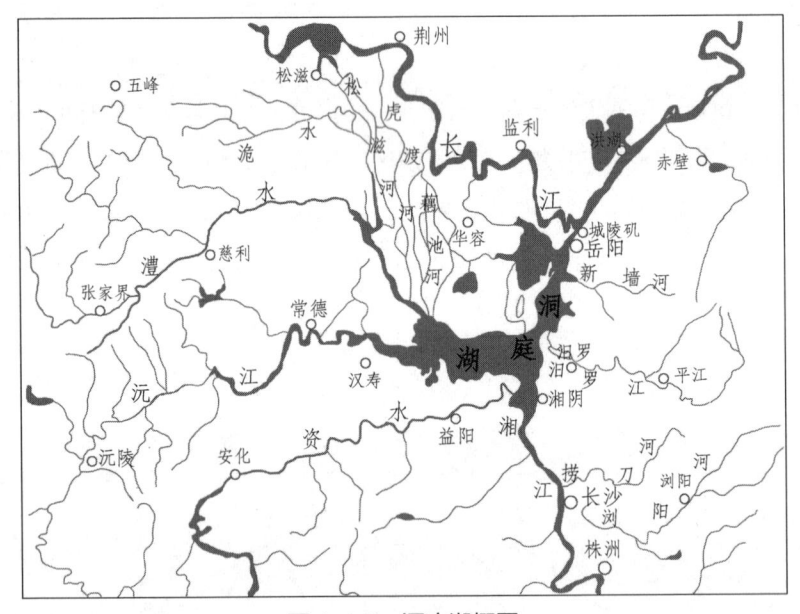

图1-4-2 洞庭湖概图

洞庭湖因7 000万年前的燕山运动断陷而形成，延续至4 000~3 000万年前的喜马拉雅造山运动，自200万年前的第四纪以来，仍呈震荡下沉态势，形成外围高、中部低平的盆地。泥沙在盆地内逐渐沉积，至11 000年前的全新世初期，河网切割的冲积平原已形成，因内部地势波状起伏，河间低洼处形成了一些星散的小型湖沼。五六千年前，随着气候的转暖，长江北岸、汉水下游一带及长江南岸的大片低洼盆地形成一片浩瀚的沼泽地带,即先秦典籍所称之"云梦泽",彼时洞庭仅为君山(原称"洞庭山")西南侧一小块方圆260里的小湖。

此后,随着长江和汉江持续的泥沙淤积,云梦泽不断消解,江北先变为沼泽,再变为江汉平原;江南起初仍为大泽,但至南朝时期,因荆江河床的不断抬升,荆江南岸形成景、沦两口,分流江水进入洞庭湖,泥沙随之在入湖河口附近大量堆积,洞庭湖逐渐演变为星罗棋布的小湖群,只在汛期才能连为一片。江南湖群的萎缩态势一直持续至唐宋时期,已显现出沼泽化的面貌。而此时,由于荆江河床的不断抬升和堤防的不断修筑,长江江面趋于缩狭,洪水宣泄不畅;大洪水过荆江段时,南岸经常形成决口。洞庭湖接纳的长江洪水远胜以往,虽仍携泥沙,但不足以阻遏洞庭湖的扩张势头,湖面遂向西、南伸展,西吞赤沙湖,南连青草湖,初显"八百里洞庭"[①]之势。

宋代以后,荆江河床仍因泥沙淤积而不断抬高,水位已超过洞庭湖,江水倒灌入湖的现象时有发生,每次荆江决口都会令洞庭湖湖面扩张。尤其是明嘉靖以后,朝廷奉行"舍南救北"的治水方针,尽堵江北穴口,江水分流专注于南。长江大量水沙不断向洞庭湖倾倒,洞庭湖湖床随之不断抬升,湖面则因来水量巨大而不断外扩,西、南洞庭湖即在此背景下逐渐扩张而成。在1860年和1870年的两次特大洪水发生后,藕池、松滋两口相继被冲开,洞庭湖湖面达到极盛,汛期湖面可达6 000平方千米。但也因更多泥沙的淤积,洞庭湖在枯水期呈现沙洲裸露、港汊分歧的态势,由此进入衰退期。此外,清中期以来,湖区围垦的愈演愈烈也大大加速了洞庭湖的萎缩态势。洞庭湖于20世纪40年代被分割为西洞庭湖(原指赤山以西若干小湖,现仅存目平湖和七里湖)、南洞庭湖和东洞庭湖三部分,最终退居我国五大淡水湖次席。截至1995年,洞庭湖湖面面积仅余2 623平方千米,不及盛时之半(见图1-4-3)。

[①] 唐代僧人可明在《赋洞庭》中有"周极八百里"之诗句。

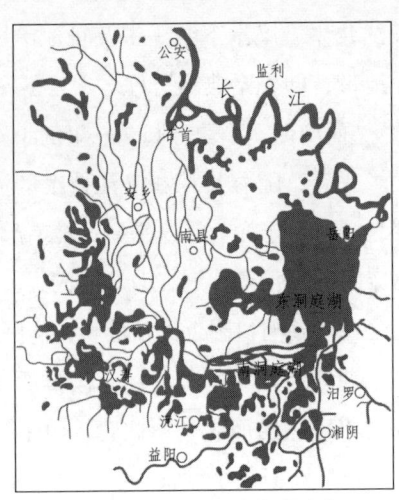

清末的洞庭湖   20世纪二三十年代的洞庭湖

20世纪70年代的洞庭湖   现在的洞庭湖

图1-4-3　清末以来的洞庭湖演变示意图

20世纪末以来，随着禁伐天然林和退耕还林、退田还湖、平垸行洪、移民建镇等一系列重要举措的实施，洞庭湖的泥沙淤积量呈大幅减少之势。"2003年三峡蓄水后，实测入湖泥沙量仅为0.3亿吨，是之前多年平均入湖泥沙量的22%。而通过退田还湖、平垸行洪，洞庭湖的水面在恢复性扩大，其调蓄容积也在相应增大。"[25] 通江湖泊面积已逐渐恢复至2 691平方千米。

洞庭湖水系属亚热带季风气候区，气候温暖湿润，年平均降水量为1 200~2 000毫米。山地多雨区的年平均降水量一般在1 600毫米以上，丘陵、平原区的年平均降水量为1 200~1 600毫米。[26]广阔发达的流域水系和充沛的降水，令洞庭湖成为我国水量最大的淡水湖，多年平均入湖水量为3 033亿立方米，相当于鄱阳湖的3倍、黄河的5倍多。但其降水量的年内分配不均匀，4—9月的降水量约占全年降水量的60%~70%，最大降水量一般出现在5—6月，占全年降水量的13%~20%，某些特殊年份甚至可达全年降水量的四成以上，极易酿成洪涝灾害。通常年份，四水和四口入湖的洪峰彼此错开，洞庭湖可发挥其容纳四水、吞吐长江之能，可有效缓解荆江河道泄洪能力不足和长江上游来水峰高量大的矛盾，保障江汉平原和武汉三镇平安度汛。但若"江、湖同涨"，就往往会造成较严重的洪水灾害。比如，1998年长江洪水期间，城陵矶前后出现8次洪峰，其中前三次由四水洪水造成，后五次则由长江洪水造成。从第四次洪峰开始，洞庭湖与长江干流高水位相互顶托作用明显，在相同的时段内，长江干流和洞庭湖多次超过最高洪水位，而下游鄱阳湖也有类似情况，这最终导致了长江流域有史以来最为严重的洪灾。

二、鄱阳湖

鄱阳湖位于长江中游九江段以南、赣北中部，平水期湖泊面积为3 150平方千米，是我国第二大湖（仅次于青海湖）、第一大淡水湖。鄱阳湖自西向东承纳修水、赣江、抚河、信江、饶河五水及博洋河、西河（又称"漳田河"）、潼津河等小河，经湖泊调蓄后由湖口注入长江，是长江流域一个重要的集水湖盆。整个鄱阳湖水系跨越长江中下游平原及华东南山地，中部及北部地势低平，四周山丘环绕，由周边向内倾斜，在九江湖口间向北开敞，流域面积达16.2万平方千米，约占长江流域面积的9%。作为一个典型的吞吐型、季节性浅淡水湖，鄱阳湖洪、枯水期的湖泊面积相差巨大，洪水期（吴淞高程20米）的湖泊面积可达4 125平方千米，枯水期的湖泊面积（吴淞高程12米）仅有500平方千米左右[27]，积水成湖，水落滩出（见图1-4-4）。

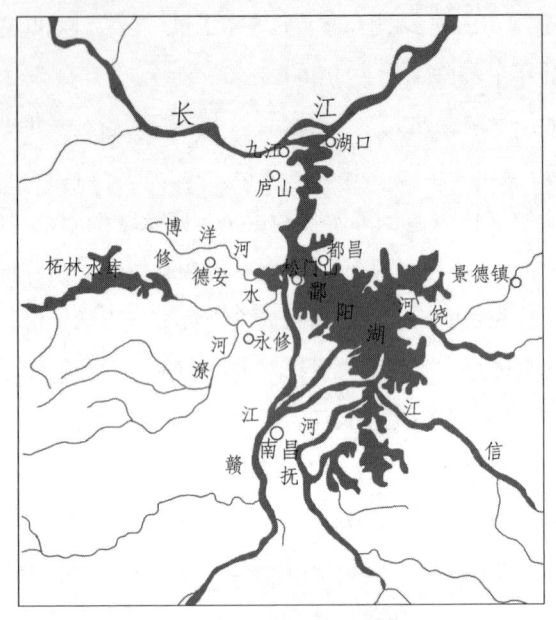

图1-4-4　鄱阳湖概图

根据湖盆地质、地貌和历史演变情况，鄱阳湖以永修松门山为界，分为南、北两部分，南部宽浅，为主湖区，形成较晚；北部狭深，为入江水道，形成较早。鄱阳湖由古彭蠡泽演变而来，地跨长江南北，江北的太白、龙感和大官及江南松门山以北的北鄱阳湖皆在其内。泽内水陆相间，古长江穿泽而过，实乃古长江中游之洪泛区。至汉代，长江主泓南移至今河道，北侧洪泛区因来水减少而日益萎缩，六朝时被称为"雷池"，今则仅余龙感、大官等湖；南侧仍称"彭蠡"，即今北鄱阳湖，南朝时，其范围仅限于松门山附近，但因其上游来水丰富，下游又受长江主泓顶托及洪水倒灌，因而湖面不断扩大，南鄱阳湖随之出现并超过北鄱阳湖成为主体，至唐初已成"秋水共长天一色"的浩瀚大湖。明清时，鄱阳湖汊湖扩展，湖面继续向南扩张，但因持续的泥沙淤积和围湖垦田，湖床变浅，湖中孤岛逐渐与陆地相连。20世纪六七十年代，鄱阳湖的人湖争地现象更为严重，进一步加速了湖面的萎缩，但因其萎缩趋势相对弱于洞庭湖，故已取代洞庭湖成为中国第一大淡水湖（见图1-4-5、图1-4-6）。

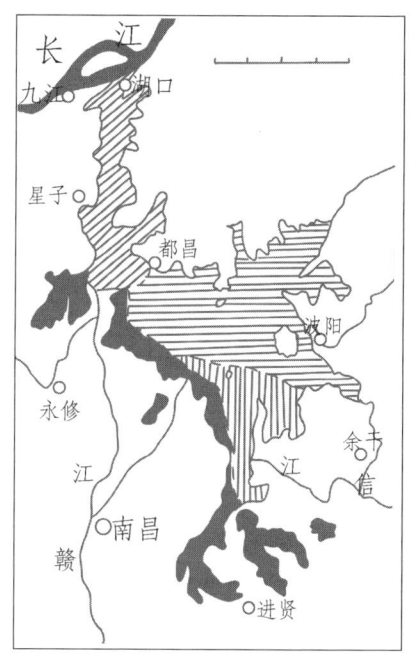

图 1-4-5　鄱阳湖演变图

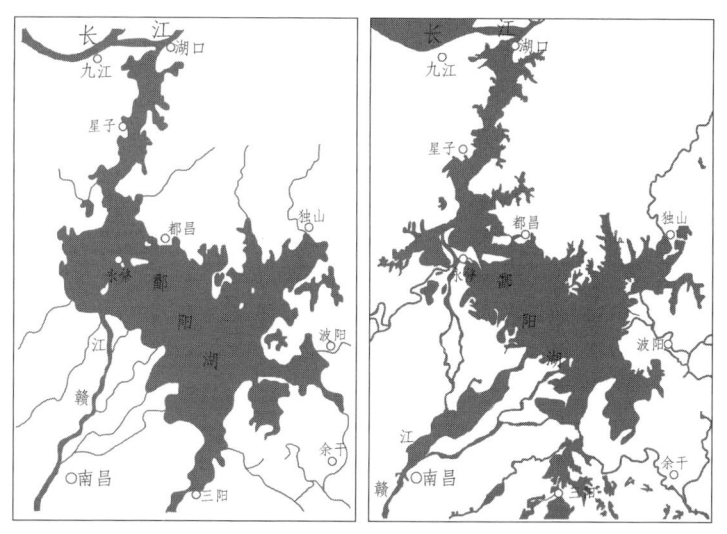

☒☒汉晋以前湖区　▦唐代扩展湖区
▥宋代扩展湖区　■元后扩展湖区

图 1-4-6　20 世纪 70 年代的鄱阳湖（左）及现在的鄱阳湖（右）

第一章　自然长江

鄱阳湖水系属亚热带季风气候区，气候温暖湿润，年平均降水量为1 570毫米。鄱阳湖水系年降水量相对平均，由东南向西北略微减少；但年内分配不均，春季阴湿多雨，全年60%的降雨集中在4—6月，是长江流域最早进入汛期的水系；夏季一般晴热干燥，但遇有台风也会引起大暴雨，加之7—9月因长江涨水而引起顶托或倒灌，湖区也易发洪害，故其汛期往往可延续至8月甚至9月。

鄱阳湖年径流量变化不大，可有效调蓄长江洪水，补充长江中下游和湖区淡水。尤其是在每年的9、10月，三峡水库蓄水，鄱阳湖向长江输送的水量增多，这极大地补给了长江中下游的水量。多年来，鄱阳湖依靠其强大的自然净化功能，竭力维持着长江中下游的生态环境安全，是长江流域最大的"肾"。但近年来，农业面源污染、工业废水污染、生活污水排放及湖底采砂导致的湖泊水质下降问题不容忽视，鄱阳湖正承受着巨大的生态压力，这"一湖清水"急需保护。

三、巢湖

巢湖，又称"樵湖""焦湖"，地处长江下游北岸、安徽省中部，介于合肥、芜湖两市之间，平水期湖泊面积约为780平方千米，是我国五大淡水湖之一。中庙（又名"圣姥庙""忠庙"）三面环湖，处于巢湖中心，湖心岛姥山、孤山嵌于湖区中、西。以中庙—姥山—齐头嘴为界，巢湖可分为东、西两部分。巢湖流域东濒长江，西北为江淮分水岭，东北邻滁河流域，南与陈瑶湖、菜子湖及皖河流域接壤，总面积约为1.42万平方千米（见图1-4-7）。

流域地形总体由西北向东南渐低，向巢湖倾斜。流域水系发达，自古号称"港汊三百六十纳诸水"。现有入湖河流主要分布在湖区的西部和西南部，入湖大小支流有34条，湖水出东湖口后，经裕溪河（又名"运漕河"，古称"濡须水"）注入长江。巢湖闸下牛屯河为分洪入江河道。流域内较大湖泊除巢湖外，还有黄陂湖（23.3平方千米）和白湖（已被围垦）。

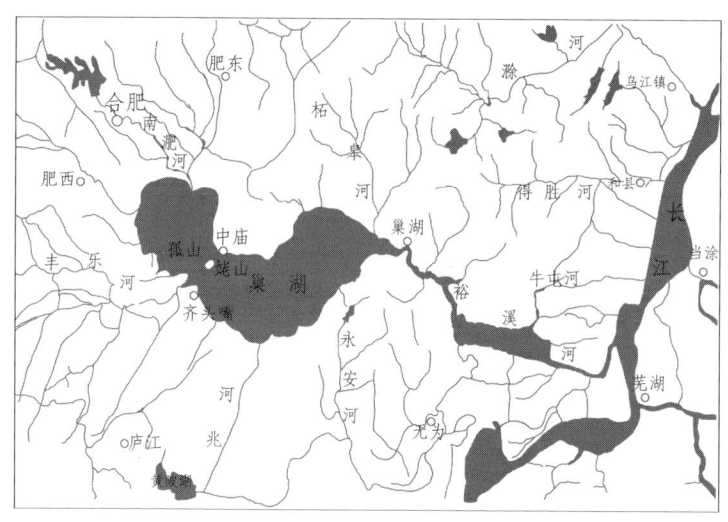

图 1-4-7　巢湖概图

巢湖流域地处板块交界地带，因燕山运动而下降，成为盆地，此后持续下降并进一步断陷，阻滞大别山北麓流水，形成断陷湖。约在第三纪末、第四纪初（500万~350万年前），湖面面积趋于鼎盛，西近六安双河镇，北抵今合肥市，南与庐江白湖相连，面积超过2 000平方千米。距今1.5万年，因大量泥沙不断流入湖中，湖水面积不断缩小并被割裂，巢湖流域最终形成今貌，目前各入湖河口仍在不断淤塞。

巢湖流域属亚热带季风气候区，四季鲜明，气候温和，雨量适中，春季温度多变，梅雨显著，夏雨集中，秋高气爽，冬季一般年份仅有岸冰出现，少有封冻现象。全流域平均年降水量约为1 000毫米，年际分配不均，丘陵区易发旱灾；年内分配亦不均，降水集中于夏季，且多暴雨，圩区易发洪涝灾害。

因巢湖流域气候温暖湿润，加之地表土壤肥沃，故其圩区是安徽省沿江农业高产区，但因长期围湖垦田，港汊大多成圩，极大削弱了巢湖的蓄洪能力。巢湖为通江浅水湖泊，沿岸草滩面积广大，水生植物众多，水产资源十分丰富，但由于人们的围垦，湖泊的生态环境被破坏了。特别是裕溪闸和巢湖闸的建成，切断了巢湖的通江河道，减少了鱼类的洄游和长江鱼苗入湖的机会，令巢湖鱼类种群数量锐减。另外，自20世纪中期以来，巢湖正在遭受严重的水质污染问题。20世纪70年代以后，巢湖的水体富营养化严重程度已居全国五大淡水湖之首，甚至出现了严重的"水华"①现象。经过近40年的治理，目前巢湖的水质有所改善，但其水质仍不尽如人意，巢湖的水污染治理任重道远。

四、太湖

太湖，古称"震泽""具区""笠泽""五湖"，位于长江下游干流与杭州湾之间的三角地带、江苏和浙江两省交界处，平水期湖泊面积为2 338平方千米，是我国第三大淡水湖。湖中还有48座岛屿，山水结合，层次丰富，形成天然画卷（见图1-4-8）。

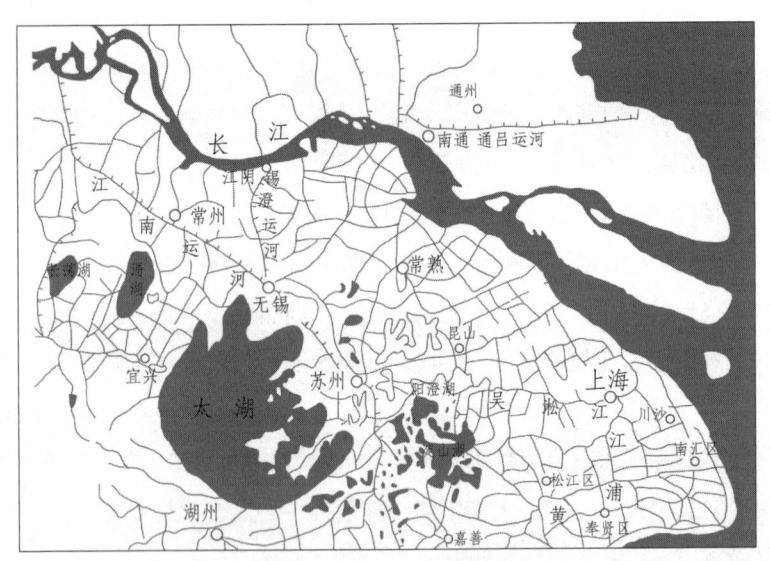

图1-4-8 太湖概图

太湖流域东濒东海，南濒钱塘江，西以天目山、界岭、茅山等与钱塘江、水阳江、秦淮河等流域毗邻，总面积为3.65万平方千米，具有明显

---

① "水华"是淡水水体中藻类大量繁殖的一种自然生态现象，是水体富营养化的一种特征，也被称为"湖靛"，多发于夏季高温季节，水面上漂流着绿油漆似的或黄绿色浮游植物，它们被风浪集中，有时会形成数厘米的厚层。"湖靛"被冲上岸，会迅速腐败分解，发出恶臭。

的封闭性。因四周较高，中部低洼，以太湖为中心的蝶形洼地平原形成。这一特殊地形导致太湖排水不畅、洪涝多发，大规模的水利工程建设是当地维持文明发展的前提。我国最早的大型水利工程——杭州良渚古城外围水利系统，即位于太湖流域，距今已有4 700~5 100年，也是世界已知最早的水坝系统。良渚古城遗址已于2019年入选世界遗产，用铁一般的事实证明了中华五千年文明史。

太湖流域水系是长江最下游的一个支流水系，包括以太湖为中心的数百座大小湖泊和众多短小河流以及黄浦江。以太湖北岸的直湖港和南岸的长兜港连线，水系可分为西部上源和东部下委两个系统，它们分别是来水区和出水区。下委原有吴淞江、东江、娄江三条入江、入海通道，它们被称为"太湖三江"，分别向东、南、北三面排水。唐时期，东、娄两江相继湮灭，逐渐形成东北、东南各有36条入江、入海港浦，替代了东、娄两江排水。宋元时期，由于海岸线东伸，吴淞江入海段日益淤塞（下游河段最终缩狭为苏州河），东北诸港浦也需时常疏浚以维持通水，东南沿海各港浦则因岸塌土虚，挡潮闸屡筑屡圮，不得不逐渐改闸为堰，以阻海水倒灌。太湖排水阻塞情况日甚一日，苏、松、杭、嘉、湖等府水患不断，遂于明初开范家浜，接通黄浦，导湖水入海，又开通一系列人工运河以疏导太湖积水。不到半个世纪，范家浜被冲刷为深广的黄浦江，从而替代吴淞江成为全流域最主要的排水通道。如今，太湖的排水系统仍由黄浦江和众多人工运河构成。

太湖流域属亚热带季风气候区，气候温暖湿润，雨水丰沛，年平均降水量为1 120毫米。年内降雨分配不均，夏季（6—8月）降雨最多，占全年降雨量的35%~40%，加之地形低洼，排水不畅，易发洪灾。另外，太湖流域接近东部沿海，常遭风灾（约一年两次）。台风除造成直接灾害外，还常使广大海面和长江口一带江面的潮位产生增水，导致潮水漫溢，毁堤淹田，威胁城镇。

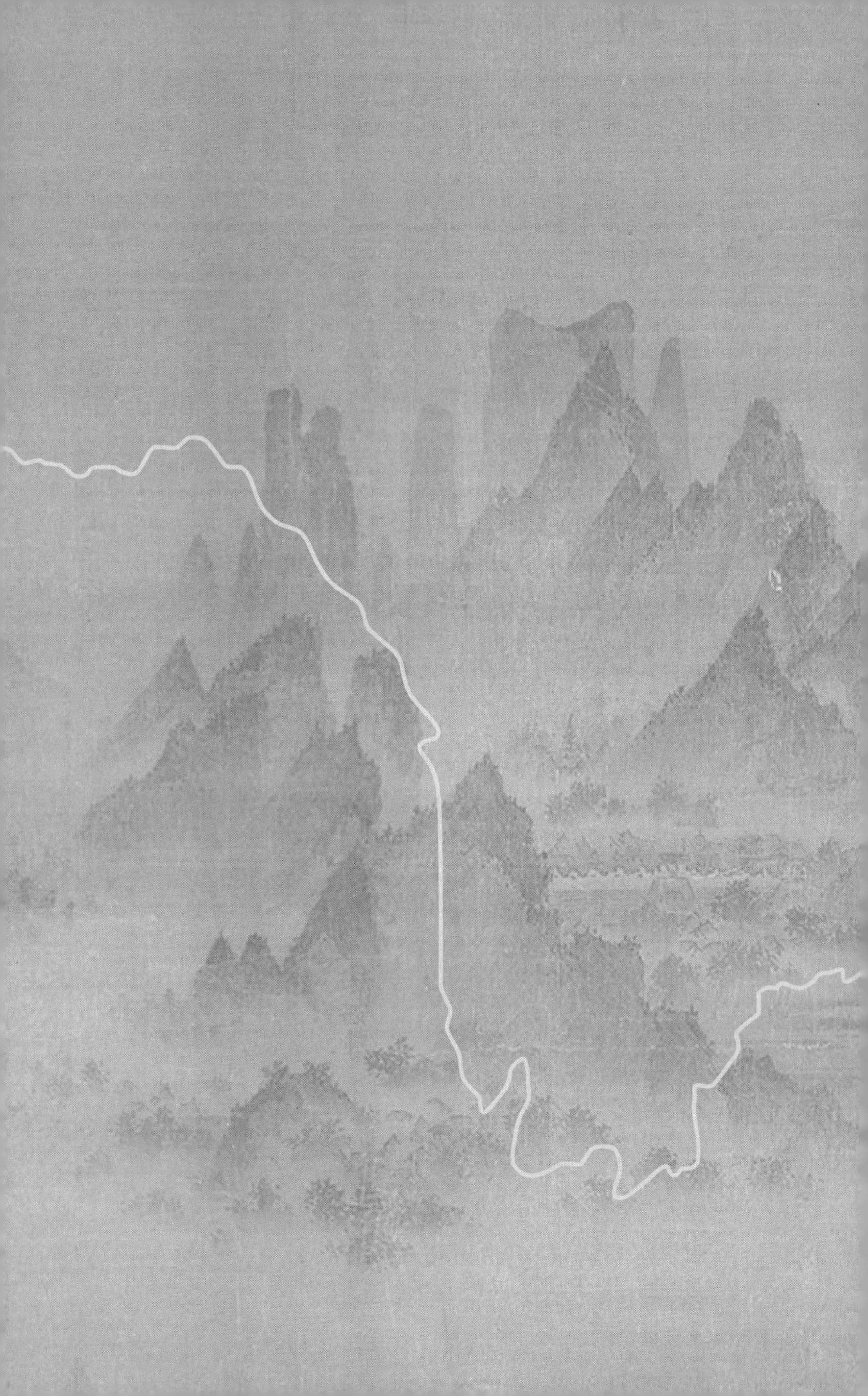

第二章 自然长江认知史

第一节

主干之辨

对于径流广远、流域开阔的长江，人们对其生态状况的认知有一个由片面到全面、由浅入深的发展过程。现以对长江径流干道和源头的认识为例，略论国人"长江观"的演进。

古人受限于视野和测量手段，对长江主干和源头的认识曾有误解。随着社会发展、生产力水平提高，关于长江主干和长江源头的认识才逐渐清晰。

一、江汉混淆

在距今三四千年的夏商时期，江汉交汇处的江汉平原一带的早期文明较为兴盛，荆楚先民驾舟穿行于云梦泽的湖泊、河网之中，有感于"汉之广矣"[①]，不免产生江、汉谁为干流的困惑（见图2-1-1）。

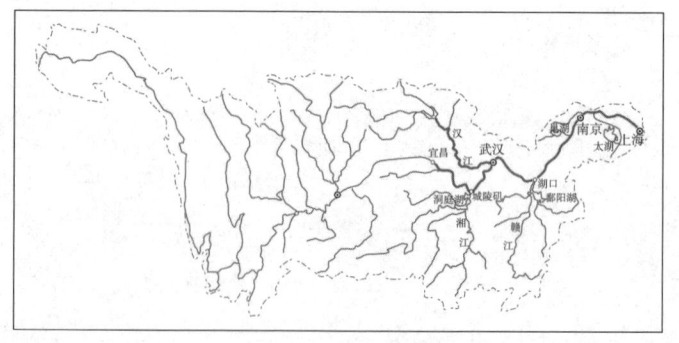

图2-1-1　江汉形势图

[①] 汉江中游河道宽阔，其中襄阳附近河道宽达3 000米，在洪水期可达2 000~3 000千米，而长江中游河道宽为800~1 200米，夏商先民仅凭肉眼很难判断谁为长江干流。

汉水作为长江最长的支流，是中华文明的发祥地之一，自古就有"天汉""云汉"之称。我国最早的诗歌总集——《诗经》中的风、雅、颂三部分都有涉及汉水流域的诗篇。如《诗经·大雅·江汉》有"江汉浮浮，武夫滔滔""江汉汤汤，武夫洸洸"；《诗经·小雅·四月》有"滔滔江汉，南国之纪"；《诗经·国风·周南·汉广》有"汉之广矣，不可泳思"等。其中，十五"国风"中的《周南》和《召南》，被历代学者认为是以汉水流域为轴心的南国诗歌。汉水流域在先秦时期就是华夏文明的核心区之一。秦末征战间，项羽封刘邦为汉王，"王巴、蜀、汉中"。[1] 随后，刘邦以汉水流域的汉中为基地，征讨攻伐，终于建立汉王朝，由此，汉水流域成为汉文明的发生地，"汉人""汉字""汉语""汉服"等名称应运而生。汉水在汉文明中的特殊地位，直接影响到近邻朝鲜半岛诸国。大约14世纪，仰慕中华文化的李氏朝鲜就将流经其统治核心区的大河命名为"汉江"，沿线的诸多城市也多有与中国汉水流域名城相合者，如丹阳、襄阳、江陵、汉城（古称"汉阳"）等。

汉水古又称"江"，多见于古文献，石泉先生的研究表明，从先秦直至南朝时期，多有误以"江"为"汉"的记载[2]。如《史记·周本纪》云："昭王南巡狩不返，卒于江上。"此"江"是指长江还是汉水，历来有争议。而早出的《竹书纪年》载周昭王南征云："昭王十六年，伐楚荆，涉汉，遇大兕。""昭王十九年，天大曀，雉兔皆震，丧六师于汉。""周昭王末年，夜清，五色光贯紫微，其年，王南巡不返。"又《吕氏春秋·音初》载其事曰："周昭王亲将征荆……还反涉汉，梁败，王及蔡（祭）公抎（陨）于汉中。"《史记正义》引《帝王世纪》云："昭王德衰，南征，济于汉，船人恶之，以胶船进王，王御船至中流，胶液船解，王及祭公俱没于水中而崩。"无论昭王之死因桥梁垮塌抑或胶船溶解，可确知其死地为汉水，则《史记·周本纪》之"江""汉"皆指汉水。这便是古人混淆江、汉的一例。

至汉末三国时期，史籍已见"长江"之名。但从《三国志》的几条记载来看，至少江东孙吴政权的部分士人认为长江的上游是汉水。据《三国志·吴书·鲁肃传》载，公元200年，鲁肃在与孙权的密谈中提出要孙权立足江东，等待时机吞并刘表的势力，取得全部长江天险，以此为基业来谋取天下。

　　北方诚多务也。因其多务，剿除黄祖，进伐刘表，竟长江所极，据而有之，然后建号帝王以图天下，此高帝之业也。

　　当时黄祖驻守长江之畔的夏口（今武汉），而刘表则坐镇汉水之滨的襄阳，鲁肃所谓"竟长江所极"就是要在己方占据长江中下游的基础之上，夺取其所认为的长江上游，即从今武汉到襄阳的汉水河段。《鲁肃传》后文又载,（公元208年）刘表死后，鲁肃进言曰："夫荆楚与国邻接，水流顺北，外带江汉……若据而有之，此帝王之资也。"与其前文对照，进一步印证鲁肃认为的长江水道上游乃是位置偏向北方的汉水，而非今日之荆江河段。

　　赤壁战后，刘备留关羽镇守荆州，东吴吕蒙图谋夺占之，其中有"蒙为国家前据襄阳""不如取羽，全据长江"（《三国志·吴书·吕蒙传》）之语。当时关羽在荆州的中心区是长江北岸的江陵（今荆州市）和长江南岸的公安，又《三国志·蜀书·关羽传》云："是岁（公元220年），羽率众攻曹仁于樊。"襄阳与樊城隔汉水相望，同为汉末汉水中游重镇，参考关羽在赤壁战后即获封襄阳太守，可确认关羽此时仍据有襄阳。则吕蒙心中的"全据长江"，很可能既包括汉水襄阳以下河段，又包括今长江荆江段。这又是典型的古人混淆江、汉之一例。

　　到东晋、南朝时期，江汉之间的云梦泽进一步萎缩以至消失，演变为大浐、马骨等湖泊、陂池，虽然在夏季涨水时期仍会出现"萦连江沔"（《水经·沔水注》）的盛况，但江、沔（长江、汉水）之间的区别在大多数时段已变得较为清晰。虽南朝早期仍有混淆江、汉的零星记载，如南朝刘宋盛弘之《荆州记》云："襄阳，旧楚之北津。从襄阳渡江，经南阳，出方关，是周、郑、晋、卫之道。"从汉水南岸的襄阳所渡之"江"，显然指汉水。但大抵而言，古人江、汉谁为干流的困惑已趋于消除。

　　不过，由于从先秦到南朝时期部分古人存在混淆江、汉的情况，所以自唐初《括地志》以来，关于古代荆楚地理的传统解释（以断定先秦楚郢都、秦汉至齐梁江陵城在长江北岸、今湖北荆州市境内为核心）也就有了一定的修订空间。石泉先生通过爬梳史料和严密考证，结合实地调查，得出一系列关于荆楚地区古地名的新解，其核心是认为郢都及其后继城市秦汉至齐梁江陵城并不在长江边，"而是在汉水中游以西、蛮河下游今湖北宜城市南境；与此相应，古荆楚地区一系列著名山川城邑，也都在汉水中游两岸的宜城及钟祥两平原上"[3]。若其学说能够得到确认，将从根本上改变为绝大多数人所接受的荆楚历史地名体系。其说法虽未得学界普遍认可，但仍对长江中游，尤其是汉水中下游地区的古荆楚历史地理研究产生了极大推动。孰是孰非，尚待相关考古发掘工作的进一步证实。

二、岷山导江

春秋战国时期，中国最早的地理书《尚书·禹贡》有"嶓冢导漾，东流为汉，又东为沧浪之水，过三澨，至于大别，南入于江"和"岷山导江，东别为沱"的语句，当时的人们已经认识到了汉江是长江的支流，认为岷山是长江的发源地，大概同时代的《山海经》也有类似说法。《山海经·中山经》云："岷山，江水出焉，东北流注于海。"《荀子·子道》云："昔者江出于岷山，其始出也，其源可以滥觞。"《孔子家语·三恕》亦云："夫江始出于岷山，其源可以滥觞。"《尚书·禹贡》认可长江出于岷山的说法，后世遂多以为长江发源于岷山，尤其是在汉武帝确立了《尚书》五经之首的地位后，"岷山导江"的说法就更加深入人心了（见图2-1-2）。如《淮南子·地形训》曰："江出岷山，东流绝汉入海。"

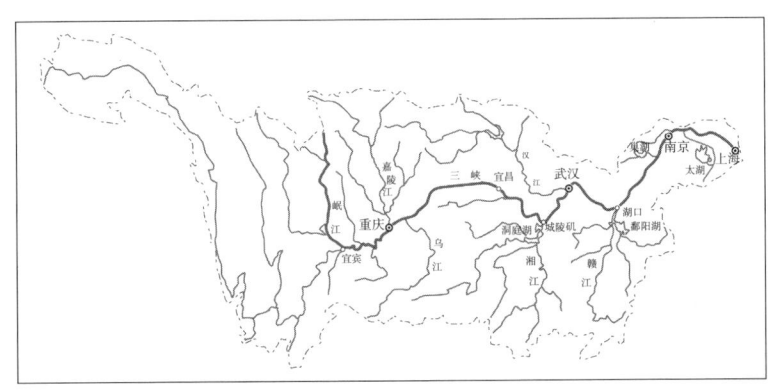

图 2-1-2　岷山导江

关于岷山的位置，《汉书·地理志》载："蜀郡湔氐道，禹贡嶓（今按：嶓、岷为通假字）山在西徼外，江水所出，东南至江都入海。"明确说明岷山位于湔氐道，即今四川省阿坝藏族羌族自治州松潘县，其地处今川西青藏高原岷山以东，正为岷江发源地，则当时人们所认为的长江正源确为今之岷江无疑。

而嘉陵江为长江正源的说法的依据乃是北魏郦道元注《水经·江水一》篇首"岷山在蜀郡氐道县，大江所出，东南过其县北"曰："岷山（今按："山"当为"江"），即渎山也，水曰渎水矣。又谓之汶阜山，在徼外，江水所导也。"氐道县在今甘肃武山县与天水市之间，即嶓冢山所在地，而嘉陵江上游重要支流西汉水源头齐寿山的古称正是"嶓冢山"，且汶阜山即"汶山"，"岷""汶"音通，遂有研究者认为古人初以现代嘉陵江上游支流西汉水（今按：此河道原属汉江流域，后被嘉陵江袭夺，西汉水亦为嘉陵江别称）为长江正源。殊不知此乃经文在传抄过程中出现讹误而已。清代学者杨守敬已指出："《经》《注》皆脱湔字耳。观《禹贡山水泽地》篇称岷山在蜀郡湔氐道西，知此《经》本作湔氐道……后人不知脱湔字，遂于道下各增县字。"[4]具体尚可参看《尚书校释译论》（顾颉刚，刘起釪著）"岷嶓既艺"及"岷山导江"条，此不赘述。总之，自《禹贡》以来的相当长一段历史时期内，世人皆以今之岷江为长江正源。北周、隋唐以迄明朝先后在岷江源头地区设置江源县、江源郡、江源镇等行政单位[①]（古人以"江"为长江专名），明确岷江为长江正源。直至明嘉靖二十年（1541年），罗洪先在《广舆图》（迄今为止能见到的最早的综合性地图集）上仍明确标有"岷江为江源""松潘入岷"等文字注记。

三、"金沙江源头"说

对于金沙江，国人至迟在汉武帝通西南夷时即已知晓。东汉班固《汉书·地理志》载："绳水（金沙江）出徼外，东至僰道入江，过郡二，行

[①] "江源今四川松潘县南安宏乡北周置。隋书地理志：江源，后周置。按元和郡县志交川县下有江源镇，在交川县西北三十里，盖即周江源县旧治也。"（王仲荦：《北周地理志》卷2，北京：中华书局，1980年。）

千四百里。"北魏郦道元《水经注》云："绳水出徼外，山海经曰：巴遂之山，绳水出焉。东南流，分为二水……其一水南径旄牛道至大莋（今四川米易）与若水（雅砻江）合，自下亦通谓之为绳水矣。"

唐贞观十四年（641年），文成公主出嫁，松赞干布亲至柏海（今青海省扎陵湖）迎接送亲队伍。此后200余年间，汉藏往来频繁。金沙江上游的通天河玉树一带是重要的汉藏通道，国人也因此对金沙江之上的通天河有所了解。但晚唐《蛮书》仍将岷江认定为"外江"。[5] 宋代，由于政府在西南地区采取收缩政策，故宋人对大渡河以上长江干支流的认识往往还不如汉唐之人。蒙元时期，随着吐蕃等路宣慰使司都元帅府的设立以及八思巴喇嘛被尊为帝师，吐蕃的对内交流增多，国人对金沙江上游的认识大为增进，确认其源出吐蕃。《元史·地理志》曰："路因江为名，谓金沙江出沙金，故云。源出吐蕃界。"

明嘉靖二十年（1541年），罗洪先在《广舆图》上首次绘出云南北部的金沙江河道。《广舆图》虽仍囿于"岷山导江"的经典之说，但已"不自觉地采用硕大的马湖指代与卡日曲河源（今按：黄河源）遥相呼应的长江江源——金沙江"[6]，明正德年间《杨子器跋舆地图》甚至出现了标'大江源'于岷江，而另标'江源'于金沙江的新气象，这表明明代中期已有学人逐渐认识到金沙江应为江源之一。

至明代万历五年（1577年），章潢在其皇皇巨著——300万字的《图书编》中首次指出岷江并非长江正源，金沙江才是长江正源。

> 水必有源，而源必有远近小大不同。或远近各有源也，则必主夫远；或远近不甚相悬，而有大小之殊也，则必主夫大；纵使近大远微而源远流长，犹必以远为主也……江水出岷山，……然岷山在今茂州汶山县，发源不一，而亦甚微，所谓发源滥觞者也，及阅《云南志》则谓金沙江之源出于吐蕃异域，南流渐广，至于武定之金沙巡司，经丽江、鹤庆，又东过四州之防州、建昌等卫，以达于马湖叙南，然后合于大江，趋于荆吴……况金沙江源出于吐蕃，则其远且大也，明矣。何为言江源者止于蜀之岷山，而不及吐蕃之犁石，

是舍夫远且大者，主夫近且微者……江之源亦发于西，转西南，入中华，过云南诸郡，南流过四川马湖合大江，转东南荆吴，至正东入海。[7]

可惜同书卷30中的《中国地理海岳江河大势图》仍有"江虽发源岷山"的论断，观点并不统一。数十年后，明末地理学家徐霞客循金沙江而上，直至云南丽江，经过实地查考，探寻到金沙江比岷江更长，明确指出岷江为长江支流，金沙江才是长江干流。徐氏曰：

余按岷江经成都至叙（今宜宾），不及千里，金沙江经丽江、云南、乌蒙至叙，共二千余里，舍远而宗近，岂其源独与河异乎？非也！河源屡经寻讨，故始得其远；江源从无问津，故仅宗其近。其实岷之入江，与渭之入河，皆中国之支流，而岷江为舟楫所通，金沙江盘折蛮僚溪峒间，水陆俱莫能溯。既不悉其孰远孰近，第见《禹贡》"岷山导江"之文，遂以江源归之……故推江源者，必当以金沙为首。①

但因徐霞客并无官方身份，其说法并未在当时被普遍认可。清初的重要地理书《读史方舆纪要》和《禹贡锥指》仍坚持"岷山导江"的观点。直到随着西方先进制图技术的逐步传入，康熙皇帝才正式肯定了徐霞客的说法，金沙江遂被定为长江源头（见图2-1-3）。

江源发于科尔坤山之东南，有三泉流出：一自匝巴颜哈拉岭流出，名七七拉噶纳；一自麻穆巴颜哈拉岭流出，名麻穆七七拉噶纳；一自巴颜吐呼母巴颜哈拉岭流出，名古科克巴哈七七拉噶纳，合而东南流，土人名"岷捏撮"。岷捏撮者，译言岷江也，是为岷江之源，南流至岷纳克，地名鸦龙江，又南流至占对宣抚司，会打冲

---

① （明）徐弘祖著：《徐霞客游记》卷10《溯江纪源》。

河，入于金沙江，东流经云南境，至四川叙州府，与川江合，是真江源。[1]

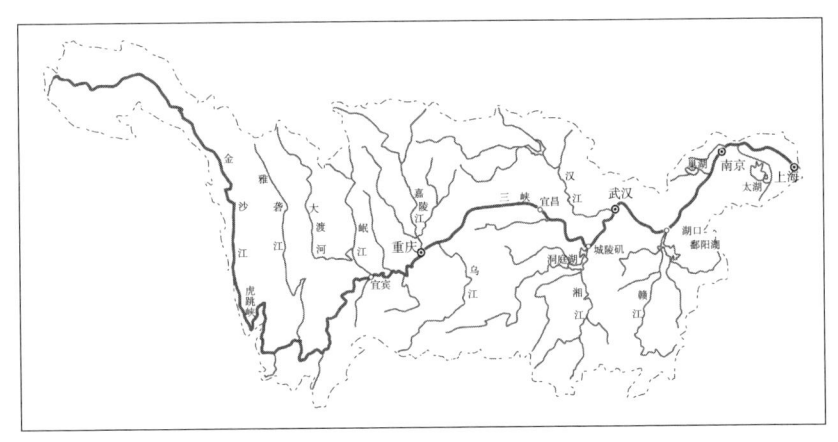

图 2-1-3　金沙江为源

---

[1] （清）爱新觉罗·玄烨著：《康熙几暇格物编》卷下之下《江源》，杭州：浙江古籍出版社，2013年，第223页。

第二节

江源考察

一、望源兴叹：康熙朝的江源考察

虽然康熙年间（1662—1722年）已确定金沙江为长江源头，但直至此时，国人对长江源头的认识仍停留在对长江上游主干道的判定上，真正深入青藏高原、考察长江江源的工作，是从康熙后期才开启的。

康熙帝曾多次派专门使臣考察长江源头。康熙五十七年（1718年），中国首次采用近代测量技术绘制成了《皇舆全览图》[①]，绘出了金沙江之上的通天河上游（蒙古语称"木鲁乌苏河"，明末清初，蒙古和硕特部曾统治青藏高原70余年，故当地的蒙古语地名较多）水系的大致方位。为求更加精确，康熙五十九年（1720年），他再次派专使考察通天河上游，但由于江源地区的恶劣气候和困难交通，使臣们无法进一步深入探源，只得面对巴颜喀拉山南麓密如织网的河流"望源兴叹"，留下"江源如寻，分散甚阔"的结论（见图2-2-1、图2-2-2、彩图2）。

[①]《皇舆全览图》按1:400000~1:1500000的比例尺绘制，全国由28个分幅图拼接而成，其均系大面积实地测绘所得，且详尽准确，领先于当时的欧洲各国。《皇舆全览图》此后几年又有增补，现存的福克斯复印版本共35幅，从第12幅《金沙澜沧等江源图》中可见当时绘制的金沙江源头的山脉、水系特征。

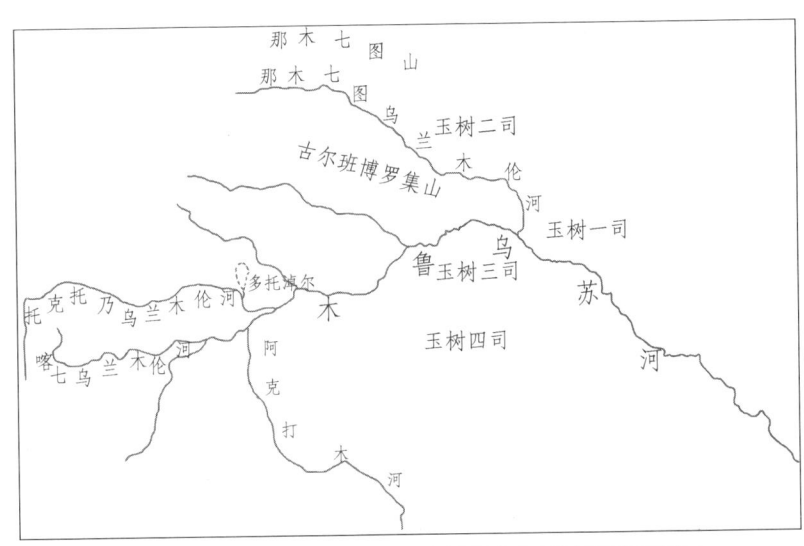

图 2-2-1 据谭其骧《中国历史地图集》所绘清代江源图

图 2-2-2 据福克斯复印版本《皇舆全览图·金沙澜沧等江源图》所绘江源图

由图 2-2-2 可见，当时所定长江正源为"母垒乌苏必拉"（通天河上游最早的名称），源于巴萨冬布阿林（巴萨通拉木山，即唐古拉山），该河段即今"布曲"。

第二章 自然长江认知史 061

二、布曲为正：乾隆朝至近代的江源水系描述

乾隆二十六年（1761年），礼部侍郎齐召南著《水道提纲》，对江源水系的描述更为详尽。

> 大江源出岷山……《禹贡》导江之岷山……金沙江即古丽水，亦曰绳水，亦曰犁牛河，番名穆鲁乌苏。岷江最上源也，出西藏卫地之巴萨通拉木山东麓。山形高大，类乳牛，即古犁石山也。东北流，折而东南，又东北流，凡三百余里。其西北一源最远，出巴萨通拉木之西五百里。山曰勒斜尔乌兰达普苏阿林。水曰喀齐乌兰穆伦，东南流，曲曲凡九百里，东流来会，又东北流。其南一源，出拜都岭，北流，曰拜都河，自南行三百里来会，水势始盛。三源既合，东北曲曲流，有阿克打木河合二水自南来注之。北流稍折而西北，有托克托乃乌兰穆伦自西北九百余里，曲曲流来会。又北百余里，折而东流，又东南，有博啰必拉会枯蓝诸水，自南来注之。……有纳木齐图乌兰穆伦，西北自巴颜哈喇德里本山东南曲曲流八百余里，折而西南流来会。[8]

虽对江源已有相当程度的了解，但礼官齐召南仍在《水道提纲》篇首维护"岷山导江"的经说，这说明当时清儒仍十分认可岷江为"长江文化源头"。不过此后官修的《大清一统志》仍以金沙江为江源，这表明金沙江江源的官方地位已经不可动摇。

齐召南以巴萨通拉木山为金沙江源头，合于康熙朝所定之长江源，但未能对今通天河上游以上诸水正确划分主支流——认为阿克达木河（今当曲）和托克托乃乌兰木伦（今沱沱河）为支流；对源流远近的分析也有误——认为喀齐乌兰木伦（今尕尔曲）为最远之源头，认为水从巴萨通拉木山流出后，会先后汇西北源喀齐乌兰木伦和南源拜都河（今冬曲）。

清末和民国时期仍有科考人员深入江源地区，但受限于复杂地理条件和恶劣气候环境，又缺乏更先进有效的测量手段，科考人员对长江源头的

认识并无突破（见图 2-2-3、图 2-2-4）。

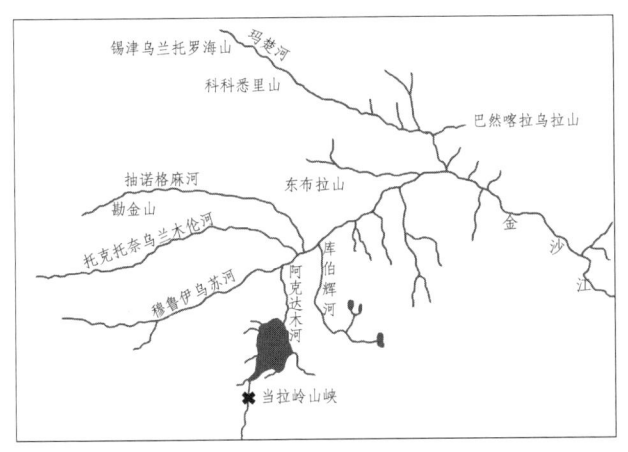

图 2-2-3 据《大清帝国全图》之《青海西藏》所绘江源部分

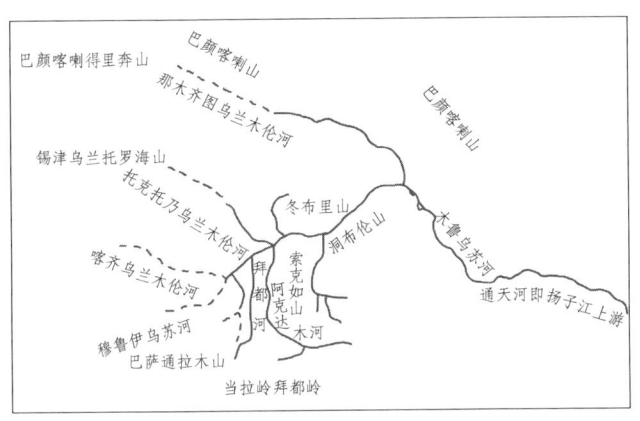

图 2-2-4 据 1907 年邹代钧《中外舆地全图》所绘江源图

民国时期，学人对于江源的说法仍旧聚讼不已，大致可归为"唐古拉山说""巴颜喀拉说""南、北二源说""三源说"。

"唐古拉山说"。唐古拉山又名"当拉山""巴萨通拉木山""巴萨冬布阿林"等，此说承袭清康熙以来的布曲说。其代表著作有 1914 年孔庭璋编著的《中华地理全志（第三编）》[①]，1920 年出版的《扬子江汉口吴淞

---

① "扬子江发源于西藏之当拉山脉（今按：唐古拉山脉），初会阿克达木河，寻会那木齐图乌兰木伦河。"

间整理计划草案》[1]，1931年亚新地学社编著的《中华析类分省图》[2]，以及商务印书馆分别于1931年、1935年、1936年出版的《中国古今地名大辞典》（见图2-2-5）[3]《西北之地文与人文》[4]《扬子江水利考》[5]。

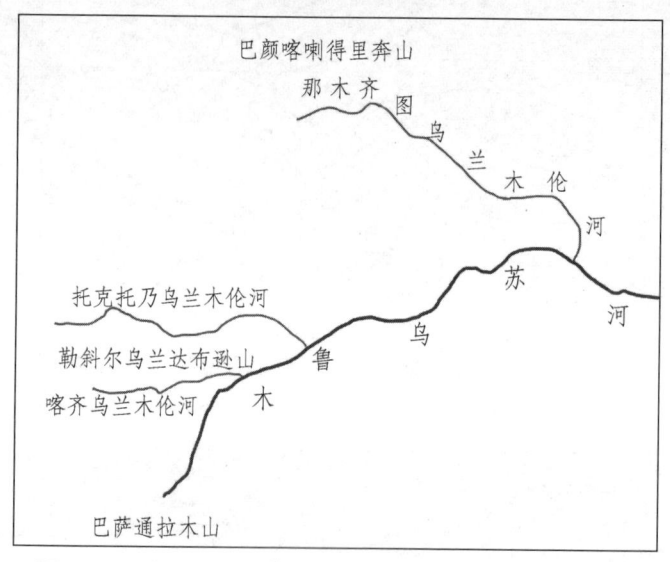

图 2-2-5 据1931年《中国古今地名大辞典》所绘江源图

"巴颜喀拉说"。巴颜喀拉又名"巴颜喀喇得里奔""巴颜喀喇"等。此说认为楚玛尔河为长江源头。其代表著作有1934年丁文江、翁文灏、曾世英等编制的《中华民国新地图》（见图2-2-6），1935年商务印书馆出版的《中国水利问题与二十四年之水利建设》[6]，1939年的《川黔水道查勘报告》[7]，以及1941年版的《辞海（合订本）》[8]，1948年金擎宇著《中国地理教科图》[9]。

---

[1] "扬子江发源于青海西南与西藏接境之巴萨通拉木山。"
[2] "木鲁伊乌苏河即通天河正源，源出巴萨通拉木山。"
[3] "（长江上游）即古丽水，亦曰犁牛河，番名木鲁乌苏，又名通天河。出青海西南境之巴萨通拉木山之东麓。"
[4] "长江上源，番名州曲，亦称木鲁乌苏河，源出巴萨通拉木岭。"
[5] "按近时舆地家之研究，江流实发源于青海西南与西藏接境之巴萨通拉木山。"
[6] "扬子江源出青海之巴颜喀喇山阳。"
[7] "金沙江系长江上游正流，源出青海巴颜喀喇山麓。"
[8] "长江，又曰通天河，源出青海西南境巴颜喀喇山。"
[9] "长江一名扬子江，发源于青海巴颜喀喇山之南。"

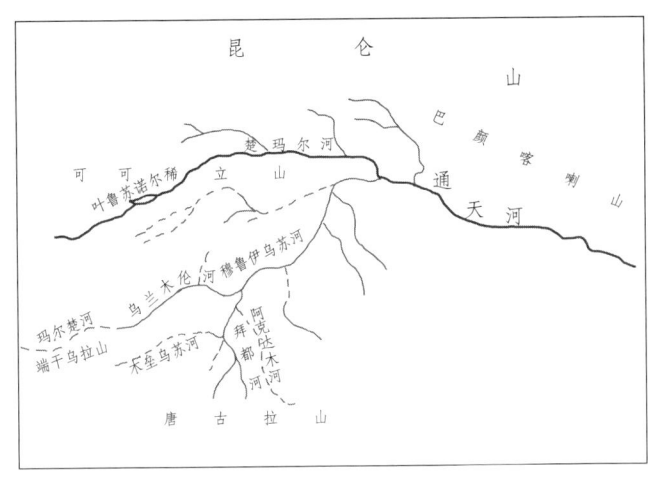

图 2-2-6　据 1934 年《中华民国新地图》所绘江源图

"南、北二源说"。该说又可分两种，一种以布曲（木鲁乌苏或乌鲁木苏）为南源、楚玛尔河为北源，另一种则以尕尔曲为南源、沱沱河为北源。持前一种观点的著作较多，比如，《玉树县志稿》（据民国间手抄本影印）[①]、1928 年曹瑞荣著《青海旅行记》[②]、1947 年何敏求等著《中国地理概论》[③] 等。持后一种观点的代表作仅有 1931 年臧励和等编著的《中国古今地名大辞典》[④]。

"三源说"。该说支持南、北、中三源的说法。一种观点认为中源为布曲，南源为当曲，北源为楚玛尔河，其代表著作有 1936 年马鹤天著《西北考察记》[⑤]（见图 2-2-7）。

[①] "乌鲁木苏河（即木鲁乌苏河）有南北两源，北源出青海西界勒斜尔乌兰达布逊山（为楚玛尔河源头），东南流千余里至玉树总举百户牧地西界，与南源会。南源出青海西南当拉岭北麓（为布曲源头），控引众水，曲屈东北流千余里与北源会，是为通天河。"

[②] "南源出青海西界，朝午拉之北，州财拉马地方（唐古拉山口西，即布曲源头一带），东流至玉树界与北源会。北源名陆马曲（即楚玛尔河），源出青海西界勒斜尔乌兰达布逊山，东流至玉树界与南源，是为通天河。"

[③] "长江亦名扬子江，……上游于青海境内，有南北两源。南源曰木鲁乌苏，北源曰楚玛尔，两源汇合后，名布垒楚河。"

[④] "南曰，喀齐乌木伦河（尕尔曲）；北曰，托克托乃乌兰木伦河（沱沱河），东流合而为木鲁乌苏河。"

[⑤] "通天河即长江之上源，蒙名木鲁乌苏，番名州曲，古名丽水，一名神川。其源有三，中源出于唐古拉山脉之巴萨通拉木山，名木鲁乌苏（布曲），番名曲国公……南源出于中坝得玛东卡峡咀山那尺山之西北麓，名阿克达木河，番名当木曲（当曲），北源出于巴颜喀喇得里奔山，名曰那木齐图乌木伦河（楚玛尔河），东流折南汇于正源。三源汇于那巴敦。"

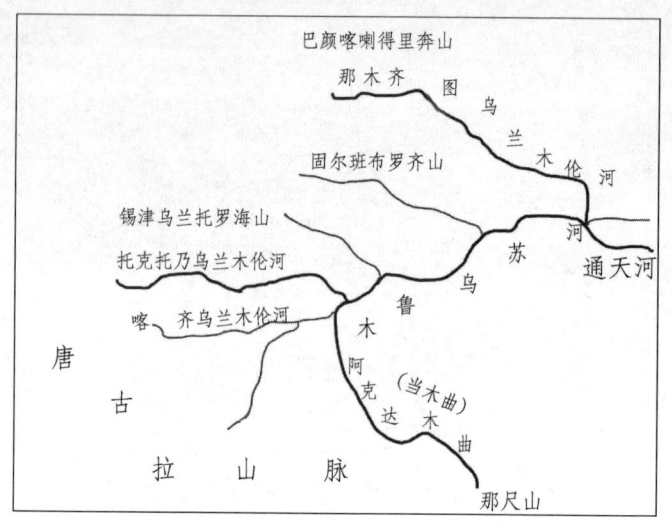

图 2-2-7　据 1936 年《西北考察记》所绘江源图

另一种观点认为：沱沱河为中源，尕尔曲为南源，楚玛尔河为北源，其代表著作有 1938 年周振鹤著《青海》[1]（见图 2-2-8）。

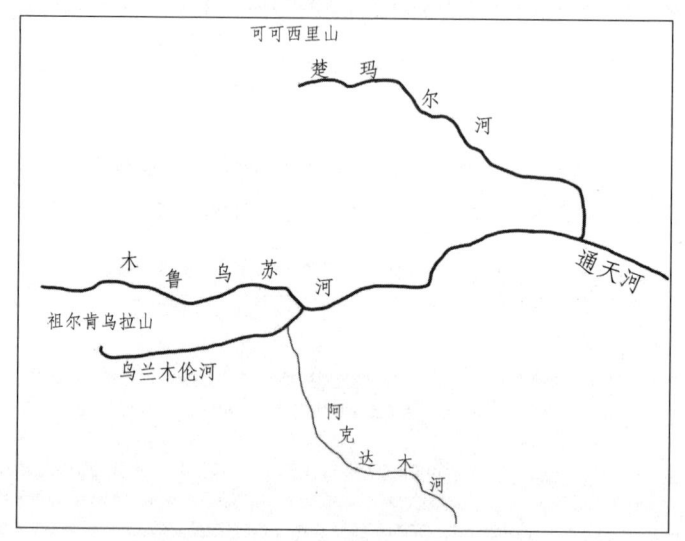

图 2-2-8　据《青海》（青海省图书馆藏）所绘江源图

---

[1] "南源出于近六千公尺之祖尔肯乌拉山南，中源出于山北。南源曰乌兰木伦，藏名为尕尔曲；中源曰木鲁乌苏；北源曰楚玛尔河。"

三、沱沱河还是当曲：现代人的江源考察和争论

新中国在成立初期，暂时无暇对青藏公路以西地区进行精确实测，故地图出版仍沿用旧图资料并加以订正，文字论述方面则多提南、北两源：南源为发源于祖尔肯乌拉山北麓的木（穆）鲁乌苏河（其位置是沱沱河），北源为发源于可可西里山东麓的楚玛尔河。如 1954 年陈桥驿的《祖国的河流》[①]和胡夫的《中国地理基础知识》[②]。至 1965 年，《辞海》（未定稿）出版，其中有关江源的描述除了仍把楚玛尔河作为北源外，又指出："木鲁乌苏河为长江南源，出青海西南唐古拉山北麓，支流乌兰木伦河（今按：沱沱河的蒙古语名称为"托克托乃乌兰木伦"，意为"滔滔的红水河"，后从蒙古语河名音译和意译转化而来汉语河名"滔滔河""托托河"等）为长江正源，出祖尔肯乌拉山。"直至 1972 年《中华人民共和国地图集》出版，沱沱河也只"到达"祖尔肯乌拉山北麓，并未向南"切穿"此山。（见图 2-2-9）

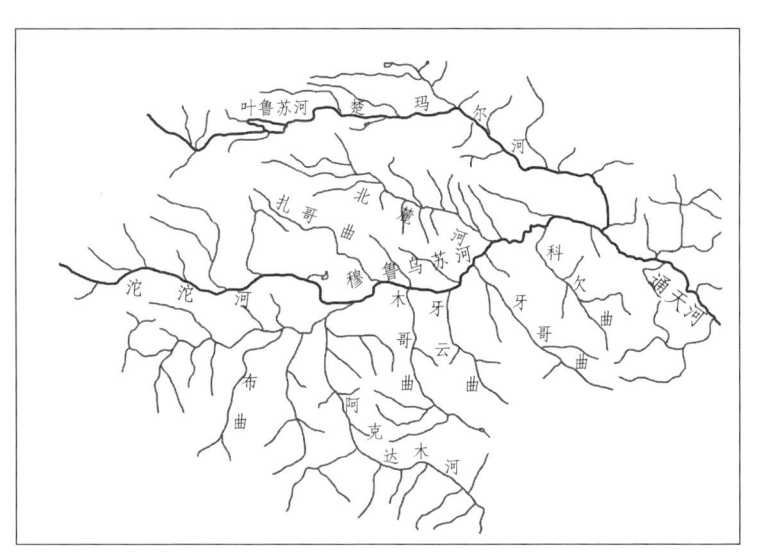

图 2-2-9　据 1972 年《中华人民共和国地图集》所绘江源图

---

① "长江发源于青海省可可稀立山麓，上源水道复杂，支流烦琐，主要有木鲁乌苏河和楚玛尔河等，这些支流汇合以后，叫作通天河。"
② "长江发源在西部的可可稀立山麓，上游主要分成楚玛尔河和乌兰木伦河两支，汇合以后为通天河。"

1958年，长江流域规划办公室（现称长江水利委员会，以下简称"长办"）重庆水文总站成立"长江河源水文勘测队"。该勘测队于当年六七月份及次年相继在沱沱河沿、楚玛尔河沿河布曲石屏设立了水文站，并在得列楚卡（今尕尔曲口）进行了水文测绘。

从1969年起，原兰州军区测绘部队采用航空摄影测量方法，开始对江源地区实施1∶10万地形图测绘工作，于1974年完成了航测调绘，终于精确地反映了长江源地区山脉、水系的真实面貌，沱沱河终于"切穿"了祖尔肯乌拉山，抵达了各拉丹冬雪山西南侧。尕尔曲源头段的河流走向也得到了修正（见图2-2-10）。

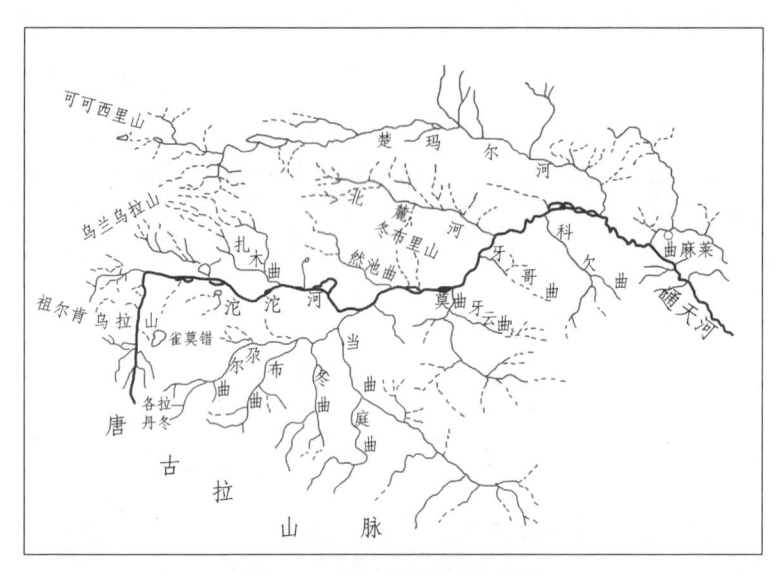

图2-2-10 长江江源水系图

此外，在经历波折后，原兰州军区第一测绘大队终于在1974年12月派出小组，成功在唐古拉山脉各拉丹冬雪山群中进行了细致测绘，查明沱沱河源位于姜根迪如和西侧的尕恰迪如岗之间。上述勘测工作为此后长办开展江源考察提供了基础资料。

1976年夏（7月21日—9月9日），长办派遣调查队，深入江源地区，进行水系、水文、地貌、冰川、气候等自然状况的详尽考察和研究（见图2-2-11），证实了长江源头有5条较大河流：楚玛尔河、沱沱河、当曲、布曲和尕尔曲，探明了沱沱河源头，且依"河源唯远"原则并考虑河道上下游的顺直一致性，提出了沱沱河为正源。长办还重新划分了水系中河流的从属关系：根据河流长度，将尕尔曲划为布曲的支流，布曲则为当曲的支流，当曲、沱沱河汇于囊极巴陇，以下为通天河。考察结束后，中国科学院地理研究所根据最新航测图，并将江口外伸及荆江裁弯取直等因素纳入考虑，最终将长江全长定为约6 300千米（超越密西西比河，成为世界第三长河），修正了过去5 800千米的长度数。1977年，长办完成《有关长江源头若干情况的报告》，并上报水利电力部。随后，石铭鼎在《科学实验》《地理知识》等刊物上发文，向国内外做情况介绍。1978年1月13日，新华社正式报道了长江源查勘成果，公布沱沱河为长江正源。

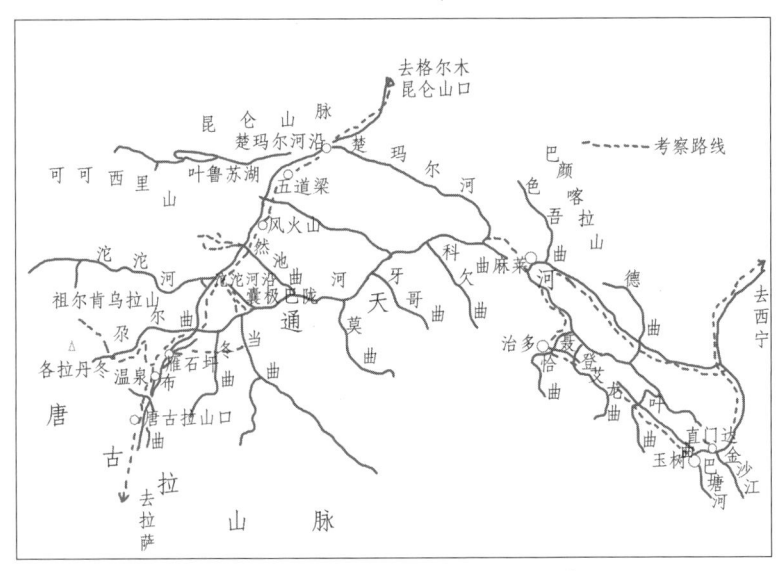

图 2-2-11　1976 年江源考察路线示意图

1978年，为了给长江流域综合利用规划搜集资料，并向国内外系统介绍长江，长办需要进一步了解长江源地区的基本情况。于是，长办会同上海科学教育电影制片厂、中央电视台、中央新闻纪录电影制片厂、新华社等单位，并邀请中国科学院高原生物研究所和兰州大学等单位，在兰州部队的大力配合下，成立了长江源拍摄考察队，于6—9月再次组织了江源考察拍摄活动，并进一步认识了江源地区基本情况、水系面貌和河源特征。

第二次考察发现之前的测量数据有误,"主要是'玛日阿错'幅图上沱沱河长度应为64.6公里,而1976年公布的长度为82.3公里"。[9]为此,长办于1980年重新量算,直至1987年才正式确认沱沱河为长江正源,当曲和楚玛尔河则分别定为南源和北源,并指出"长江干流长度分别为以沱沱河为源,全长6 397公里;以当曲河为源,全长6 403公里;以楚玛尔河为源,全长6 288公里"。[10]但1983年当曲的量算数略长于沱沱河,以及1976年重划江源水系后当曲水系流域面积超过沱沱河水系的事实,也为今后的争论埋下了伏笔。

近年来,随着信息技术的发展和考察仪器装备的改进,江源地区的考察频次和规模骤增,人们对长江三源的了解日益深入,将长度和水量皆占优的当曲作为长江正源的呼声渐高。目前,有关沱沱河和当曲源头的探索仍在进行,人们对长江源头的认识还在不断加深,这是一个无止境的过程。

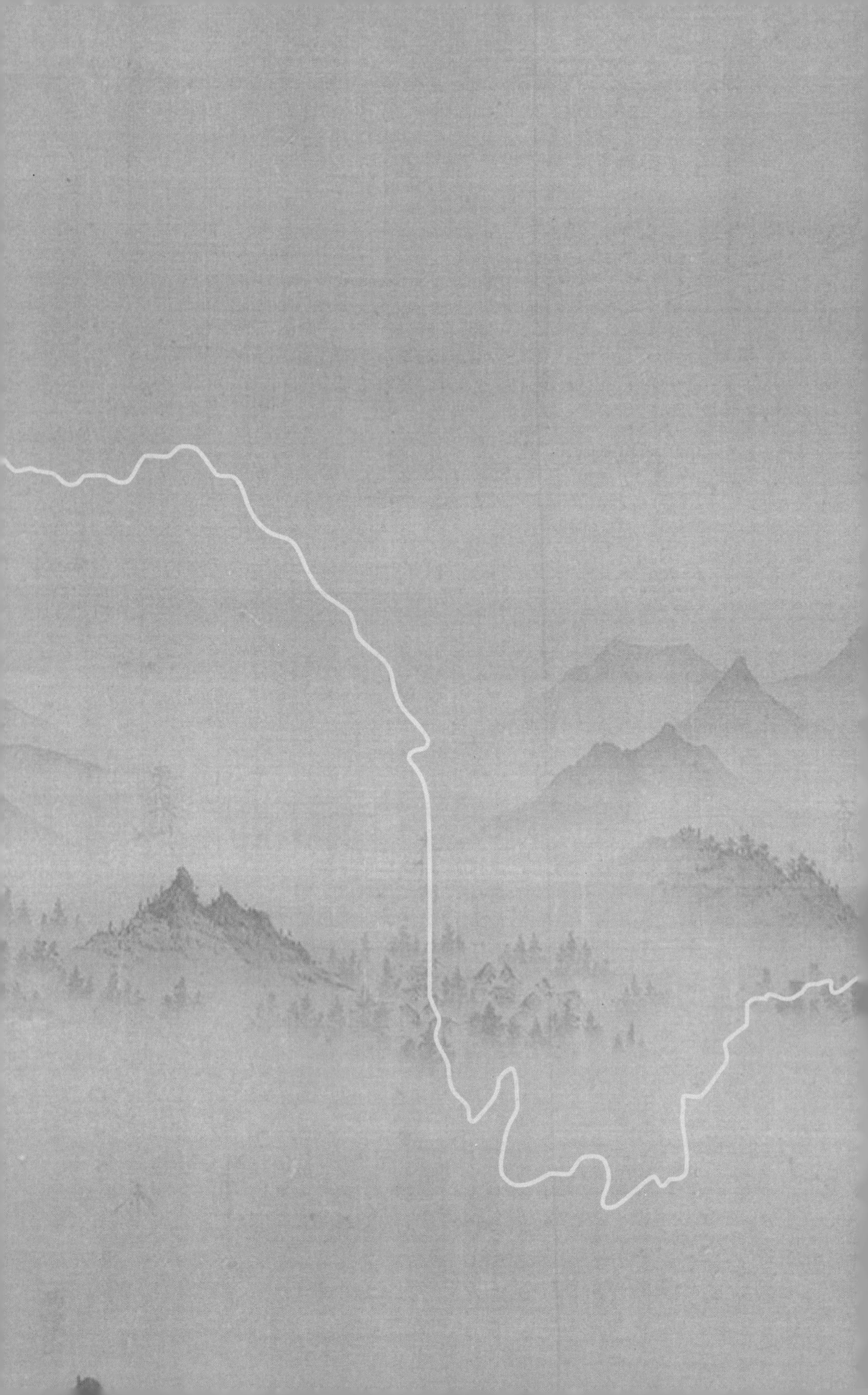

第三章 大河文明纵览

第一节

诸大河文明

黑格尔说:"历史的真正舞台所以便是温带,当然是北温带,因为地球在那儿形成了一个大陆,正如希腊人所说,有着一个广阔的胸膛。"[1] 温带-亚热带成为文明先发地是不争的事实,而北温带偏南的北纬30度线附近,因兼具充沛的水热条件,成为最有利于文明发生发展的地段。这里并列诞生了古埃及、古巴比伦、古印度和中国四大文明。值得注意的是,四大文明皆诞生于能够为农业生产提供持续保障的河川的附近,拥有各自的母亲河:尼罗河、幼发拉底河和底格里斯河、印度河与恒河,以及长江和略偏北的黄河。在与长江进行比较的视野下看待北纬30度线附近的诸大河文明,可以让我们更清晰地审视由不同的自然地理和人文地理条件造成的各自的文化发展模式的差异。这既有利于用整体的眼光查考诸大河文明的变量,也有利于以世界的维度解释长江文明的演进道路。

一、尼罗河文明

(一)"埃及是尼罗河的赠礼"

尼罗河全长约6 670千米,长期以来被认为是世界上最长的河流。[①] 它位于非洲的东部,发源于赤道之南,向北流经布隆迪、卢旺达、坦桑尼亚、乌干达、刚果(金)、肯尼亚、埃塞俄比亚、厄立特里亚、南苏丹、

[①] 近期有巴西学者研究认为,南美洲的亚马孙河才是全世界最长的河流。参见《世界第一长河为亚马孙河》,《上海水务》2008年第3期。据此文,尼罗河的长度约为6 852千米,亚马孙河的长度约为6 992千米。尼罗河的长度尚无权威数据,本文数据采自《大英百科全书》: https://www.britannica.com/place/Nile-River。

苏丹和埃及等 11 个国家，最后注入地中海。青尼罗河和白尼罗河是尼罗河最主要的两大支流。与长江相比，尼罗河不仅长度更长，其流域面积也远较长江流域广大，约为 325 万平方千米，约占非洲大陆面积的 1/10（见图 3-1-1）。

图 3-1-1　尼罗河流域俯瞰图

尼罗河下游与长江流域均处北纬 30 度线附近，但气候条件差异巨大。二者虽然都受制于副热带高压，但由于西部横断山脉、青藏高原将来自太平洋的温暖湿润的东南季风拦在东部，长江流域雨量充沛，多年平均年径流量达 9 600 亿立方米；而干燥少雨的尼罗河多年平均年径流量仅为 725 亿立方米，远逊于长江。不过相对今天而言，尼罗河流域中下游在 9 000~5 000 年前仍是温暖湿润的，古埃及文明就是在其中的最后 1 000 多年的时间里诞生的。二者气候条件的重大差异，直接导致各自主要粮食作物种类的不同。长江流域的先民大规模种植耗水量大的水稻，而古埃及人则在尼罗河畔种植耐旱的大麦和小麦。

古埃及的兴起与尼罗河密不可分。尼罗河水有规律的泛滥曾经给古埃及人带来巨大的灾难。但掌握规律之后，古埃及人发现，尼罗河泛滥带来的肥沃泥土能带来丰饶的收成。在这漫长的过程中，古埃及人逐渐建造了自己的灌溉系统，也积累了数学与几何知识。古埃及人的历法也与尼罗河的涨落有关。

  不同于长江的全流域支流补水，尼罗河在进入埃及后就不再有水源补给了。由于缺少支流、湖泊的调蓄，相较于长江，尼罗河中下游的水量大小具有更明显的季节特点。每年6月，青尼罗河流经的热带草原气候地区受到赤道低气压的控制，降水极为丰沛，7—8月，河水持续上涨，至9月达到高峰。尼罗河流域的居民可通过河流的颜色来判断时节：当尼罗河的河水由清澈变得浑浊时，洪水就到来了；当河水变成鲜血一样的红色时，河水便会漫过堤岸。9月过后，水位下落，河岸上就剩下由热带植物腐殖质和埃塞俄比亚高原岩盐组成的淤泥。然而，在这些肥沃的淤泥上耕作并不容易，埃及的旱季非常漫长，如果在洪水退去之前没有蓄足耕作需要的水分，农民就很有可能颗粒无收。所以早在公元前2800年左右，古埃及就设立了"灌溉部"，负责监造水坝。公元前2600年左右，世界上最早的水坝之一——卡法拉水坝，以及因造坝形成的世界上最早的水库都诞生在古埃及。卡法拉水坝位于开罗以南32千米，长106米，高出谷底约11.27米，坝基上的两条用块石砌筑的大堤均厚23.77米，其外侧是一个斜坡且有台阶，两堤之间是一个长35.96米的大沟，由60 000吨取自河床和邻近山丘的砾石填塞，坚固异常，其坝肩部分至今犹存（见图3-1-2）。[2]

图3-1-2　卡拉法高坝［向下游看，默里夫人（Mrs.G.Murray）摄］

由于尼罗河定期泛滥，古埃及的水利工程需要年复一年地进行。在这一过程中，古埃及人积累了丰富的数学知识。古埃及在前王朝时期（公元前4500—前3100年）就已经使用十进制，其象形文字中也有表示一、十、百、千、万、十万和百万的特殊符号。古埃及的长度单位以人体的器官为标准，手指、手掌、脚掌和肘的长度，都是常见的长度单位。古埃及数学已经能够算出很多形状的面积，还将圆周率计算到了3.16。古埃及的纸草文献中保存了求半球、角锥体、圆柱体等体积的方法。

古埃及的历法和季节也与尼罗河的涨落有关。当天狼星在东方地平线上同太阳一起升起的时候，尼罗河涨水的日子就到了。这一天也就是古埃及历法中新的一年的开始。古埃及的一年有360天，分为12个月，每个月30天，年终再加5天。虽然没有置闰，但这已经相当精确了。古埃及共有3个季节，分别是泛滥季、播种季和收获季，这当然也是基于尼罗河水的泛滥总结出来的。

（二）文字与信仰

古埃及象形文字有圣书体、草书体和世俗体之别，但都为祭司所用，平民无法掌握。与中国的象形文字相比，其书体发展截然不同，最终成为"绝学"，走向消亡。使用文字的祭司是宗教与世俗两界的"仆人"，负责神庙、丧葬事务，也参与世俗世界的统治，类似周礼中的"宗伯"和巫觋。古埃及的神灵系统与长江流域楚地的神灵系统有许多相似之处，由于人们虔诚地期盼"来世"，古埃及的墓葬文化也异常繁盛。

古埃及的象形文字最早出现在涅伽达文化 II 期（公元前3500—前3100年）的陶器、印章和雕像上，有表音符号、表意符号和其他限定符号。最正规的文字是圣书体，笔画非常精致，装饰性极强，难度较高。僧侣则使用草书体（又称为僧侣体）。与这两种书体相比，世俗体最简单，出现得也最晚（约为公元前700年）。

与中文发展的路径不同，在古埃及象形文字发展的过程中，表音的符号逐渐增多。最终，闪米特民族借鉴、简化象形文字，创造出了字母表。中文则始终保留象形的基础。

与中文相似，古埃及文字也存在"六书"的构字法：象形、指事、会意、形声、转注、假借。[3]古埃及的象形符号可以分为两类——象物符号（静物）和象义符号（动作）。象物符号比象义符号多，涉及日常生活中的方方面面。象物符号，如站在架子上的鹰的符号表示鹰神，相应数量的竖线符号表示数字，动物的形象符号表示动物，等等。象义符号，如向下张开的双臂符号表示拥抱，手持武器符号表示打仗，走动的双腿符号表示跨过，等等。中国的象形字有许多与古埃及类似的地方，如数字的表示方法、雨的表示方法、眼睛形象，等等。另外，由于文化差异，两者也有许多意义相同的文字的象形画法差别相当大。[4]

古埃及的指事字较少，如"手臂+手持刀"表示打斗，"刀+俎"表示屠宰场，"墙+男子"表示建造，等等。古埃及的形声字与中国的不同，声符不标示形声字的整个发音，只标示部分发音。如用鹳指 b 音，山顶上的蛇指 d 音，鸟指 t、y、w 音等。古埃及的转注字，有的能反映独特的地理特征，如用南方特有的植物表示南方；有的能反映特定的事物，如用利比亚人使用的棍棒表示利比亚人；还有的能反映特定的行为，如权杖表示统治等。古埃及的假借字相当多，如鸭表示儿子，兔表示张开，覆盖着谷物的打谷场表示时间，房屋表示走出去，等等。

正如前文所说，古埃及的祭司是宗教与世俗两界的"仆人"，负责神庙、丧葬事务，也参与世俗世界的统治。祭司在古埃及文中表示"纯净的人"，可以分为两种——神庙祭司和丧葬祭司。庙宇中的祭司一般分为很多层次——主先知、副先知、先知、祭司、副祭司等。这与中国先秦《周礼》中记载的由宗伯统领的等级严密、各司其职的邦国礼官系统颇为类似。与宗伯辅佐天子掌管宗室事务相同，古埃及的祭司阶层也染指世俗领域，而且范围更广。

古埃及祭司除宗教性事务之外，还参与其他活动，比如，读与写几乎全由他们操持，他们还开办学校和图书馆，培养出了绝大多数的政客、医生、律师等职业人员。他们享有很多特权，包括免除参加体力劳动和免交租税。不祭祀时，他们身穿普通衣服，但是依然有祭司的特征：剃光头发、手持司杖；祭祀时，根据各自的级别和类别的不同，他们佩戴不同的面罩、胸饰、假发以及动物斗篷等。除此之外，古埃及祭司在世俗世界中还兼任各种职务。他们可以跟随或代替国王远征，充当法官审理案件，充当国王的使者或随国王出访。随着祭司实力的增强，他们兼职世俗官员的现象越发普遍，他们在垄断通神权力的同时，不断攫取更多世俗权力。古埃及祭司的世俗化，是古埃及宗教的一大特色。

尼罗河水不仅馈赠了古埃及人丰饶的收成，也给他们带来了深深的恐惧。对尼罗河水泛滥的畏惧令古埃及人将尼罗河视为神。除尼罗河神之外，古埃及人还保持着原始的自然崇拜和图腾崇拜，这使古埃及成为一个多神的国家。这些神灵拥有一个复杂而充满冲突的谱系，如与太阳有关的拉神、阿蒙神，与尼罗河有关的冥神奥西里斯，等等。古埃及人认为人死后会面对"来世审判"，因此格外重视遗体的保存，木乃伊和金字塔也因此产生。

（三）建筑与艺术

古埃及的金字塔全部分布在尼罗河沿岸的宽阔地带。每年涨水期间，货船会把远处的石块运至建造金字塔的工地，工人们再把这些巨大的石块垒成巍峨的金字塔。随着金字塔的建造，浮雕、雕塑、绘画等文艺形式也发展起来，随着神庙的兴起发展到新的高度。

谈到尼罗河流域的建筑艺术，我们就不得不提及古埃及的金字塔。金字塔的修造方法一直相当神秘，充满了古埃及人的智慧。每逢尼罗河涨水时节，古埃及的货船借助水流和北风从采石场将重达几吨到几十吨的巨石运输到建造金字塔的工地。方锥形的金字塔是从第四王朝（公元前2613—前2494年）斯尼弗鲁国王在位时开始设计并兴建的。他的儿子胡夫以及后人则在吉萨地区建造了流传至今的巍峨的金字塔群。其中，胡夫金字塔、考夫拉金字塔、孟考拉金字塔被并称为"三大金字塔"。其中规模最大的胡夫金字塔动用了10万工匠，花费了约20年时间。

由于修建金字塔的耗费过于巨大，故从中王国时期（约公元前2133—前1786年）开始，神庙逐渐代替金字塔，成为古埃及的主要建筑物形式。在新王国时期（约公元前1570—前1085年），神庙发展到巅峰。

古埃及最大的神庙是卡尔纳克神庙，修建时间始于古王国时期，一直持续到托勒密时期（公元前305—前30年），时间跨度达2 000年之久，其遗址至今尚存。

与建造金字塔和神庙等建筑的目的相同，古埃及的雕塑和绘画也是为了永恒的来世，即为了死者生命的继续存在而创作，故有着严格的程式和造型法则。法老的雕像一定要庄严威武，形象高大。雕像和画像大多是正面的，即使是侧面像，也是头侧而胸不侧，且眼睛永远是按正面像的正视位置来画的。受王权和宗教观念的约束，"透视原理"始终未能引进雕刻和绘画之中。画面上的人物不按比例呈现，权位越高，形象越大，越处于画面的中心位置，其他人物不论远近一律缩小，均为"小人物"。头面人物的躯体一般不能被别的人物遮挡，否则他在永世中的躯体也是残缺不全的。因此，人物的画面安排皆呈茕茕孑立状，甚至树木也不能以"成林"状态来体现，而是一棵棵地排列。

古埃及的艺术家就是遵循这种法则进行创作的。这是一般倾向，但并非一概如此，法老时代的许多世俗作品往往打破常规，反映古埃及人对生活的热爱和对美的孜孜不倦的追求，表现出强烈的现实主义风格。如奈费尔提蒂王后的彩色胸像（见图3-1-3），严格遵循求真的原则。王后细长的项颈和消瘦的面庞以及下视的眼睛，闭合嘴唇边上的深纹，既表现出王后的俊秀端庄，又显现出个性特征。雕像赋予女性自然的美感。王冠和胸前项链的色彩艳丽、光泽如新，全靠沙漠干燥气候的自然保护。

图3-1-3　奈费尔提蒂王后胸像

另一写实作品是古埃及新王国第十八王朝国王埃赫那吞的单身雕像（见图3-1-4），雕刻家将埃赫那吞瘦弱而带神经质的容貌刻画得入木三分。

图 3-1-4　埃赫那吞雕像

不同于雕刻艺术的早熟，古埃及的绘画艺术兴起较晚，迟至中王国时期，绘画才被古埃及人作为一种艺术手段大量应用。绘画使用的颜料皆来自矿物，这是许多墓葬壁画颜色至今仍保持鲜艳的原因。古埃及人画黑色就用木炭，画棕色、红色和黄色就用赭石（赤铁矿），画白色用石灰或石膏，画蓝色用硫酸铜。起初，画家们只用单色作画，后来才逐渐学会在有色矿物粉中掺水，用蜡或胶调制出黏结料的混合物。画笔是用芦苇秆的尾端制成的。保存下来的画作多是墓葬壁画。艺术家在作画前，先在墙上涂一层石膏，待干结后才在上面作画，最后在画面上涂一层蜡或透明清漆，使颜色不褪，便于长久保存。展示当时的日常用品和娱乐方式是古埃及墓室壁画的重要内容。一些贵族的坟墓中有耕耘、酿酒、造船、饲禽、捕鱼、狩猎、巡游、宴会、乐舞等主题的壁画，它们反映了古埃及人生活的情况。比如，纳赫特墓酒宴图中的《三位女乐师》：三位女乐师分别弹竖琴、吉他，吹双笛，神态举止生动而优雅，弹吉他的女乐师扭转身躯与后面的吹笛乐师相视，呼应配合，更显得自然而传神（见图3-1-5）。

图3-1-5　三位女乐师

二、两河流域文明

（一）自然地理与文明构成

"两河"指幼发拉底河和底格里斯河，它们都发源于亚美尼亚高原的安纳托利亚山区（见图3-1-6）。在两河文明早期，这两条河流并未合流，而是分别流入波斯湾。后来，随着河水带来的泥沙不断抬高河床，两河的河口不断南移，最终才交汇在一起。其合流前的情形与中华文明早期的长江、黄河两大流域相似，但河流长度和流域面积（幼发拉底河全长2 750千米，流域面积为67.3万平方千米；底格里斯河全长2 045千米，流域面积为37.5万平方千米）远小于中国的"两河流域"。

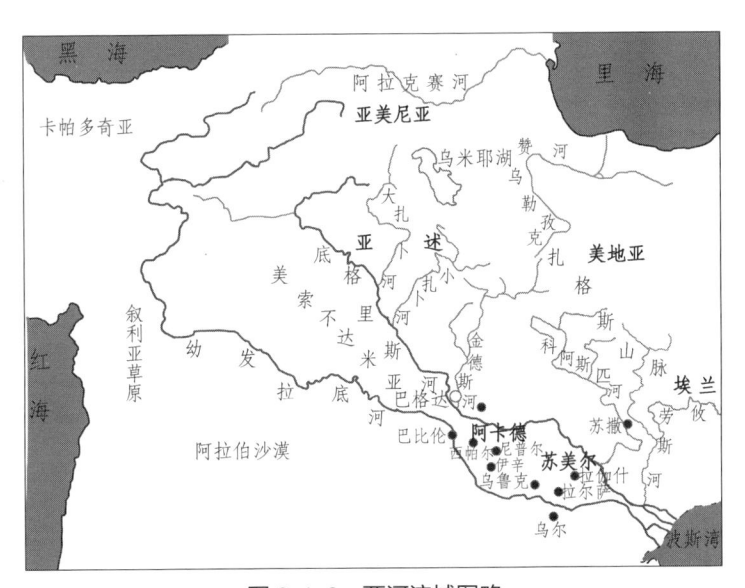

图 3-1-6　两河流域图略

作为同处北纬30度线附近的大河流域，两河流域和长江流域虽同样受副热带高压影响，但长江受益于季风与西部高山的阻挡，气候温暖湿润，干流水量逐渐增加，越往下游，河道越平坦开阔，通航条件越优越；而两河流域则气候干燥，主要水源仰仗高山融雪和上游山区的春季降雨，进入平原后缺少补给，加之沼泽、灌溉渠、渗漏和蒸发等原因，水分大量丧失，下游河身趋于狭窄，航行困难。

两河流域的上游地区与长江上游地貌状况相似，皆以山岭和高原为主，而下游则形成一块巨大的冲积平原（也称"三角洲"），这里就是被古希腊人称为"美索不达米亚"的古老文明发源地。在希腊语中，"美索"意为"中间"或"两者之间"，"不达米亚"即"河"的意思，故"美索不达米亚"意即"河间之地"。

长江流域源远流长，且有大量支流、湖泊的调节，故每年的河水泛滥相对规律，水量也比较稳定。但两河流域因河流长度相对较短，故其水量易受上游山区雨雪量大小的影响。其泛滥时间虽在3—7月，但两条河流涨水期交错出现：底格里斯河在4月达到最大水量，而幼发拉底河的水量则要到5月才达顶峰，故其泛滥期难以确定。于是，两河流域就产生了人类首个大洪水神话——《旧约全书》中"挪亚方舟"故事的原型，即《吉尔迦美什》[①]第十一块泥板中的乌鲁克国王吉尔迦美什听其祖先乌特那庇什提牟叙说的"大洪水"的故事。在与洪水的长期斗争中，两河流域的先民也很早就学会了修堤筑坝，像古埃及人那样在洪水退去后的两岸肥沃土壤上种植小麦。

另外，泛滥期前后，两河流域绝大部分地区几乎有8个月不下雨，所以当地的农业生产极度仰赖人工灌溉系统。两河流域的灌溉农业大约从公元前4000年开始兴起，当时，苏美尔人就已经在两河流域南端的美索不达米亚平原构建起了庞大的灌溉系统。这一系统由运河、水渠、堤坝、堰和水库组成。运河和水渠必须经常修补并及时清淤，政府为此设有专门管理运河和水渠的部门。农民使用运河水来浇灌田地，用牛犁地，待田地变干后，他们再来锄地和耙地。

苏美尔人以发达的灌溉农业为基础，创造了灿烂的古代文明。但遗憾的是，"古苏美尔人只知浇灌而不知土壤中的盐分必须用充足的水加以过滤、输导，并完全排泄出去，结果使当地的地下水层的盐分逐年加浓"。[5]土地的盐碱化问题自苏美尔城邦争霸时代（约公元前2400年）起就一直困扰着苏美尔人，这很可能是古巴比伦晚期（约公元前1700年）以古尔

[①] 人类历史上的第一部史诗，早在4 000多年前就已在苏美尔人中流传。

苏为代表的大批苏美尔城市被陆续废弃的根本原因。两河流域的文明中心由此北移至巴比伦地区，苏美尔文明过早地退出了历史舞台。

此后，两河流域南部的土地盐碱化问题依然没有得到解决，直至新巴比伦时期仍有土地盐碱化的相关记载。"土地盐碱化使不耐盐碱的小麦逐渐退出两河流域南部的农业舞台，而大麦的种植比例相对不断增加。同时大麦的单位面积产量也在随着盐碱化程度的加深不断下降，直至该片土地成为不适宜种植任何谷物的劣质土地，最终沦落为被抛弃的土地。农业的衰败使古代两河流域文明成了无源之水、无本之木，不可避免地退出了历史的舞台"。[6]

两河流域地处小亚细亚、伊朗高原和阿拉伯半岛的中心地区，即今天的伊拉克一带。其地北接亚美尼亚高原（横跨今土耳其、伊朗、亚美尼亚等国），南临波斯湾，东以扎格罗斯山脉为界，西与叙利亚草原毗邻，西南与阿拉伯沙漠接壤，是沟通欧、亚、非三大洲的交通枢纽，从古至今，其战略地位都非常重要。加之其南部的冲积平原河渠纵横、灌溉便利、土地肥沃，适于农业生产，盛产黏土、芦苇、椰枣和鱼类，自然条件远比北面、东面的贫瘠高原和西南面荒凉的沙漠地带好，故成为周边各民族的文明竞技场，其文明具有强烈的更替性和变异性。

公元前50世纪下半叶，一支黑发族群来此定居。他们称自己为"黑头人"[7]，称自己居住的两河流域南部的冲积平原为"文明的君主的地方"。而之后统治这片土地的阿卡德人则将他们称作"苏美尔"，这可能是一种阿卡德语的变异。希伯来语Sinarhe、埃及语Sngr和赫梯语Sanhar(a)均指南部美索不达米亚地区。[8]根据考古资料可知，苏美尔人圆颅直鼻，不留须发。他们吸收当地原有的欧贝德文化（约公元前5300—前3800年）的部分元素，经历了乌鲁克文化（约公元前3800—前3100年）和捷母迭特·那色文化（约公元前3100—前2900年）的过渡，至公元前3000年左右，苏美尔人创造了人类历史上第一个高度发达的文明——苏美尔文明。苏美尔人在美索不达米亚地区建立了若干奴隶制小城邦，至公元前24世纪中期，乌玛城邦的国王卢伽尔·扎吉西征服了南部各城邦，建立了统一的苏美尔国家。

几乎与此同时，美索不达米亚地区的北部迁来一支闪米特语系的沙漠游牧民族，他们在阿卡德地区建立了早期的国家，故被称作"阿卡德人"。他们长脸钩鼻，多须发，面貌与现在的阿拉伯人相似。阿卡德城邦的势力日益发展壮大，最终在公元前 24 世纪末期，阿卡德王国击败了南部统一不久的苏美尔国家，一举统一美索不达米亚平原，成为第一个统一两河流域的国家。人类历史上的第一个帝国——阿卡德帝国（公元前 2334—前 2154 年）诞生了。此后，阿卡德人逐渐吸收苏美尔人的先进文化，苏美尔文化也随着阿卡德人的活动传播至更远的地区。

阿卡德帝国的政权并不稳固，不到两个世纪就为东邻库提人所灭。不过，来自扎格罗斯山（今伊朗地区）的库提人也没有在两河流域统治较长时间。公元前 2060 年，苏美尔城邦乌尔崛起，重新统一了美索不达米亚，建立了著名的乌尔第三王朝（见图 3-1-7）。公元前 20 世纪中叶，乌尔国势衰落，于公元前 1955 年为依蓝人和阿摩列伊人所灭。此后，阿摩列伊人在美索不达米亚地区建立了多个国家，它们彼此混战。直至公元前 1758 年，这些国家中的巴比伦王国再度统一了两河流域南部地区。

图 3-1-7　乌尔城遗址鸟瞰图

与同时期的中华文明一样，古巴比伦王国也是一个中央集权制的国家。公元前 18 世纪，古巴比伦王国君主汉穆拉比颁布了《汉穆拉比法典》，这是世界上现存最古老的成文法典。而已知的中国最早的法律文书，则是在长江流域出土的战国晚期的《云梦睡虎地秦简》，较《汉穆拉比法典》晚了大约 15 个世纪。

古巴比伦王国汲取苏美尔-阿卡德文明的养分，其文明发展到了一个新的高度，如更加完善的水利灌溉系统和大量使用的青铜农具等。约公元前 1750 年，汉穆拉比去世，巴比伦王国逐渐衰落，周边民族再度频繁侵扰，北面的赫梯、东北的加喜特等相继在两河流域南部建立了巴比伦第二、第三和第四王朝。两河流域长期处于分裂割据状态，直到公元前 7 世纪新巴比伦王国（公元前 626—前 539 年）兴起。

在此期间，两河流域北部的一支闪族部落（包含非闪族成员）——亚述两度兴起。从公元前 10 世纪末起，经过两个多世纪的征战，亚述人建立了一个横跨西亚、北非的强大帝国，将两河流域南部和古埃及置于其统治之下，建立了当时世界上最强大的军事帝国。公元前 745 年，亚述帝国占领巴比伦，巴比伦被迫称臣纳贡，承认亚述的宗主权。

公元前 627 年，亚述帝国国王亚述巴尼拔去世，国家陷入长期内战，两河流域南部人民在迦勒底人（闪米特人的一支）那波帕拉沙尔的领导下起义。那波帕拉沙尔与米底人（生活在伊朗高原上的印欧语系人）结盟，于公元前 612 年攻陷亚述首都尼尼微。亚述帝国宣告灭亡，其领土被那波帕拉沙尔建立的新巴比伦王国和新兴的米底王国瓜分。其中，新巴比伦王国分取了两河流域南部、叙利亚、巴勒斯坦和腓尼基，从此，两河流域的政治中心重新转移至两河流域南部。

此后数十年，新巴比伦王国经济繁荣，灌溉农业发达，传统的苏美尔-阿卡德文化得到一定程度的复兴，在建筑、人文和自然科学方面都获得了空前发展。公元前 539 年，新巴比伦王国为新兴的波斯帝国所灭，古代两河流域文明独立发展的时期宣告结束，但其依然影响着之后的犹太文明、波斯文明、希腊文明、罗马文明、基督教文明和伊斯兰文明。

（二）楔形文字、神话故事与宗教信仰

两河流域南部的苏美尔文明在人类文明发展的早期取得了丰硕的成果。苏美尔人拥有很多世界之最，最早的城市（乌鲁克）、最早的文字之

一(奥海米尔岗石板上的图画文字)、最早的法典(《汉穆拉比法典》)、最早的学校(苏美尔泥板书屋)和图书馆(亚述巴尼拔图书馆)、最早的英雄史诗(《吉尔伽美什》),这些都是苏美尔人开创的。

约在公元前 3800—前 3100 年的乌鲁克文化时期,两河流域逐渐从血缘酋邦社会转变为一个中心城市有专职的官僚机构、军队和社会等级的城邦国家。乌鲁克是世界上最早的城市。"公元前 3500 年的乌鲁克,面积相当于公元前 5 世纪的雅典以及公元 100 年罗马城面积的 1/2,人口大约为 1 万。它是当时为止人口最密集的人类共同体"。[9] 其规模不断扩大,到约公元前 3200 年,乌鲁克的人口达到 3 万甚至四五万,成为当时世界上人口最多的城市,其卫星村镇至少遍布周围 10 千米,形成了中心城市、附属城镇、农村居民点三级层次的人口分布格局。

在约公元前 3500 年的乌鲁克文化时期伊拉克基什城址附近的奥海米尔岗,考古工作者发现了一小块石板,上面刻有表示文字的图画符号,这种图画文字是迄今发现的最早的文字。此后,考古工作者又在乌鲁克伊南娜区发现了约公元前 3400 年的最早的泥板文书。苏美尔人创造的刻写在泥板上的楔形文字是已知的世界上最古老的文字系统。最初出现在泥板上的文字的外形并不呈楔形,而只是些平面图画,可归为图画式的象形文字。但由于书写材料和书写文字的不同,早期泥板上的苏美尔象形文字与调色板上的埃及象形文字以及写在龟板上的中国商周甲骨文存在较大差别。

调色板为石制或木制,质地较硬,故古埃及的象形文字是仔细刻画或精心绘制的图形,有时还有好几种颜色。中国商周甲骨文的书写材料龟甲或骨板也较为坚硬,象形图文易于刻画。而苏美尔人的泥板的黏性很强,很难呈现出迂回曲折的轮廓,故其象形文字只是一些图示性的、线条式的图形;这些线条只是象征性地、图示性地呈现符号所代表的实物,且泥板文字的书写工具通常是芦苇秆笔,笔尖细、笔尾粗,故其往往在泥板上一压就形成一个笔画,呈楔形或钉子形。经过几百年的发展,苏美尔人的象形文字符号逐渐简化,呈现出楔形,最终完全失去象形的特征。随着文明的演进,许多古代文明都以楔形文字为书写文字,楔形文字传播甚广。

最早借用楔形文字的是埃兰人，他们从公元前 4000 年起就居住在苏美尔人居住区以东的山区（在美索不达米亚和伊朗高原之间）。从公元前 3000 年起，随着埃兰与苏美尔及后来的巴比伦之间联系的增多，埃兰文字具有了楔形文字的形状。后来随着埃兰文字的日益语音化，逐渐发展成音节文字。

大约从公元前 2000 年开始，美索不达米亚西北的胡里特人也开始采用楔形文字，楔形文字很快经由胡里特人传给小亚细亚诸民族。在这些民族中，居于统治地位的赫梯人首先接受了楔形文字。至公元前 1300 年左右，叙利亚的乌加里特人把从两河流域楔形文字演化而来的文字发展为一种纯字母文字，这是近东地区最古老的字母文字。他们当时已经知道按字母顺序来排列闪米特字母，这种字母文字后来为欧洲人所袭用。

苏美尔人发明了人类最早的文字，自然也就开创了世界上最早的学校。早在公元前 3000 年左右，苏美尔人统治区就已经出现了学校。20 世纪 30 年代，法国考古学家帕拉在两河流域上游的马里城发掘了一所可能建于公元前 2100 年的学校——泥板书屋。甚至有学者推断这所校舍是公元前 3500 年的建筑，是人类历史上最早出现的学校，比埃及诞生于公元前 2500 年的宫廷学校早一千年[10]。

此外，苏美尔人还建造了世界上最早的图书馆，以存放和收藏泥板。至新亚述时期（公元前 935—前 612 年），亚述国王亚述巴尼拔（公元前 668—前 627 年在位）在首都尼尼微修建了著名的亚述巴尼拔图书馆，是现今已发掘的古文明遗址中保存最完整、规模最宏大、书籍最齐全的图书馆，被认为是世界上第一所真正的"古代图书馆"。其藏书多刻有国王亚述巴尼拔的名字，有些书还注明了由亚述巴尼拔本人亲自修订或收集。藏书内容涉及科学和宗教等诸多方面。因其藏书为泥板形式，故大多保存至今，为保护人类最早的文化遗产做出了极大的贡献，奠定了今日"亚述学"的基础，使今人能够在文化上寻找诸多根源。

依托楔形文字，苏美尔人取得了灿烂的文学成就。其中以人类最古老的英雄史诗《吉尔伽美什》最为著名。故事原型发生在公元前 2700—前 2500 年，此后在苏美尔人中口耳相传，至古巴比伦王国时期（公元前

19—前16世纪）形成文字。其中比较著名的一段内容是水神伊亚要用洪水毁灭人类的故事，被认为是挪亚方舟故事的前身。除此之外，苏美尔文学保存至今的尚有20余部神话、9部史诗、100多首赞美诗、十几部格言和预言集以及大量的哀歌、寓言故事及辩论和短文等。正如美国著名苏美尔学家S.N.克莱默教授所言："本世纪人类最杰出的贡献之一是发现、恢复、翻译和注解了大量的苏美尔人文学文献。"[11]

在宗教信仰方面，苏美尔人最初的宗教是自然宗教，他们崇拜宇宙间重要的自然现象，诸如天、风、山、河沼中的地下水、月亮、太阳等。此外，他们还崇拜植物和动物。在苏美尔人的众多神灵崇拜中，特别流行的是对天空和星辰的崇拜，这与中国先秦时期长江、黄河流域先民的原始崇拜类似。

公元前40—前20世纪，苏美尔人的宗教神形象开始以人的外形为主。此后，苏美尔人的神大多被新的神取代，巴比伦人、亚述人的民族性、地方性神灵扩大了自己的权利，对世界和社会的干预大大加强了。两河流域这种从原始氏族宗教或部落宗教演变为奴隶制时代的民族宗教或国家宗教的过程，与中国先秦时期长江、黄河流域的宗教信仰发展历程极为相似，但其起步远远早于中国。两者宗教观念最大的区别在于对人死后的认识。虽无证据表明，中国长江、黄河流域的先民有类似古埃及人的复活观念，但"事死如事生"的观念深入人心，故对墓葬的营建比较重视，且墓葬内多埋有陪葬品。而两河流域南部的苏美尔人则相信彼岸世界是黑暗、荒凉和虚无的地下世界，人死之后要到悲惨的冥府报到，因此与长江、黄河及尼罗河流域的先民不同，苏美尔人的陪葬品是非常少而简单的。

（三）建筑、艺术与科技

在建筑方面，长江流域因气候湿热、蛇虫较多、水患频繁、植被繁盛等特点，多建木构的干栏式建筑，此外也有一定数量的土木结构建筑。而两河流域南部的美索不达米亚地区则是一片泥沙冲积平原，缺少可供建筑使用的石料和木材，主要建筑材料是天然的黏土、芦苇和灌木。故在苏美尔时期，当地先民就用黏土在四边有框的模子中模压成型，并在太阳下晒干模子，用以砌筑房屋台基和墙心，在表面贴上具有防水功能的陶砖以防墙体受潮。为了避免潮湿、水患和瘟疫，苏美尔人的房屋多建在高大的土台上，这与中国先秦时期长江、黄河流域广泛分布的高台建筑有异曲同工之效。在苏美尔早王朝时期（约公元前2800—前2371年），建筑多为平顶小屋，由芦苇、灌木和泥构成；晒干的砖块则用来建造塔庙、神殿和宫殿等大型建筑。

苏美尔人值得一提的大型神庙建筑是塔庙，这是一种独具一格的祭祀神灵的建筑。塔庙耸立在供奉当地主要神祇的庙宇附近，由生砖砌成，以沥青浆接合，是《圣经》中提到的巴别塔的原型。遗留至今的美索不达米亚塔庙共有约30座，建于公元前3000—前500年。其中最壮观的是新巴比伦王国最著名的君主尼布甲尼撒二世（公元前605—前562年在位）建造的"巴别通天塔"。它位于国都巴比伦城（在今伊拉克首都巴格达城以南约90千米处）中的幼发拉底河畔，是一座高大的宗教祭祀建筑，其塔顶可能兼具瞭望功能。此外，尼布甲尼撒还在远离幼发拉底河的一处梯形高台上建起了一座花园，这就是被称作世界七大奇迹之一的"空中花园"。工匠们为其修建了与幼发拉底河相衔接的水池、喷泉以及运河系统，故能在干旱地区的梯形高台上栽种花卉和绿植。

两河流域的艺术也相当发达，雕刻、绘画、工艺美术领域都有精美的作品。早在公元前4000年的时候，两河流域就已创造出具有民族特色的雕塑艺术。各种形式的苏美尔雕塑，无论是圆雕还是浮雕，都具有宗教特点，并在神庙中扮演着各种宗教职能。苏美尔人的圆雕极具特色，它们多用于宗教，雕像的身体一般呈圆柱形，其双手捧于胸前，姿势虔诚，眼睛睁得很大，流露出纯真、朴实、专注的表情。泰尔·阿斯马尔的阿布神庙的地窖里完好地保存着一批圆雕人像，这为后人了解早期苏美尔人的雕塑艺术提供了重要的参考实物。这些雕像中有形体高大的阿布神和一位女神，基座上清晰地刻有表明其身份的标志。神像的对面整齐地站立着一排大小不一、服装各异的祷告者（见图3-1-8）。

图 3-1-8　阿布神庙圆雕人像

至阿卡德帝国时期（公元前 2334—前 2154 年），两河流域的雕塑艺术飞跃发展。阿卡德的雕塑艺术丰富了苏美尔雕塑艺术质朴的造型语言，一个尼尼微出土的雕塑头像可被看作这方面的范例，它被认为是阿卡德王朝奠基者萨尔贡一世的头像（见图 3-1-9），面部被修饰得简练而逼真，须发的雕刻手法独特而有力，这些雕刻技术在苏美尔石雕艺术的基础上又前进了一步。

图 3-1-9　萨尔贡一世头像

在绘画方面，两河流域以壁画为主。大多数宫殿和民宅的墙上都饰有壁画，壁画在两河流域的流行程度远甚于长江流域。壁画的形状根据房间的大小与用途而灵活变化，其通常以横向带状方式排列，覆盖大部分墙面，内容以花纹、动物、战争、行猎和国王肖像等为主。但因壁画的保存程度跟建筑物遭破坏的情况直接相关，故两河流域少有保存完好的壁画。古巴比伦王国时期（约公元前 1894—前 1595 年），马里王宫壁画是唯一保存较好的绘画文物，描绘的内容是马里国王的授权仪式（见图 3-1-10）。

图 3-1-10　马里王宫壁画

在工艺美术方面，两河流域南部的金属雕刻及其他种类的工艺美术很发达，保留了大量的小铜像、黄金短剑及剑鞘、金杯、金碗、金头盔、乐器等精美工艺品。黄金特有的韧性被苏美尔人运用得淋漓尽致，其细腻程度令人叹服。

苏美尔人的数学有着悠久的历史。公元前 2000 年左右，美索不达米亚的算术已经发展成为一种高度发达的用文字叙述的代数学。到古巴比伦时期，巴比伦人已经可以解一元一次、二元一次、一元二次甚至一元三次方程了。并且他们已经认识到圆的一些特性，将圆周等分为 360 份，已经能计算圆的周长和面积。

此外，不同于古埃及、古印度和古中国的十进位制，苏美尔人是世界上唯一使用六十进位制的早期民族。此后的巴比伦人开始将十进位制和六十进位制相结合来计数，因此，三个数字符号就能表示所有的数字。由此产生的数字位置的概念是数学发展史上的伟大发现，其影响甚至可以与字母的发明相媲美。二者都可用少数简单的记号来表示数量更庞大、意义更复杂的文字和数字。

　　巴比伦人已掌握了一定的几何知识，他们在丈量土地时，面对不规则的田地面积，会先把田地分成不同的长方形、三角形和梯形来计算，最后再进行汇总。他们还掌握了毕达哥拉斯定理，计算出圆周率为3。此后在公元5世纪，长江流域的南朝数学家祖冲之首次将圆周率精算到小数点后第七位，这一纪录直到16世纪才被阿拉伯数学家阿尔·卡西打破。

三、印度河、恒河文明

（一）印度河文明

　　早期印度文明产生于印度河流域。早在约公元前2300年，达罗毗荼人开创的哈拉帕文化即在印度河流域兴起。哈拉帕文化持续了约600年，其源头可追溯至公元前2500年左右建立的哈拉帕和摩亨佐·达罗（见图3-1-11）这两座中心城市。两城相距644千米，城市规模相当，周长大约都是4.8千米，面积大约都是85万平方米，都可容纳3.5万~4万人。城市的布局、建筑也都极其相似，皆分卫城和下城两部分。卫城建在城西的人工高台上（10余米），四周是城墙和防御塔楼，城内有大厅、大浴池（居中）、粮仓等公共建筑，应当是高级官员和僧侣等居住的地方。下城为市民居住区，街道最宽有10米左右，干道平行或垂直相交，将街巷两旁的数千座砖房等分为12个长方形建筑区域。城内有完善程度堪比现代都市的给排水系统。印度河流域的街道整齐、房屋布局井井有条、给排水系统完善的古城遗址有几十处之多。

　　当时，印度河流域的农业、铜器加工业、制陶业、纺织业以及交通运输事业都颇具规模，这些都充分证明了哈拉帕文化已进入青铜时代。而中国直到哈拉帕文化已经衰落时，在二里头文化第二期（公元前1705—前1635年）才真正进入青铜时代。当时印度河流域的达罗毗荼人已可制造

图 3-1-11　摩亨佐·达罗（意为"死亡的山丘"）遗址

铜与青铜工具和武器，如斧、镰、锯、小刀、钓鱼钩、匕首、箭头和矛头等。这一时期的农业生产还较少用到金属工具，但其手工匠人对金属的冷、热加工都已达到较高水平，并能用焊接法制造金属工具。依托发达的农业和手工业，哈拉帕的商业贸易也发展起来了——其不仅与古印度本土各邦或部落有经济往来，而且与西亚两河流域也取得了贸易联系。

但在公元前 1750 年左右，哈拉帕文化突然衰落，最终灭亡。其衰落究竟是因为遭受大规模的外族入侵，抑或是由于自然灾害和生态变化造成的文明破坏，如沙漠化、洪水、地震等，至今尚无定论。二三百年后，原本居住在中亚和高加索一带、属于印欧语系的游牧部落，越过兴都库什山侵入印度河上游地区，他们自称"雅利安人"（源于梵语"雅利阿"，意为"升高""上升"，有"高贵"之意）。

最初，尚处军事民主制时代的雅利安人沿用达罗毗荼人的度量衡，这说明当时的雅利安人继承融合了印度河流域的文明。但在公元前 15—前 6 世纪，雅利安人逐渐形成了具有自身特色的语言文字，即"梵语"（印度古典语言）。古印度由此进入吠陀时代（因反映这段历史状况的圣书《吠陀》而得名）。"吠陀"原意为"明"或"知识"，是祭司在祭神时所用的

第三章　大河文明纵览

颂歌、经文和咒语的汇编，虽以宗教内容为主，但也包含了一些雅利安人的早期历史。

（二）恒河文明

恒河是印度人心中的圣河，印地语为"Ganga"，意为"从天堂来"，其流域之大，可媲美长江。恒河的源头与长江的源头同在"世界屋脊"青藏高原，长江从各拉丹冬东流，横贯中国，注入东海，全长6 300余千米，流域面积为180万平方千米，占中国国土面积的1/5，流域人口约为5亿；恒河从喜马拉雅山西部南坡横越北印度的平原，最后分为多条支流注入孟加拉湾，全长约2 700千米，中、上游的2 100多千米在印度境内，下游的500多千米在孟加拉国，流域面积约为116.5万平方千米，占印度国土面积的1/4、孟加拉国国土面积的1/2，流域人口超过4亿，是世界上人口最稠密的大河流域。恒河在下游地区与南亚的另一条大河布拉马普特拉河汇合后冲积形成了恒河三角洲，其面积达6.5万平方千米，超过长江三角洲（世界第二大三角洲）的5万平方千米，是世界上最大的三角洲。其地河网密布，土壤肥沃，人口密度超过1 200人/平方千米（长江三角洲人口密度约为900人/平方千米），是世界上人口最稠密的地区之一。

不同于北纬30度线附近气候干燥的尼罗河、幼发拉底河和底格里斯河以及印度河等孕育人类早期文明的大河流域，恒河流域的自然气候与长江流域相似，它们都得益于季风，湿润多雨。恒河流域的年降水量为1 500毫米以上，超过了长江流域约1 100毫米的年降水量。尤其是位于喜马拉雅山脉南坡的乞拉朋齐的年降水量超过10 000毫米，被称为"世界雨极"。得益于较高的温度和丰沛的降水，长江和恒河两大流域都兴起了稻作农业。

恒河与长江分段的水文情况也颇为相似。两条大河的上游都具有水流急、落差大的特点；进入中游之后，都接受了众多支流的汇入，水量大增，但流域地势趋于和缓，故皆水流平缓；待进入下游，流经地势进一步降低且更加平坦，河面水量更大，河面变宽，并在入海口附近形成广袤的三角洲。有差别的是，恒河在三角洲地区分成许多支流，而长江下游则维持着一条宽阔的主河道。此恒河三角洲因海岸线呈漏斗形，风暴潮不易散，往往聚集在恒河口附近，形成汹涌的潮水倒灌三角洲平原。

约公元前11—前7世纪，雅利安人将文化重心从印度河上游向东推进至恒河流域，恒河文明由此兴起，恒河流域逐渐取代印度河流域，成为南亚次大陆的政治、经济和社会活动中心（见图3-1-12）。其文明重心的转移，要远早于中国，且更加迅猛、彻底（在中国的经济文化重心完成由黄河流域向长江流域的转移之后，黄河流域仍长期保持政治军事中心的地位）。

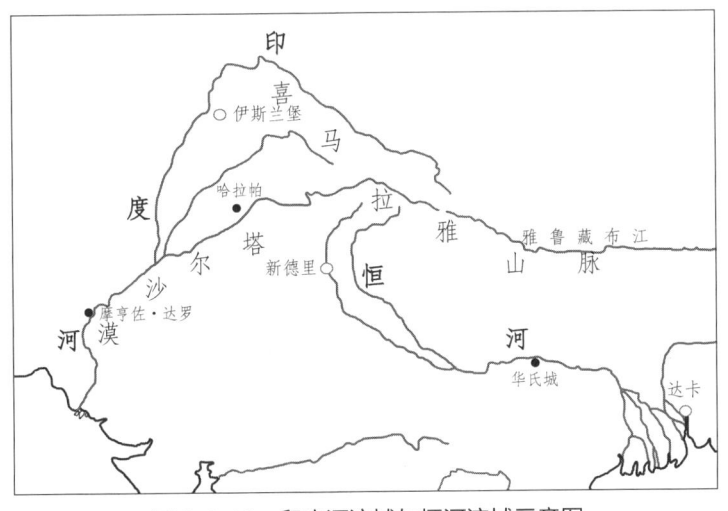

图 3-1-12　印度河流域与恒河流域示意图

伴随着恒河流域的开发，一批具有一定规模的城市出现了。相对于印度河流域的城市，这被称作南亚次大陆的第二次城市化。公元前6—前5世纪，恒河流域的政治发展与城市化之间存在着紧密的联系。恒河中下游的城市往往是在两条主要大道的交叉点上或沿着河岸发展起来的，这些大道既是城市联系乡村的大动脉，又是举行宗教游行的必经之路。市场或商业区往往分布在主要城门附近，王舍城和舍卫城都有这样的商业区，这些城市可能是从集市发展而来的，大规模的建筑不多，也没有雄伟的卫城和城堡。这种城市布局说明，这个时期恒河流域城市的兴起和繁荣有赖于商业和手工业等经济活动，而非源于政治军事目的。

（三）宗教信仰

古印度的婆罗门教是在雅利安人与达罗毗荼人的文化交融之下产生的。它是印度教的前身，大约形成于公元前7世纪。在婆罗门教的发展过程中，种姓制度也逐渐确立了起来。

婆罗门教是印度最古老的宗教，最早起源于雅利安人向南亚迁移的过程之中。在与土著民族的长期交往中，雅利安文化与达罗毗荼文化经历了一个相互冲突、磨合而又相互影响和融汇的过程，婆罗门教就是这两种文化相互融合的产物。

大约在公元前7世纪，即四部吠陀本集和各种梵书形成以后，婆罗门教从幼年走向成熟，其特点也发生了变化，从以《梨俱吠陀》为盛典、以祭祀为中心的早期阶段，上升到了一个以"吠陀天启""祭祀万能""婆罗门至上"三大纲领为特征的新阶段。[12]

所谓"吠陀天启"，就是把四部吠陀本集以及后来出现的梵书等经典看作"天神的启示"，要求信徒们绝对遵守服从。这些赞歌由祭司口耳相传，成为他们在宗教仪式上呼唤神明的工具，祭司借此成为人神之间的沟通者，祭祀之风也因之愈演愈烈。

梵书的著者皆为婆罗门祭司，他们为了自身的利益，故意夸大祭祀的作用，故意把祭祀礼仪搞得非常复杂。在他们看来，祭祀是万能的。祭祀不仅可以消灾祛病，降魔驱妖，保证战争胜利、国家昌盛，还可使祭祀者直接成为神或众神之王。当时，不仅祭祀的种类繁多，形式烦琐，而且规模也越来越大。在复杂的王室献祭中，最著名、最重要的是"马祭"。该仪式为期3天，而预备仪式则持续一年以上甚至两年。参加祭仪的有4位婆罗门祭司、国王的4位妻子、400名侍从以及大批教徒。

所谓"婆罗门至上"，是说婆罗门祭司阶级在当时的宗教和社会生活中占有至高无上的地位。婆罗门祭司千方百计地鼓吹祭祀万能，实际上是为了通过祭祀来显示自己的本领，提高自己的地位。他们不仅主管各种祭祀活动，负责创作各种圣诗、颂歌、咒语和神话传说，而且还承担着传授吠陀经典和祭祀知识的任务。因此，随着祭祀之风的盛行，婆罗门祭司不仅成为宗教的主宰者，而且成为文化知识的垄断者。他们往往以人与神灵之间的联系者自居，俨然变成了"人间之神"。此外，在社会生活中，婆罗门祭司也享有种种特权，如接受布施、豁免赋税、犯重大罪行可以免死，等等。正因为婆罗门拥有特殊地位，所以他们所掌控的宗教被称为"婆罗门教"。

在恒河流域的开发过程中，非雅利安人被不断吸收到雅利安人社会的各个阶层。与非雅利安人祭司一样，有一些被征服部族的酋长也被吸收并且在雅利安社会中占有很高的地位。为了维持新的统治秩序，古印度统治阶层借助婆罗门教的文化霸权，逐渐建立起了种姓制度。到《梨俱吠陀》时代末期，印度社会已被划分为婆罗门、刹帝利、吠舍和首陀罗4个等级。同时，《摩奴法典》还对他们的义务和职业做出了规定。

按照种姓制度，全体社会成员分为4个等级：第一等级婆罗门属祭司贵族，掌握神权；第二等级刹帝利属统治阶级，掌握军政大权；第三等级吠舍是普通村社成员，由农民、牧民、手工业者和商人组成；第四等级首陀罗以被征服的土著居民为主，绝大多数是奴隶、杂工和仆役。4个等级起源于雅利安人与不同肤色的民族的接触过程。族群集团被称为"瓦尔那"，其原意为"纯洁无瑕的"，后来逐渐演变为"种""族""类"的意思，以代表不同等级的社会集团，如"婆罗门瓦尔那""吠舍瓦尔那"等，我国古代将其译为"种姓"。后来，种姓之外还产生了大批"不可接触者"，他们的社会地位极其低下，处境更为悲惨，是最受歧视和压迫的"贱民"。从大的等级区分来讲，印度有4个种姓，但实际上经过长期演变，种姓和亚种姓达3 000多个。

不同种姓的社会地位、权利、义务和生活方式各有区别。其基本特征，一是职业世袭，各等级的职业固定不变；二是各等级实行严格内婚制，不同等级不能通婚。此外，4个种姓在法律地位上是不平等的，在宗教和社会生活方面也存在严格区分，特别是前3个种姓与首陀罗之间的界线最为森严，他们甚至不能并坐、共餐。

尽管种姓制度带有鲜明的等级性和阶级压迫的特征，但就当时而言，4个种姓的划分巧妙地协调了雅利安人部落内部两极分化造成的冲突，也为外族人加入这个体系打开了方便之门，提供了意识形态指导，使得不同文化背景的人能够参与这个社会的经济生活而又不至于发生冲突。这个体系是从氏族社会发展而来的，它保存了各个集团的相对独立性。每个集团的领袖都是自行产生的，而非由部落首领指派，这大大限制了部落首领大权独揽，且每个种姓的相对地位又因宗教的纯净观而被神圣化，它们之间的冲突得以消弭。

公元前6世纪，随着恒河流域社会矛盾的日趋激烈，各种新旧势力的斗争异常激烈。这必然反映在意识形态领域，当时出现的沙门思潮就是这种意识形态斗争的集中体现。所谓"沙门思潮"，是指当时兴起的反对婆罗门种姓和他们所控制的精神武器——婆罗门教的各种思想潮流。"沙门"一词，意为勤息、息心、净志，是对非婆罗门教宗教教派和思想流派的通称。当时出现了一批新的自由思想家，他们敢于否定"吠陀天启""祭祀万能""婆罗门至上"三大纲领，传播新的思想。这些人过着与婆罗门祭司不同的生活，对婆罗门教的教义、礼仪和种姓制度感到极为不满，对宇宙和人生之路的各种问题有着自己的观点，并且组织了许多新的沙门团体和派别，在群众中宣传自己的信仰和主张。

其中，佛教是沙门思潮中最有影响的代表之一，是在反婆罗门教的运动中产生的一种新兴宗教。其创始人乔达摩·悉达多，本为迦毗罗卫国（在今尼泊尔南部）太子。他创立佛教后，佛教徒尊称他为"释迦牟尼"，意思是"释迦族的圣贤"，又称他为"佛陀"，即"觉悟了的人"。佛陀主要在恒河流域各地漫游传教，扩大影响，从而使佛教思想传播开来。他在传教过程中建立了宗教组织——僧伽，参加者主要是商人、手工业者和城市平民等。

佛教是当时反婆罗门教思潮的主要代表，代表势力逐渐强大起来的刹帝利种姓和吠舍种姓中的工商业主的利益。这些新兴的社会势力对婆罗门的专横腐败和各种特权深感不满，对婆罗门教的教义和大量杀生献祭行为深恶痛绝，因此早期佛教理论中的许多思想都是针对婆罗门教的。首先，它否定吠陀的权威，反对婆罗门教宣扬的神主宰一切、世界万物皆由神创的理论。在世界起源的问题上，释迦牟尼提出了一种新的学说，即"缘起说"。这种学说否定了婆罗门教神造万物的观点，并且包含着无神论的因素。他认为，世间一切事物都是由"因缘"决定的。"因缘"指"条件"和"关系"，万事万物互为因果、互为条件，世界万物和人都是一些转瞬即逝的元素，依一定因缘结合而成，根本不存在永恒的实体或灵魂，这就从逻辑上否定了世界上存在一个不变的精神主宰者——神。其次，佛教还反对婆罗门教的"祭祀万能"说，否认一切依靠祭祀取悦于神进而获得解脱的观点，主张依靠个人的道德修养和精神修炼来消除无明和欲望，从而得到解脱。再次，在社会问题上，佛教反对"婆罗门至上"，否认婆罗门是从神口中所生的理论，提出4个种姓同出一源，同为一色。此外，佛教还反对婆罗门教宰牲祭神的习俗，并将"戒杀"和"素食"作为两条重要的戒律。

总体而言，佛教处于不受限制的个人主义自我放纵与荒诞不经的肉体苦行两个极端之间，教义温和，最具社会性，因此稳步兴起。在佛陀去世之后，佛教逐渐成为古印度的主要宗教，婆罗门教便相形见绌了。此后，佛教的影响逐渐超出南亚范围。佛教在古代中国的传播范围非常广，"南朝四百八十寺"的盛况体现了南亚佛教文明对中国长江流域的巨大影响。在东南亚的一些国家和地区，佛教甚至成为主流宗教。然而在印度本土，佛教却日渐衰落。

公元4世纪，婆罗门教受到笈多王朝的大力扶持，该朝的前后15位皇帝信仰并大力扶持婆罗门教，婆罗门教由此再度兴盛。公元7世纪，戒日王朝建立，戒日王虽崇信并扶持佛教，但并不排斥婆罗门教。而婆罗门教在与佛教等其他宗教的竞争之中，又进一步杂糅了佛教及其他宗教的思想，发生了较大的转变，发展为今天的"印度教"。此后，印度教始终占据着印度主流宗教的位置，至今仍有超过8成的印度人信奉印度教。印度教徒视恒河为圣河，认为用恒河圣水沐浴可以洗净自己的旧日罪孽（见图3-1-13）。安拉阿巴德、赫尔德瓦尔、纳西克和乌贾因等沿河圣城每隔12年都会分别举行一次盛大的圣水沐浴节，[①]届时有超过1亿的印度教徒在恒

[①] 圣水沐浴节又称"大壶节"，从1月9日开始，为期42天。安拉阿巴德的沐浴节在赫尔德瓦尔的沐浴节后举办，纳西克、乌贾因两地的沐浴节同年或相隔一年举行。另外每6年在安拉阿巴德和赫尔德瓦尔举行半礼，每三年举行一次小礼。

河沐浴，这是印度最隆重的宗教节日，恒河也就被印度教徒视为最伟大的宗教河，在其精神生活中起着举足轻重的作用。

图 3-1-13　恒河沐浴

　　恒河流域和长江流域之间很早就通过滇缅古道（南方丝绸之路）互通有无，西汉时期，中国又相继打通了北方的丝绸之路和东部沿海的海上丝绸之路，恒河流域的佛教文化和佛教造像沿此三大通道传入中国。因滇缅古道的使用时代更早，故长江流域是中国最早兴起佛教造像艺术的地区。三国时期，中国的佛教艺术主要集中在长江流域，而同时期的北方，包括丝绸之路和黄河流域，迄今尚未发现该时代的佛教遗物。我国最早的有明确纪年的佛像之一是东汉延光四年（125年）的摇钱树青铜佛像，发现于长江流域的三峡地区，而北方最早的有明确纪年的佛像是后赵建武四年（338年）的释迦牟尼佛鎏金铜像，晚于长江流域200多年。当时，长江流域佛教造像艺术的主要风格式样的源头是古印度贵霜帝国，以秣菟罗流派为主，也受到犍陀罗艺术的部分影响。

　　随着印度佛教造像艺术在长江流域的蓬勃发展，长江流域的佛教建筑也受到了古印度佛教建筑的影响。迄今为止，我国发现的最早的佛塔实物形象出自四川什邡的一块画像砖，"这块画像砖的画面中间有一佛塔，两边为菩提树，再往两边又各有一佛塔，佛塔与菩提树相间而刻"。[13] 这是佛教初传入中国时的佛教建筑，较多地保留了佛塔的原始性，印证了史书上记载的楼阁式佛塔。[14] 此外，文献可考的中国最早佛塔是东汉末年笮融在徐州建造的楼阁式浮屠寺，其建构形制"上累金盘，下为重楼，又堂阁周回，可容三千许人"。[15] 上述两个大约同时代的出土实物与文献记载证明楼阁式佛塔是中国最早的佛塔形式。而作为佛塔传入地的印度，其同时期的佛塔仍以传统的覆钵式为主，北印度的类似高塔是在笈多王朝时期（320—550年）才开始逐渐增多的。这充分说明，佛塔一经传入中国，即与中国传统的高大楼阁相嫁接，形成了中国式的楼阁式塔，其建筑形制与象征意义也随之在中国大地上以相同逻辑展开了。到南北朝时期，佛塔已走向全面中国化。最突出的一点就是中国土葬的传统加入其中，佛塔出现了一个用以保存佛骨的地下结构——地宫。

　　长江文明作为北纬30度线附近人类早期诸流域文明的一支，因其自然条件、地理位置与上述诸大河流域及黄河流域有别，故自有特色。

第二节

"人类文明发生线"横贯长江流域

干流长度居亚洲第一、世界第三的长江，地处亚热带北沿，人类文明发生线——北纬30度线横贯流域。大抵而言，相较于其他孕育人类文明的大河流域，长江流域的独特之处展现在自然条件、方位特色和文明标志三方面。

一、自然条件

（一）北纬30度线

北纬30度线横贯是长江流域的一大特色。黑格尔说："历史的真正舞台所以便是温带，当然是北温带，因为地球在那儿形成了一个大陆，正如希腊人所说，有着一个广阔的胸膛。"温带-亚热带成为文明先发地是不争的事实，而北温带偏南的北纬30度线附近，因兼具充沛的水热条件，成为最有利于文明发生发展的地段。这里并列诞生了古埃及、古巴比伦、古印度和中国四大文明。北纬30度线是当之无愧的"人类文明发生线"。这条"发生线"穿过四大文明古国的母亲河：尼罗河、幼发拉底河和底格里斯河、印度河[①]，以及壮阔的长江。

受制于副热带高压，北纬30度线附近多为干旱少雨地带。诸如印度次大陆西北部的印度河流域就是炎热干燥的沙漠地带。自印度河流域而

[①] 古印度文明起源于印度河流域，后来才逐渐扩散至恒河流域。

西，孕育古波斯文明的伊朗高原也相当干旱崎岖。再向西，幼发拉底河和底格里斯河流域同样干旱少雨。再向西则为阿拉伯沙漠北部。再向西又是世界上最广大的干旱地带——撒哈拉大沙漠。跨过大西洋之后，则是北美中西部绵延至加利福尼亚州东南的科罗拉多沙漠。

北纬30度线地带有一特例——东亚大陆的长江流域，这里是一片广阔的降雨充沛的地区，全流域年均降水量达1 126.7毫米，[16]西部横断山脉、青藏高原耸立，将来自太平洋温暖湿润的东南季风拦在其东部，使长江流域成为北纬30度线附近不可多得的雨量充沛地带，兼具文明发展的两大必备条件——充沛的淡水与丰富的热能。在中国乃至全世界范围内，长江流域都属自然条件优厚的地带。

那么，何以北纬30度线两侧不仅仅有长江流域，还有其他地区也成为文明发源地带？这是因为流经几个文明古国的印度河、幼发拉底河和底格里斯河、尼罗河等大河，为这些干旱的亚热带地区提供了灌溉条件，而这几条河流的发源地都是雨量充沛的地区。比如，印度河发源于喜马拉雅山脉西侧，既有较丰沛的降水，又有雪山融水，汇成的大河向南流经具有热能条件的干旱地带，大河的灌溉令其兼具了水的条件，所以印度河流域成为印度最古老的哈拉帕文化的发源地。沿北纬30度线再向西是伊朗高原，在这片干旱土地上诞生的兼具游牧与农耕性质的古波斯文明，也得益于其西南部卡伦河的浇灌，而该河的发源地扎格罗斯山脉同样具有较多降水和雪山融水，这也为伊朗高原的少部分地区提供了灌溉条件。再向西是两河流域，其主要水源来自小亚细亚东部山间较为丰沛的降水，两条河流由北向东南浇灌出美索不达米亚文明。再向西是地处北非的埃及，其文明发生发展也得益于尼罗河的孕育。尼罗河发源于两个降水丰沛的地区——埃塞俄比亚高原和东非高原，青尼罗河和白尼罗河汇合后向北流淌，在浩瀚无际的撒哈拉沙漠东侧浇灌出埃及文明，正如古希腊"历史学之父"希罗多德所说："埃及是尼罗河的赠礼。"

与上述诸大河流域有所不同，长江流域降雨充沛，拥有丰富的水热资源供应，其干支流组成的河流网络不仅有利于灌溉（四川都江堰为其显例），又能提供航运之便。显而易见，长江流域特有的生态环境提供了较优越的自然条件，使之具备较大的文明发展潜力。

（二）优异的农业发展条件

北纬 30 度线附近最早兴起的古老文明大多是建立在以种植大麦和小麦等谷物为主的麦作农业之上的，包括黄河流域先民也是以种植耐旱的粟为主；而水热同丰的长江流域则成为世界稻作农业的摇篮。

另外，因温暖多雨的恒河流域同样适合种植水稻，且哈拉帕文化时期，印度河下游地区也有一定规模的水稻种植业，故学术界一直在争论中国和印度谁是水稻发源地。"印度说"曾在 19 世纪末至 20 世纪初的很长一段时间内成为水稻发源地的主流学说。直到最近，越来越多的考古发现证明，长江中下游地区不仅具有距今 1 万年以上的稻作遗存（见图 3-2-1），而且是新石器时代稻作遗址分布最集中的区域，而恒河流域的稻作遗存不过距今四五千年，这才使水稻的"长江起源说"逐渐成为国际学术界的主流观点。

图 3-2-1 玉蟾岩遗址出土栽培稻标本（距今约 1.2 万年）

长江流域稻作农业的发展历经 3 个阶段：距今一万年左右是稻作农业的萌芽期。如玉蟾岩遗址和仙人洞遗址。长江中下游地区先民在继续以狩猎采集为生的同时，开始尝试栽培水稻。9 000~5 000 年前为漫长的发展期。距今 8 000 年左右是稻作农业形成过程的早期，社会经济主体是狩猎采集，水稻种植是辅助性的生产活动，但以原始稻作农业为依托的定居聚落已经出现，稻作农业的规模逐渐扩大。长江中游9 100~7 700年前的彭头山文化[17]中，已经有大量的谷物出现。长江下游7 000~5 300年前的河姆渡文化仍处在稻作农业形成过程中。虽然稻作农业的规模日趋扩大，品种不断改良，并出现了配有灌溉设施的稻田（标志着稻田灌溉体系的出现）和许多整治水田的农具，甚至陶器上都刻画着"稻熟猪肥"的图画，但其仍无法完全取代狩猎采集。距今约5 000年的良渚文化时期，稻作农业终于取代狩猎采集成为社会经济的主体。良渚先民普遍采用犁耕，其生产水平远非黄河流域可比，水稻产量大幅提高。至良渚文化晚期，杭州湾北部的茅山遗址稻田平均亩产量达141千克，是河姆渡文化早期田螺山遗址稻田平均亩产量的2.5倍，非常接近汉魏时期的南方水田平均亩产量（150—181千克）[18]；2011—2012年，考古工作者在莫角山遗址东坡发现一个填满大量碳化稻米的灰坑，推测其可能是由两次火灾造成的。灰坑范围为600~700平方米，厚40厘米左右。以千粒重15克进行测算，两次火灾造成的稻谷损失为1万~1.5万千克[19]。在5 000~4 000年前，长江流域中下游地区陆续建立起了成熟的稻作农业社会。

相较于麦作、粟作等旱作农业，稻作农业对地形条件和灌溉技术的要求更高。麦类植物和粟类植物可以广泛播撒在低山、丘陵地带，而稻作农业则需要有明确的田块和田埂，田块内必须保持水平，否则秧苗就会受旱或被淹。人们为了种植水稻，必须先进行地形改造，还要设置灌排设施，以保证旱季灌溉和雨季排渍。这些都需要大量人力和农业技术的支撑，所以长江流域的先民们从更难遭遇水患的丘陵、低岗环境中的河谷平原起步，开始进行小规模的水稻种植。随着人口的增加和技术的进步（尤其是防洪手段的加强），先民们逐渐将稻作农业推进至地势低平的平原地区，建立起更大规模的聚落。此外，不同于旱作农业相对粗放的经营模式，"稻作农业需要较高的技术和更加精心的管理，甚至稻谷的加工也比小麦、粟或玉米等困难得多。因此从事稻作农业的人们，易于养成精细和讲究技巧的素质，有利于某些技巧较高的手工业的发展。这或许可以解释为什么良渚文化有那么精致的玉器、漆器和丝绸织物，其工艺水平远远超出同时代的其他文化的产品"。[20]

此外，由于长江流域与黄河流域间的距离较近，两大流域文明之间的沟通和交流相对便利，所以在黄河中下游地区引进南方水稻作物的同时，长江流域的部分地势较高、灌溉不便的低山丘陵也引进了北方的粟等旱地作物，长江流域的农业生产日益发达，为众多史前文明中心的建设奠定了雄厚的经济基础。迄今为止，国际知名的"中国第一城"就是位于长江中游的城头山遗址，其"第一次筑城早至大溪文化一期，距今超过 6 000 年"。[21] 遗址区域内还发现了世界上最早（6 500 年前）的、保存完好的水稻田，这证明筑城的经济基础来自长期稻作农业的积累。长江流域目前已发现三四十处新石器时代城址，多数城址的面积有二三十万平方米，最大的良渚古城达 300 万平方米，中游的石家河古城也达 120 万平方米。城外一般设有较大的护城河，多数护城河还与天然河流相通，不但能起到防卫作用，还有水上交通之用。而同时期的黄河流域城址不但面积略小，护城河也往往较小甚至没有。城市的出现是文明起源的三大标志之一，由此我们也可看出，长江文明的起源并不比黄河文明晚，甚至在文明初期还占据着优势地位，而这都是建立在高度发达的稻作农业之上的。

除此之外，温暖湿润的长江流域还是丝绸和茶叶的故乡。7 500~5 000 年前的长江下游地区高温多雨，非常适合蚕桑的生长，因此成为丝绸的发源地。近年来的考古资料证明，六七千年前的长江流域先民早已开始利用丝、麻、葛等动植物纤维织造早期服饰。1973 年，河姆渡遗址出土了一批距今约 7 000 年的打纬骨刀、骨梭、木制绞纱棒和陶制纺轮等原始纺织工具；1977 年冬，一件蚕纹牙雕器出土，上刻四条蚕纹，宛若蠕动的蚕；另一件残陶片上绘有蚕吃树叶的纹饰。[22] 由此可知，当时的长江流域先民已有了原始的手工编织劳动，并"完成了认识野生茧丝昆虫阶段，距利用野生茧、丝昆虫已为期不远了"。[23] 至公元前 3000—前 2000 年，长江下游的桑树大面积生长，[24] 这催生了丝织品的出现。1956 年和 1958 年，浙江湖州钱山漾遗址出土了不少 4 700~4 140 年前的丝织品，如绢片、丝带和丝线等。[25]这是世界上已知年代最早的一批丝织实物,[①]其皆以桑蚕丝为原料,长江流域的丝绸文化几乎与中华文明同时诞生。

茶树适合生长在温暖潮湿的环境中,水热同丰的长江流域为茶树的生长繁衍提供了绝佳的场所。新中国成立以来,长江流域的云南、贵州、四川等地不断发现树龄达几百年甚至几千年的古老大茶树,[②]这使中国正式成为国际上公认的茶树原产地。目前世界上发现最早的茶树遗存,出土于长江下游的浙江余姚田螺山河姆渡文化遗址6 000年前的地层中。20余株留有根部及短杆的茶树遗存,在出土时仍保持竖立状,规整地分行排列于两片地块中,明显系人工栽培种植。2008年,日本古生物学家切片鉴定其为山茶属中的栽培茶树。2008年底,中国茶叶研究所测出该茶树遗存中含有茶树才有的茶氨酸,一举确认了"田螺山遗址人工栽培茶树是世界上迄今发现的最古老茶树"[26],证明了长江下游也是茶文化的发源地。

(三)因势利导的水利工程(以都江堰、灵渠为例)

相较于同纬度的尼罗河流域、两河流域和印度河流域,水热同丰的气候条件在给长江流域带来早期稻作农业发展绝佳条件的同时,也加重了河流泛滥的程度。这也是前文提及的长江稻作农业最早产生在低山丘陵地带的主要原因。

与之形成鲜明对比的是古埃及的母亲河——尼罗河。尼罗河水的上涨、泛滥、下落极有规律:每年6月,来自印度洋的季风令处于埃塞俄比亚高原的尼罗河上游的河水暴涨,其下游地区河水从7月开始逐渐没过河堤坝,蔓延至河岸,9月泛滥达到高潮,两岸皆为沼泽,11月河水下落。且因其下游有2 000多千米穿过撒哈拉沙漠,再无支流汇入,加之气候炎热干燥,蒸发量巨大,减少了水量,以及其下游河道平坦开阔(宽度通常为15~20千米),减弱了水势,故难以引发大洪水。所以古埃及人并

---

① 该遗址已于2015年6月被正式命名为"世界丝绸之源"。
② 目前发现树龄最大的茶树为1996年在云南省镇沅县九甲乡千家寨龙潭发现的两株树龄分别为2 700年和2 500年的乔木型大茶树,前者高25.6米,后者高19.5米,二者皆树姿直立,长势良好,葱茏浓绿。详见吕国利、陈珲:《古茶树资源应受到保护》,《农业考古》2001年第2期。

不惧怕尼罗河洪水泛滥，反而会在每年 8 月洪水淹没两岸土地时举行隆重的"泛滥节"，感谢尼罗河带来的沃土和水源。面对定期泛滥的洪水，古埃及人只需暂时迁往高处，待洪水退去后再返回河岸，在肥沃的淤泥土上播撒麦类植物的种子，静静等待来年的丰收。所以古埃及人并不致力于修建大规模的防洪与疏浚型水利工程，只需为满足旱季时麦类植物的水分需求而建设饮水灌溉系统。此外，因尼罗河下游河道开阔，水流平缓，上埃及的船只可顺流漂浮而下，下埃及的船只则可扬起风帆，利用兴盛的北风顺利航行。所以依托尼罗河水道，早期上、下埃及各个绿洲间的联系已很紧密，这也成为古埃及较早完成统一的重要原因。金字塔的建成也得益于尼罗河将巨大的石块源源不断地输送至工地附近。

而雨热同期的长江流域常在夏秋季节暴发滔天洪水，汛期长达半年，且水量是尼罗河的十余倍，水势十分浩大，即使较大的支流也会令先民望而却步，更遑论干流。在生产力相对低下的史前时期，为避洪水，长江流域的先民大多只能居住在人力相对可控的一级支流甚至二、三级支流附近，并且不遗余力地修建防洪疏导工程。所以，长江流域的早期文明散落各处，上、中、下游的史前文明相对独立发展，各地的水利工程建设也都侧重于防洪。自 20 世纪 90 年代开始，中国的考古工作者开始在长江下游的良渚遗址中发掘水坝遗址——塘山遗址。从 2009 年起，10 条水坝遗址陆续出土，它们与塘山遗址共同构成了一个完整的水利系统。2015 年 7 月—2016 年 1 月，浙江省文物考古所对这些水坝进行了碳 14 检测，结果显示，这些水坝的修筑时间都在距今 4 700~5 100 年，属于良渚文化早中期。[27] 中国的水利史通常被认为始于约 4 000 年前的"大禹治水"的传说，良渚水利系统的发现是古代水利史研究的重大突破。"它也是世界上最早的拦洪水坝系统，与埃及和两河流域早期文明以渠道、水窖等以引水为主要目的的水利系统形成鲜明对照，体现了湿地农业文明和旱作农业文明在水管理系统上不同的特征"。[28]

长江流域持续不断的防洪疏导水利工程的建设，形成了因势利导的水利工程传统。春秋时期，长江流域的云梦通渠、巢肥运河、胥溪、胥浦、百尺渎、古江南运河、邗沟及菏水等运河工程，都充分利用了天然河道，再辅以开凿、连接和整治。

战国之前，岷江在灌县（今都江堰市）附近由山地进入成都平原后，浑浊的江水流速骤减，导致泥沙沉积、河床淤塞，形成地上悬河，常发洪涝灾害。战国后期（约公元前256年），秦国蜀郡太守李冰，通过实地考察，在岷江江心筑分水堤，分出岷江四成江水，形成内江，充分利用成都平原由西北向东南倾斜的地理条件，引内江水经凿开的玉垒山缺口（宝瓶口）流出，之后顺势向东及东南流淌，分成多条河流，各条河流又再分为无数沟渠，构成细密的灌溉网络，在减少西边外江（原岷江河道）水患的同时，还保证了东边内江水网区域的灌溉。此外，李冰还在分水堤中段建飞沙堰，阻挡洪水和泥沙，进一步控制内江的进水流量和泥沙。最终，人为分出的内江各支流又在彭山江口回归岷江，继续南流。

免除洪涝之忧、又得灌溉之便的成都平原，迅速崛起成为秦国统一天下的粮仓，加速了古代中国首次统一局面的到来。集防洪、灌溉和水运于一体的都江堰工程在历代人民的养护与整修之下延存至今，成为全世界历史最悠久且唯一使用至今、保存完整的无坝引水大型水利工程，被誉为"世界水利文化的鼻祖"，于2000年被联合国教科文组织列入"世界文化遗产"名录。秦灭六国后，又在征讨岭南百越的过程中，通过科学选址，巧妙运用海拔差，开凿灵渠，沟通长江和珠江两大水系（详见第六章第一节相关论述）。

长江虽然水量巨大，但就历史时期而言，长江洪水的泛滥程度远不及黄河。黄河虽然降水量不大（大部分地区降水量为200~650毫米，平均年降水量为476毫米），年平均入海水量为580亿立方米（1919年7月—1975年6月）[29]，仅为长江的6%，但其降水的季节性较长江更为明显（70%集中在6—9月），加之支流、湖泊数量远少于长江[①]，故洪涝灾害的发生频率更高。并且，黄河流经世界上最大的黄土堆积区——黄土高原，气候的渐趋变冷和人类对黄土高原植被的持续破坏，致使黄河的多年平均含沙量达到37.8公斤/立方米，年平均输沙量达到16亿吨（1919—1960年）[30]，

[①] 黄河仅有40余条主要支流，下游河段由于地上悬河的原因，几乎无支流汇入。

是长江的77倍多，远超含沙量第二的美国科罗拉多河（含沙量为27.5公斤/立方米、年平均输沙量为1.36亿吨）。黄河挟带的泥沙仅有1/4能入海，其余堆积在下游河道，极大地抬高了黄河下游水位，使其逐渐成为地上悬河（一般高出两岸地面3~5米，最高达10米），极大地增加了决口、改道的概率，这也成为黄河洪涝灾害较长江为甚的重要原因。故而在历史上，黄河上、中、下游水患不断，尤以下游的决口泛滥问题最为突出。据统计，公元前206年至1949年，黄河下游决口1 500余次[31]，改道26次，曾出现过7个入海口，北至津沽，南达淮河，形成25万平方千米的黄泛区。

此外，因降水的年际差异巨大，黄河流域的旱灾也十分严重，公元前1766年至公元1944年，有历史记载的旱灾高达1 070次。而长江流域在公元前185年至公元1911年，发生了大小洪灾200余次（见表3-2-1），平均每10年发生一次洪灾，[32]这较黄河水患为轻，但近代也增加到3~5年1次；全流域的旱灾极为罕见，以季节性的区域旱灾为主，其中面积较大的干旱平均每两三年发生一次，上游较中、下游显著。[33]

另外，不同于黄河下游成为几乎无支流汇入的地上悬河，长江中下游分布众多的湖泊（约21 000平方千米，占长江流域湖泊总面积的97.8%[34]）极大地调节了长江干流水量，大大削弱了洪旱灾害的影响。这也是长江取代黄河，成为中国的经济文化重心，并供养更多人口的重要原因之一。

表 3-2-1 长江各世纪洪水情况统计[35]

等级\次数\世纪	10	11	12	13	14	15	16	17	18	19	20（统计到1990年）
特大洪水			2	1			2	2	2	5	6
大洪水	4	1	5		3		5	5	7	14	21
一般洪水	3	4	10	8	8	14	24	21	19	16	35
合计	7	5	17	12	9	21	31	30	29	35	62

二、方位特色

北纬 30 度线附近最早诞生的尼罗河文明、两河文明及印度河文明，起初都是在各自区域内的相对封闭区间中逐渐发展起来的，而后，随着其与流域内各地相互间的联系的加强，上述流域开始呈现出相对一致的文化面貌。但随着文明程度和交通能力的提高，其优越的地理位置给原生文明带来的弊端也逐渐显现，那就是周边落后族群的觊觎。

例如，在公元前 3000 年左右，两河流域南部的苏美尔人率先创造了人类历史上第一个高度发达的文明——苏美尔文明。各城邦经过数百年的交融，于公元前 24 世纪中期形成了统一的苏美尔国家，但其旋即在公元前 24 世纪末期被北部的阿卡德王国占领，两河流域由此形成人类历史上第一个帝国——阿卡德帝国。阿卡德帝国的政权并不稳固，不到两个世纪就为东邻库提人所灭。此后，两河流域又经历了苏美尔的短暂复兴，依蓝人和阿摩列伊人的占领，巴比伦王国的再度统一，亚述人的占领……最终在公元前 539 年，新巴比伦王国为新兴的波斯帝国所灭。创造了灿烂早期文明的两河流域，正因先进与富足，以及四通八达的地理位置，成为古代中东各民族你方唱罢我登场的文明竞技场，几起几落，最终无法阻止文明的中断。

再如，两河流域东面的印度河流域也很早就遭到北方游牧民族雅利安人的持续军事打击和最终占领，古印度文明早早中断，并在雅利安人的主导下开启了新的文明进程。

尼罗河文明的先民保持了较长时间的主体民族地位。尼罗河下游的埃及现今是亚、非、欧的交通要道，但从古代的外部交通环境来看：尼罗河下游流域两岸不远处都是沙漠地带（东为阿拉伯沙漠，西为利比亚沙漠），南部是努比亚沙漠和尼罗河第一瀑布，北部则是三角洲地区没有港湾的海岸。在交通条件有限的人类早期文明时代，古埃及人就在这片封闭的带状河谷两侧演绎着分分合合的历史故事。公元前 4000—前 332 年，古埃及共经历了前王朝、早王朝、古王国、第一中间期、中王国、第二中间期、新王国、第三中间期、后王朝等 9 个时期的 31 个王朝的统治。在此期间，古埃及的势力曾越过西奈半岛，拓展至迦南平原，古埃及也曾短暂遭受过南邻努比亚人和来自西亚的喜克索斯人和亚述人的占领，但其主体民族一直是身材矮瘦、黑发笔直、眼窝深陷、略微有些鹰钩鼻的古埃及原住民。然而，自古埃及于公元前525年被波斯帝国占领之后，情况发生了很大的不同，尼罗河下游的埃及不再是一个相对封闭的世界，而是一个连接亚、非、欧的战略要地。此后的古埃及只在100余年后趁波斯内乱之机短暂复国，但很快又被并入波斯帝国。至公元前332年，亚历山大入主埃及，希腊语成为埃及的官方语言，埃及逐渐融入了希腊化的世界，古埃及文明逐渐被外来文明取代，原住民也逐渐搬离世居之地，被阿拉伯人替代。

长江流域所处的东亚地区的地形较为封闭，因流域内部交通不便，上游（巴蜀）、中游（荆楚）、下游（吴越）居民的活动区域相对固定。汉唐以后，随着生产力的发展和交通状况的改变，长江流域内外的族群交流日渐增多，各区域文化皆以开放的态度吸纳异质文明的养分，并源源不断地输出自身文化。在不断地吸纳与输出文化的过程中，长江流域在保持各地区域文化特色的同时，融入中华文化的海洋，形成以汉文化为主体的中华文化的重要一支。在此后的历史进程中，长江曾多次回护中华文明，使其绵延不绝。

另就现代国家而言，在北纬30度线附近，除长江之外的早期文明母亲河——尼罗河、底格里斯河和幼发拉底河、印度河、恒河，都是国际河流，难以实现全流域范围内的统一规划。

两河流域地跨土耳其、伊朗、伊拉克、叙利亚诸国，自20世纪60年代以来，土耳其、叙利亚和伊拉克之间围绕两河流域的水资源争端就不曾止息，居于上游的土耳其，更是将水资源作为手中的王牌，时而利用其促进合作，时而将其作为威胁他国的工具，造成土耳其、叙利亚、伊拉克三国关系的动荡和该地区安全局势的脆弱[36]。

印度河主要流经巴基斯坦和印度，1947年印巴分治后，印度河水系的灌溉系统被分割，印度掌控印度河上游大部分水源地和运河主体工程，而大部分灌溉区却在巴基斯坦，立即引发了印巴之间长达13年的水争端。在1960年印、巴签署《印度河水条约》，较为妥善地解决了这一争端之后，两国自 20 世纪 80 年代以来，又针对印度河上游水利开发发生了一系列争端。恒河主要流经尼泊尔、印度和孟加拉国。印度与尼泊尔两国自古以来关系密切，但两国对共享的恒河水域的开发合作不甚顺利，导致两国关系的恶化。1971 年，孟加拉国在印度的支持下独立，两国关系良好，但随即便因法拉卡水坝问题（印度单方面分流大部分恒河水，使旱季流入孟加拉国的水量减少了 3/4）而陷入长达 50 年的水争端之中。

位于非洲东部、发源于赤道以南的尼罗河，向北流经坦桑尼亚、乌干达、卢旺达、布隆迪、刚果（金）、肯尼亚、埃塞俄比亚、厄立特里亚、南苏丹、苏丹和埃及，情况更加复杂。其中，埃及、苏丹与埃塞俄比亚三国之间有关尼罗河水资源分配的争端已近百年，其他沿河国家之间也都存在着由来已久的尼罗河水资源之争，这成为影响沿河国家外交关系的不安定因素。

而径流广远的长江流域则为中国独有，可进行全流域的综合考量，实施统一规划，有利于流域经济文化的发展和大型水利工程的兴建、航运业的展开。这是长江文明的一个重大优势。如 1954 年，长江发生近百年罕见的大洪水。1954 年底，中央政府即决定开展长江全流域的综合利用规划工作。为避免各自为政，1958 年"成都会议"制定了"统一规划，全面发展，适当分工，分期进行"的规划方针，明确中央和地方的分工，合理部署近远期工程项目，并开始编制长江流域规划，以全面、有效、合理地开发治理长江。此后数十年，中央和地方分工协作，开展大规模防洪、治涝建设，形成完整的防洪体系，提高了全流域的防洪能力。中央从全流域的角度出发，根据沿岸各地区经济、政治上的重要性，将堤垸划分为重点区、重要区和一般区 3 个等级，还设置了一些分洪区，以保证在大洪水来临时能有序撤退，保障更多沿岸居民的生命财产安全。

另外，中央还在水资源调查的基础上，从全国的角度出发，实施"南水北调"工程，将长江富余的水调往北方缺水地区，目前东线和中线已经投入使用。而印度的"北水南调"工程（即"内河联网计划"）却因牵涉恒河等国际河流而遭到孟加拉国等邻国的强烈抗议，许多项目至今未能启动。

三、文明标志

学界以金属工具、文字和城市的出现作为步入文明门槛的标志。但具体而言，每个文明或多或少都会具备一些技术上和艺术上的特点，存在可以凸显自身个性的文明标志。比如，尼罗河下游的金字塔、木乃伊和象形文字，两河流域的楔形文字泥板和印章（平印和滚印），印度河流域规划严整、给排水系统完善的早期城市，黄河流域的青铜器和甲骨文。而最能代表长江流域早期文明水平的标志当属玉器。长江流域新石器时代的玉石制品，在长江上游的宝墩文化、三星堆文化、金沙文化，长江中游的大溪文化、薛家岗文化、石家河文化，长江下游的河姆渡文化、马家浜文化、良渚文化等遗址中均有体现，其中，良渚文化的玉器制作及玉文化最具代表性。

目前已知，早在 7 000 年前，长江下游的河姆渡先民便使用萤石（颜色鲜艳，部分可发出荧光，类似玉石）制作装饰品。6 000 年前，崧泽先民已懂得采用闪玉。在时代相当的长江中游的大溪文化中，部分玉璜的外缘已出现锯齿状纹饰，浮雕人面形的小佩饰及人形圆雕已经出现，玉器制作趋于精细，器形也极为规整。后续的屈家岭文化和石家河文化沿袭了大溪文化的玉器制作传统，以精巧玲珑的小件玉器为主，较多为人面形玉饰。

长江流域史前玉文化的巅峰出现在长江下游的良渚文化中。在良渚文化时期，社会生产力有了长足的进步，雄厚的经济基础（稻作农业）支撑起规模巨大的早期中心城市建设，催生了日益增多的手工业门类，玉器的制作也更加专业化。良渚玉器不仅种类繁多、制作精美，而且已经超出了原始宗教信仰的范畴，与政权建设和大型礼制活动紧密联系在一起，出现成组的玉礼器，标识着拥有者的身份、等级和地位，彰显了聚落的等级和规模。

良渚文化的玉器种类繁多，有玉斧、钺、纺轮、璧、琮、璜、瑗、环、玦、珠、管、觿、锥、笄、坠、带钩、镯及玉鸟、蝉、蛙、鱼等象生器，类别多达二三十种。其中，琮、冠形器、杖首饰等为良渚文化首创，镯、锥形器、冠形器和三叉形器这 4 种玉器的数量较多。另外，璜、管、锥形坠、玦及各种串饰、端饰等也较常见。

良渚文化的玉器具有明显的身份标识功能，绝大多数出土于高等级墓地，由专业治玉工匠制作，用料和雕饰都很精美，而平民的随葬品只能是制作简单的小型玉器。据学者统计，"良渚遗址群和寺墩遗址就占有良渚文化目前发现约 2/3 的玉器，其他地区的众多遗址仅占有约 1/3 的玉器"。[37] 良渚遗址群出土的玉器数量最多，器型也最为齐全，这表明了其文明中心地位，玉器无疑体现出了良渚文化的文明模式。

为保障社会组织结构的稳定和运转，良渚人制作了一系列的成组玉礼器。良渚文化的高级墓葬经常出土钺、琮、璧的成组玉礼器，这可能是墓主集军权、神权、财权于一体的象征。其中的琮是成组玉礼器的核心，故较其他玉器制作更复杂、体量更大、数量也更多。"自始至终体现神像或表现神像图案的只有琮，神像是琮结构的必要内容。反山 M12：98 大琮充分体现了琮的结构、琮和神像之间的关系"。[38]

体形硕大[①]、玉质上佳、雕琢精美的反山 M12：98 大琮，是良渚人天地宇宙观的象征。其内圆外方代表天地，中间贯穿上下的射孔则构成了通道、主柱和旋转的中轴。琮通过四面四角的二方连续纹样布列，产生动态的旋转效果。其直槽上的八幅神像和折角上的四幅神像共同构成一幅由神人和神兽组合而成的复合像，雕刻复杂精美，上部的神人头戴羽冠，身披铠甲，中部为一圆眼獠牙的兽面，下部则是飞鸟的利爪，显得十分威严神圣，其简化图案和鸟纹的搭配不仅在构图上起到了体现完整规则、繁而不乱的作用，在主题上也更加突出了"贯通天地"的意识，凸显了良渚人对天、地、人交融和谐的追求。反山 M12：98 大琮的主人应该是负责与天、地、神相通的大巫师。良渚文化的玉器，构成了长江流域有别于北纬 30 度线附近其他大河文明起源的个性模式（见图 3-2-2、图 3-2-3）。

[①] 反山整器通高 8.9 厘米，上射面外径为 17.1~17.6 厘米，下射面外径为 16.5~17.5 厘米，射孔外径为 5 厘米，内径为 3.8 厘米。

图 3-2-2　反山 M12：98 大琮（《良渚玉器》）

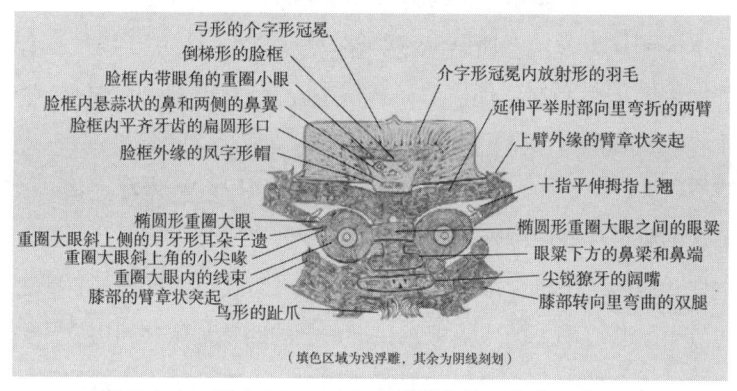

图 3-2-3　反山 M12：98 大琮神人兽面像的图像解读

另就通行的三大文明标志而言，新石器时代末期（即"铜石并用时代"，距今 4 000 年~5 500 年）的长江流域诸文化也已发现除文字之外的另外两大文明标志。

在这一时期，考古工作者目前仅在长江中游的石家河早、中期遗址群中发现了铜制品和原料，但出土的铜器材料相当集中且数量较多，与黄河中下游新石器时代的十余处遗址已出土的铜器材料相比，石家河遗址群的发现更为突出，表明其冶铜工艺由来已久，应产生于石家河文化之前。[39] 长江流域新石器时代史前城址的发掘成果十分丰富且优异，最为人熟知者如上游的三星堆城址、中游的城头山城址和下游的良渚古城等，其中长江中游已发现 20 多处大小史前城址，其城址的诞生（如距今超过 6 000 年的"中国第一城"——湖南澧县城头山大溪文化城址）、城址群的出现以及中心城址的显现都较黄河中游更早[40]。

至于长江下游刚入选世界遗产名录的良渚古城，综合其巨大的规模、完整的都城结构和外围水利工程、遗址内居民明确的社会阶层分化（详见第五章第一节）、成套玉礼器，以及距其不远的余杭南湖发现的一批近似文字的陶器刻划符号[41]等，可确认其已是一座典型的早期城市[42]。它标志着长江流域早期城市和地域国家雏形的诞生。

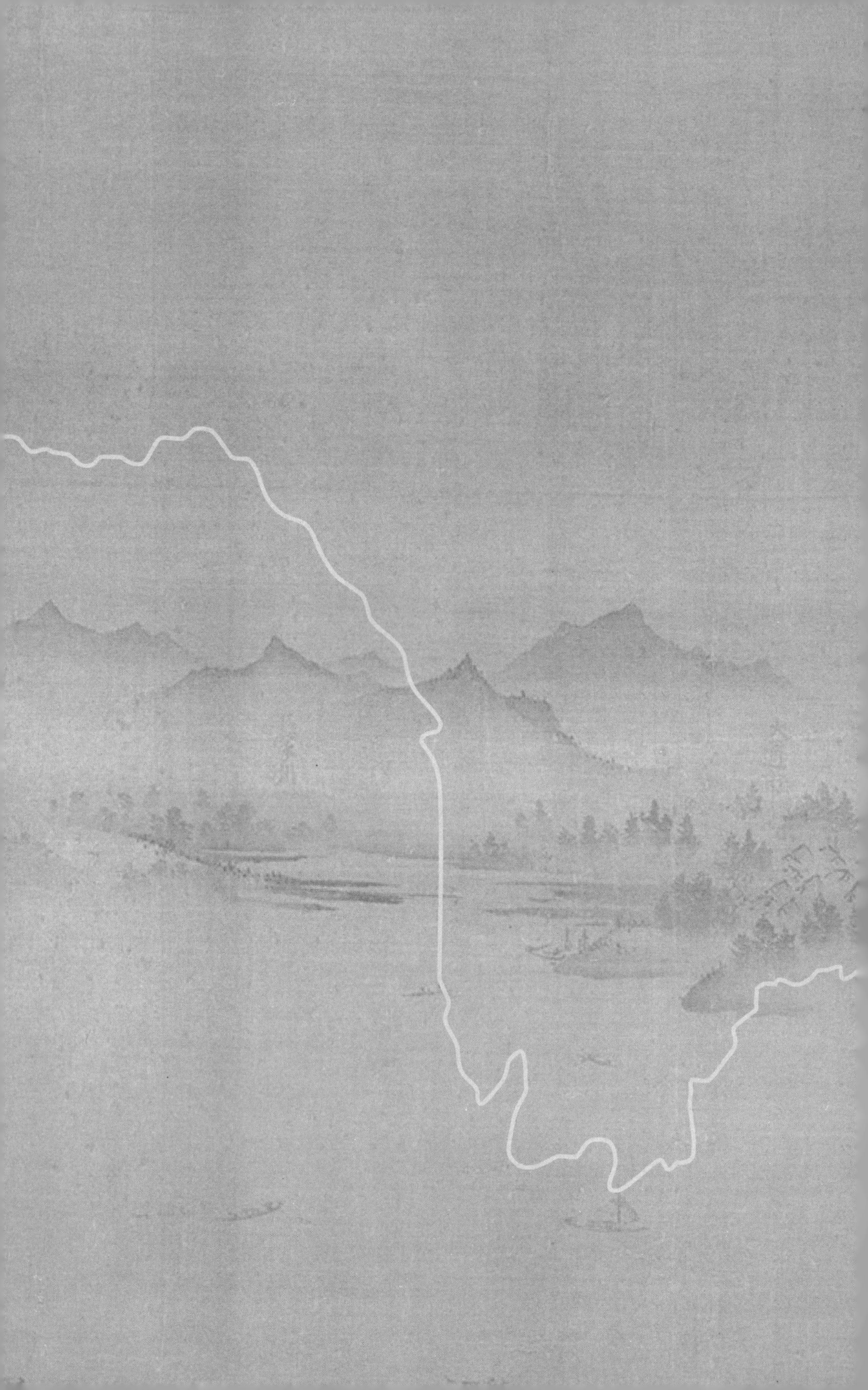

第四章 文化分区

作为人类物质文明和精神文明创造总和的文化，因时间向度的演进而具有时代性，又因空间向度的展开而具有地域性。人们把研讨文化时代性演进的学科称为文化史学，把研讨文化地域性展开的学科称为文化地理学。这两门学科都有独立存在的价值和独立发展的历史。然而，时间和空间又是运动着的物质的两种密不可分的存在形式，时代性与地域性当然也是文化的两种相互依存的属性，我们只有全面观照这两种属性，并考察其互动关系，方能实在地把握人类创造的文化的纵深度和广阔度。在这一意义上，历史学与地理学的联姻势在必行。

中国广土众民，历史悠久，其文化的时代性演进和地域性展开均呈现婀娜多姿的状貌，切忌做简单化的描述与概括。历史地理学家谭其骧指出："把中国文化看成一种亘古不变且广被于全国的以儒学为核心的文化，而忽视了中国文化既有时代差异，又有其他地域差异，这对于深刻理解中国文化当然极为不利。"[1]要获得对中国文化完整而深刻的理解，须多做具体的分区考察，包括对大河流域文化做专题研究，以为综合与抽象提供坚实的基础。而我国文化史在这方面有着深厚的积淀。西汉史家司马迁在《史记·货殖列传》中对当时南北东西各地的物产和人文特色有传神的描绘。西汉末年学者刘向则将汉朝全境划分为若干区域，丞相张禹又令僚属朱赣按区域介绍风俗。东汉史学家班固所撰《汉书·地理志》集上述之大成，对当时的中国做出"域分"，记录各地风俗，绘制出文化地域特征的生动画卷。以《汉书》为端绪，历代正史皆设地理志，以各朝疆域为范围，以政区建制为纲目，分条记述山川、物产、风俗，形成文化区研究传统。近人梁启超的《中国地理大势论》以诗化语言描述南北文化的特色："长城饮马，河梁携手，北人之气概也；江南草长，洞庭始波，南人之情怀也。散文之长江大河，一泻千里者，北人为优；骈文之镂云刻月，善移我情者，南人为优。"至于流域考察，战国成篇的《管子·水地》已开其端，而自《史记·河渠书》始，诸正史及地方志多有记述河流及其整治的专篇，还出现北魏郦道元《水经注》那样的考析江河的专著，详述以黄河、长江为重点的一千余条河流，及相关的郡县、城市、物产、风俗、传说、历史等。这些篇什奠定了流域研究的坚实基础。

作为文化的空间分类，文化区由自然、社会、人文三重因素所决定，三者在历史进程中综合成地域文化特色。文化区并非静态、凝固的存在，而是因时演变的。一般而言，构成文化区的自然因素变化缓慢，社会、人文因素迁衍较快，正所谓"江山依旧，人面全非"。王夫之常用"天气南移""地气南徙"表述文化重心的区间移动，而他所谓的"天气""地气"，并非专指自然之气，而是自然、社会、人文的综合，更多地包蕴社会、人文因素。

自从具有理性的人类介入，造成文化世界，我们这个星球上的变化往往不再是单纯的自然运动。即以各地土壤肥瘠的变迁而论，便深深打上人类活动印记。曾被《禹贡》（反映周秦之际状况）列为下中、下下的长江流域，至近古已成上上之地，如宋人王应麟所说："今之沃壤，莫如吴越闽蜀。"至于各地风俗、学术的异动，更是古今起伏，时有更迭，"江山代有才人出，各领风骚数百年"。这是在做流域及文化区研究时应予注意的。

长江流域按上、中、下游划分，依次为巴蜀文化、荆楚文化、吴越文化，分别由上游的古巴人、古蜀人，中游的古楚人和下游的古越人创造（见图4-1-1）。世界上其他几个大河文明，主要是由单一的民族或民族集团，或者不同的民族，在不同的历史时期创造的，在流域内发展，后又播散广远。长江文明则是由流域内不同地区的不同族群在大致相同的时间创造的。长江上、中、下游区域文化的上限都可追溯至新石器时代晚期，到春秋战国时期，各文化区范围相对固定，形成了各自稳定鲜明的文化特征。

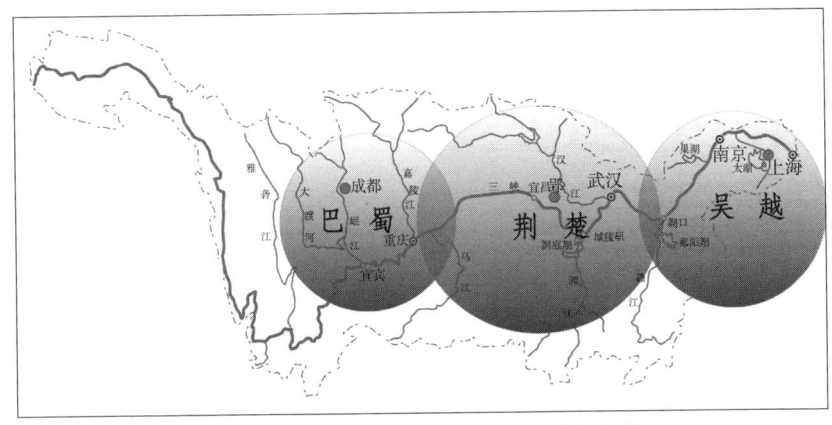

图 4-1-1　先秦时期长江上、中、下游文化分区

秦汉以降,随着各地区域特色的日渐凸显,长江流域的文化分区趋于细密,长江上游的羌藏文化、滇黔文化得以凸显,长江中游的荆楚文化分出湖湘文化一支,长江中下游之交、自然条件与人文环境相近的安徽和江西两省,则构成了相对松散的赣皖文化区。故细分后,长江流域有羌藏、滇黔、巴蜀、荆楚、湖湘、赣皖和吴越七个文化区,这些各具特色的区域文化在交融中继续发展,不但构成了中华文化的重要组成部分,还通过海上丝绸之路将自身影响扩及海外,促进了囊括东亚、东北亚和东南亚的中华文化圈的形成。长江流域多元共生、和而不同的文化特征,正是中华文明博大包容力的写照,也是中华文化面对全球化挑战的策略抉择,不同文化之间的相互交流、整合、吸纳,不断为中华文化的发展注入新的活力。

第一节

上游：羌藏文化、滇黔文化、巴蜀文化

一、羌藏文化

与长江文化关系较近的羌藏文化区主要是指横断山脉的金沙江、雅砻江、大渡河流域和岷江上游的高峡河谷走廊地带，为古氐羌人聚居地。在约4 500年前，生活在岷江上游山地高原的氐羌族系一支，沿岷江向平原地区迁徙，进入成都平原，成为蜀人先祖，而留居岷山者则为汉之"冉駹"[1]。

古羌人即甲骨文中的"羌"和"羌方"，卜辞所载羌人活动范围大致在今陕西东部、山西南部及河南西部。[2]但商人势力范围有限，陕西以西亦应广布羌人，如秦汉时代的河湟之羌。[3]

古羌人应是一民族集团，后世的藏人当是其中部分族群的后裔，另有相当一部分族群则逐渐与华夏族和汉民族融合，如留居渭河流域的姜姓族和南北朝时期显赫一时的氐族。

留居西部的羌人因居地高寒，植被稀疏，只得以石块砌屋，称"石室"或"邛笼"，"蚕丛始居岷山石室中"[4]，"皆依山居止，累石为室，高者至十余丈，为邛笼"[5]。这种石砌的数层至十数层高的"邛笼"（即碉楼），兼具居住和防御功能。这种居住形式后来被古蜀人带到了成都平原，并随古蜀人的东进而拓展至巴渝一带，其影响则远播黔滇乃至东南亚。羌人一般将村寨选址于"近川谷，傍山险"[6]之处，既便于取水，又可据险修碉

---

[1]《史记·西南夷列传》："自莋以东北，君长以什数，冉駹最大。其俗或土著，或移徙，在蜀之西。"

楼以自守,这反映出羌人勇武善战的民族性格。

碉楼平面形制多为四角形、六角形、八边形等,现存高碉多四角形,平面通常呈方形或近似方形的回字形,立面呈逐渐向上内收的方锥形高台。[7]

古代羌藏社会长期处于原始部落联盟阶段,崇尚血亲复仇,《旧唐书·党项传》云:"(其俗)尤重复仇,若仇人未得,必蓬头垢面,跣足蔬食,要斩仇人而后复常。"近世仍可从彝、瑶、苗、壮等族的"打冤家"中见其遗风。血亲复仇往往形成累世血仇,如《宋史·宋琪传》云:"党项、吐蕃风俗相类。……其俗多有世仇,不相往来。"若大仇得报或欲求和解,双方就需举行和誓以止杀。双方若和解,就必有一方需进行赔偿,会有专门的"和断"官来按照"羌法"评判曲直对错,赔偿之物或为金钱(羌俗曰"骨价"),或为羊马。誓仪最简单者有"折箭为誓"[8],一般立誓则需多杀牲,以骷髅饮和酒,如《辽史·西夏外记》载:"(党项)仇解,用鸡猪犬血和酒,贮于髑髅中饮之,乃誓曰:'若复报仇,谷麦不收,男女秃癞,六畜死,蛇入帐。'"酋长之间的盟誓甚至需用人牲,"故事,蕃部私誓,当先输抵兵求和物,……然后输誓。牛、羊、豕、棘、耒、耜各一,乃缚剑门于誓场,酋豪皆集,人人引于剑门下过,刺牛、羊、豕血歃之,掘地为坎。反缚羌婢坎中,加耒耜及棘于上,投一石击婢,以土埋之。巫师诅云:'有违誓者,当如此婢。'"[9]历史上羌蕃族属常与中原政权和盟以结好,其中唐蕃之间的和盟达8次之多,其仪式更加隆重,且多立碑记之。

因居住地较为封闭,羌人至今仍保持其原始宗教信仰,崇拜自然与祖先。与众不同的是,羌、藏民族崇拜的所有神祇都没有固定的形象,而是融于白石崇拜的祭祀习俗之中,而白石崇拜的神性也并非源自天然石块本身,而是其白颜色。白石神最初是羌人天神或祖先神"人格化"的化身,然后成为一切神灵的表征。作为神灵供奉的白石,必须是洁净石块,一般要由释比(巫师)作法安置,淋以鸡血、羊血或牛血,方能表征神灵。

在羌寨里,白石作为神的代表,无处不在,存放于不同的位置代表不同的神祇。供于山上或竖于寨顶岗头,便代表天神或寨神;供在田间地头,就代表田神、土地神;将白石堆积成塔形供于土中则为"祖",在其旁边插立树枝则为"社";在神龛前并排放三四块白石,则分别代表宅神、家神、神仙神、五谷神;在房顶塔子上并排竖立五块白石,则分别是天神(木比塔)、地神(树不瑟)、山神(赤黑瑟)、山神娘娘(瑟)和关帝圣君(色窝)[10]的表征。

羌人的白石崇拜由来已久,其渊源至今仍有争议,或可追溯至古羌人的白石随葬习俗,也可能与西北游牧民族尚白的习俗有关,抑或源自古老的火崇拜或雪山崇拜。[11]其白石神信仰的特性,从羌人史诗《羌戈大战》中可见因由:羌人始祖在从西北大草原迁往岷江上游途中,得到天神木比塔的帮助——落下三块白石变成三座大雪山,阻断了"魔兵"(戈基人)的追击,令整个族群化险为夷。其到达岷江上游之后,又多次得到天神儿波尔勒的帮助,用白石击溃了戈基人,这才得以重建家园,安居乐业。羌人为了报答始祖天神的再造之恩,遂将天神显灵所用的白石作为其表征进行供奉。[12]至今我们进入羌寨,映入眼帘的仍是一排排白石。

二、滇黔文化

"滇黔文化又称云贵文化,是西南各族人民在滇黔山水之间开创和发展的物质和精神文化。"[13]滇黔文化由滇文化和黔文化两个彼此关系密切而又相对独立的文化组成。就地域而论,贵州(黔)大部分属于长江流域,云南(滇)仅北部金沙江南岸一带属于长江流域。

云贵高原地理位置较为封闭,文化不同于相邻的巴蜀与荆楚,民族组成多元,古时被统称为"西南夷"。西汉时,司马迁著《史记·西南夷列传》,最早记录滇黔历史文化与社会生活:"西南夷君长以什数,夜郎最大;其西靡莫之属以什数,滇最大;……此皆魋结,耕田,有邑聚。其外西自同师以东,北至楪榆,名为嶲、昆明,皆编发,随畜迁徙,毋常处,毋君长,地方可数千里。……其俗或土著,或移徙,在蜀之西。……此皆巴蜀西南外蛮夷也。"西南夷分布范围广泛,各族群之间生活方式和风俗习惯千差万别,其中夜郎和滇是两个较大的族群,二者皆为结发成髻的定居农耕民族。

贵州高原较早与华夏文化产生联系。战国中期，楚威王派大将庄蹻攻略巴、黔土地，兵锋至于滇池。"始楚威王时，使将军庄蹻将兵循江上，略巴、蜀、黔中以西。庄蹻者，故楚庄王苗裔也。蹻至滇池，地方三百里，旁平地，肥饶数千里，以兵威定属楚"[14]，荆楚文化由此得以输入滇黔。稍后，秦人夺占楚巴、黔中郡，阻断远征滇池的楚军退路，庄蹻等人只得留守当地，与滇池地区的族群长期杂居融合，"欲归报，会秦击夺楚巴、黔中郡，道塞不通，因还，以其众王滇，变服，从其俗，以长之"。秦灭六国之后，还修建道路（"五尺道"）沟通内地与西南夷地区，并在当地设置官吏进行管理。"秦时常頞略通五尺道，诸此国颇置吏焉"。此后因战乱，西南夷与内地沟通不畅，以至汉武帝再通西南夷时会有"夜郎自大"之典。稍后，汉军大举入境，西南夷诸君长纷纷"请臣置吏"，西南夷自此开始受历代中央王朝之羁縻，其与外界沟通之孔道亦常得修整，滇黔地区遂得广纳巴蜀、荆楚、吴越、中原乃至东南亚、南亚文化之养料，整合形成异彩纷呈、神奇瑰丽的滇黔文化。

尤其明代以来，规模空前的汉族移民涌入滇黔，颠覆了当地的民族构成，汉人由客变主，占据了人口的多数，中央王朝也逐渐通过"改土归流"等手段，对西南边疆实行直接统治。汉族移民与当地各族居民相互依存、交流、融合，当地也多有去外地游宦或游幕之人，滇黔与外地的文化交流空前加强，逐渐形成今天的云南人和贵州人。至清代谢圣纶著《滇黔志略》，已将滇黔合为一区进行文化研究了。

不过在广受儒风熏染的同时，滇黔民众仍多保持其勇武奋发的精神特质，世居当地的汉民也往往受此影响，民风较之内地更加彪悍尚武；另外，滇黔地区长期保持大杂居、小聚居的民族分布特征，各少数民族文化特色突出，故滇黔地区虽自明代以来已是汉人居多，但整体而论，滇黔文化仍是一种多民族的复合型文化。以上应是滇黔文化的共性和区别于其他区域文化的主要特质。

在滇黔大地上，最能体现民族风情的当属各少数民族的节庆活动及其民族歌舞。比如，生活在乌江流域沿江一带的土家人，最讲究的仪式是大年初一抢头鸡水：

大年初一的头天晚上，每家都准备好装水的家什和鞭炮。"抢头鸡水"的人是家中主要的劳动力，比如，家中有几个主要劳动力，家长就指派其中机智、能干的人担任，当鸡叫头遍，"抢头鸡水"的人就起床，担上水桶悄悄摸到水井边，不能出声，更不能讲脏话，否则会惊动"头鸡水"，只能用瓢轻轻舀水，舀满水桶后就开口大叫："抢头鸡水啦！"同时，燃炸鞭炮，谁家的鞭炮先响，就说明那家抢着"头鸡水"，这一年就有了财源。一处鞭炮响，引来八方齐鸣，此起彼落，震醒了古老的土家山寨，给大年增添了热闹的气氛。

　　抢水回家时边走边喊："头鸡水到我家，到我家喽！"回到家中就马上用这水泡米喂鸡，以此表示鸡吃了后，天天生蛋，主人天天进宝。[15]

　　土家人抢来头鸡水、给祖宗烧上几炷香，家人围火烙糍粑，屏住呼吸倾听鸟叫。在土家人心目中，每种鸟管一种庄稼，无论哪种鸟先叫都吉祥，只怕没鸟叫，所以土家人喜欢在房前屋后栽植树木，以此招引百鸟啾鸣。

　　再如，广泛分布在川、滇、黔、桂的彝族人，其祖先认为，火是太阳的花朵、祖先的灵魂。每年农历六月二十四日，他们都要举行盛大的"火把节"，自汉唐至今，此节日已有千余年历史。届时，人们早起杀牲祭祖，晚上高举火把，身着崭新的民族服装，到田间转悠，这象征着驱除害虫，庄稼丰收。其间尚有唱歌、跳舞、吹口琴、弹月琴、赛马、斗牛、斗羊、斗鸡、摔跤、选美等一系列颇具民族特色的文体活动。火把节持续狂欢3日，最后一日夜晚，人们将火把聚成一堆堆巨大的篝火，围着篝火尽情唱歌、跳舞，掀起火把节最后的高潮（见彩图32）。

三、巴蜀文化

　　巴蜀文化由逐渐迁徙至四川盆地东部的巴人和长期居住在川西平原的蜀人共同创造，是中国先秦时期长江上游的一种区域文化共同体。巴、蜀两大族群渊源有自,文化各具特色却又相互联系,呈现出多姿多彩的文化面貌,并通过交通建设(修建栈道)打破四川盆地的地形限制,与外界进行沟通交流,在吸纳外来文化和散播本地文化的过程中,不断丰富着巴蜀和中华文化的内涵。至战国后期,秦并巴蜀,巴蜀与中原的经济文化交流更加通畅,巴蜀文化遂成中华文化的核心主体之一。

巴蜀文化的分布范围以今四川省和重庆市为中心,包括陕南、鄂西及云贵的部分地区。这一地区生活着众多的部族,他们大致属于两大族团——川东一带的苴、賨、獽、夷、蜑、巴,川西一带的僰、邛都、笮、徙、冉、駹、蜀,巴、蜀分别为两大族团中的主体民族。

(一)巴人与巴文化

巴人的来源扑朔迷离,大抵而言,其在商代晚期尚居汉水上游或鄂西清江一带(甲骨文中的"巴方",曾为大邑商的"方国")。殷商末期,巴人参加武王伐纣的战争。《尚书·牧誓》记载,在参加牧野誓师的"庸、蜀、羌、髳、微、卢、彭、濮人"中,髳、微、彭、濮都与巴有关。"武王既克殷,以其宗姬封于巴,爵之以子。"[16]巴与中原周王朝的联系从此更加密切,周大夫詹桓伯称"巴、濮、楚、邓,吾南土也"[17]。巴约从春秋时期开始沿汉水东进,曾与楚国结盟,联合灭庸。巴楚联盟破裂后,巴人转向西南发展,以鄂西的清江①地区为活动中心。后溯清江而上,于春秋末期进入四川盆地东部的山地、丘陵之中,逐渐融合当地濮、賨、苴、共等土著民族,形成巴人族团,其控制区域"东至鱼复(今奉节),西至僰道(今宜宾),北接汉中,南极黔涪(今黔中、涪陵)"[18]。

巴人族团迁徙性强,以渔猎经济为主,其农耕起源较晚且始终处于弱势,少有类似古蜀人的农业文明特征,其活动范围内少有大规模农业中心聚落,未见类似蜀文化遗址的数百平方米的祭房、卵石祭祀台和公共威仪性建筑等部族祭祀遗存。巴人崛起的物质基础,乃是其领地内的众多盐泉。为争夺和保卫盐泉,巴人不仅内部纷争不已,还需时刻提防楚人的觊觎。战国中期,巴、楚之间曾围绕盐泉展开长期的争夺战,最终,巴人尽

---

① 古称夷水,是长江中游在湖北境内仅次于汉江的第二条支流。

失三大盐泉，从此一蹶不振，不久之后（公元前316年）就被灭蜀的秦军顺势攻灭。

巴人以渔猎采集为生，喜水居，乐逐盐泉，各分散部族往来迁徙于丘陵峡谷地带，故其民性尚武、刚直勇悍，在同猛兽、部族的斗争中发展起来了一种刚健的战前集体武舞——巴渝舞，《舆地纪胜》也提到巴人"勇健好歌舞"[19]。武王伐纣时，"巴师勇锐，歌舞以凌殷人"[20]。《后汉书·南蛮西南夷列传》亦云："其人勇猛，善于兵战。"其青铜器遗存以兵器最多，柳叶形剑和戈、矛、戟、镞、弩机是巴人墓葬的常见之物。

在宗教信仰上，巴人与其近邻楚人类似，重鬼尚巫，其"盐水女神"传说、"巫山神女"神话以及白虎神话与传说等绵延至今。巴人以虎为祖先信仰物，其乐器青铜錞于多有虎钮，为中原錞于所无。因四川盆地河网密布，巴蜀之民多逐水而居，尤其是巴人先民曾长期以捕鱼为生，故鱼崇拜盛行，船棺葬流行，祭祀用鱼。"战国至西汉初年巴人的墓葬，不仅把棺椁做成船形或以船为棺椁，在棺椁中还发现了大量的鱼骨遗存。……在宗教方面，巴人祭祀用鱼，即使到了他们已经脱离以渔猎为主的状态以后，这种风俗仍然保存了下来。……古代巴人的以'巴'名族，这是由于他们在生活中和鱼有特别密切的关系而又把'鱼'读作'巴'音的特点所致"[21]。巴地多以"鱼"为名，如鱼复、鱼妇，蜀人先祖也有鱼凫，三星堆遗址中也出土了长达142厘米的"鱼凫金杖"，它是世界上已发现的最长金杖，鱼崇拜是古代四川盆地巴蜀先民共同的信仰。

在居住习俗上，因巴蜀之地气候潮湿，蛇虫野兽众多，故巴蜀先民喜在树上筑巢而居。此后，自然的树木逐渐被木桩取代，演变为底层架空、上层住人的干栏式房屋。巴蜀两大族群相较之下，巴人的巢居文化更具特色，巴地广泛分布依山背岭或在半岸半水之地搭建的吊脚楼。其巢居习俗经历了从"今渝之山谷中有狼猱乡，俗构屋高树，谓之阁栏"[22]，到昌州"悉住丛菁，悬虚构屋，号'阁阑'"[23]，再到"阁栏都大似巢居"①，最终至于江洲巴人"重屋累居"[24]的吊脚楼栅居城镇的演变过程。[25]巴人对虎、

---

① (唐) 元稹《酬乐天得微之诗知通州事因成》诗之二："平地才应一顷余，阁栏都大似巢居。"元稹自注曰："巴人多在山坡架木为居，自号阁栏头也。"

鱼的崇拜和巢居特色至唐仍不变，从杜甫所写云安"人虎相半居"[26]，夔州"家家养乌鬼，顿顿食黄鱼"[27]，秦巴山上"殊俗状巢居"[28]等情况来看，三者当时仍为典型的巴人习俗。

巴人葬俗特色鲜明，盛行船棺葬。最早的船棺葬发现于1954年6月广元昭化县宝轮院船棺葬墓群和巴县冬笋坝（今重庆九龙坡区铜罐驿镇冬笋坝），两地"船棺葬均系土坑竖穴，坑的大小仅容一船棺，即长4.5~6米、宽1~1.5米的狭长形土坑。……两处的墓葬，头部均正对着河流。墓坑的排列相当整齐而密集，尤以冬笋坝者为然"[29]。船棺葬一度被认为是巴人所独有，不过，成都平原地区的大邑、广汉、绵竹、双流、彭县、成都、郫县等地的大量船棺葬的发现，证明船棺葬仪是巴蜀先民共同使用的丧葬方式。除此之外，巴人还流行悬棺葬仪，即亲人死后，亲属将其遗体殓入棺，之后捆绑绳索将其从山顶往下吊放，置于插入悬崖峭壁的木桩之上。唐人张鷟记载了当时巴人族裔"五溪蛮"的葬仪：

五溪蛮父母死，于村外阁其尸，三年而葬。打鼓路歌，亲属饮宴舞戏一月余日。尽产为棺，〈余〉[于]临江高山半肋凿龛以葬之。自山上悬索下枢，弥高者以为至孝，即终身不复祀祭。[30]

巴人实行悬棺葬与船棺葬的区域截然分开，至今未在川东巴渝故地的崖壁上发现船形棺木。巴人的悬棺葬仪延绵不绝，直到今天，人们乘船经过三峡，还可以依稀见到那万仞绝壁上的崖葬遗枢。[31]

（二）蜀人与蜀文化

川西平原的主体族群是蜀人，其先应属氐羌族系，居于岷江上游的山地高原，即典籍所载"蚕丛始居岷山石室中"[32]，此后沿岷江向平原地区迁徙。留居岷山者即为汉之"冉駹"（与"蚕丛"古音相通）。其迁出者约在4500年前进入川西平原，与当地土著民族融合，形成早期蜀族。他们由渔猎经济转向农耕，开创了蜀文化的源头——宝墩文化。1996年发掘的宝墩遗址成为四川跨入文明门槛的见证。此后，古蜀民历经广汉三星堆文化与金沙文化（十二桥文化），至殷商末年，蜀国之名始见诸甲骨卜辞，如"丁卯卜，共贞，至蜀我又（有）事"[33]。其疆域约当今陕南川北，作为当时的西南大国，其与殷商常有往来。殷末武王伐纣，得到巴蜀地区众多方国部族的支持。殷周鼎革，蜀人与周人持续交好，直至西周后期，蜀人对周天子馈献仍不断，《竹书纪年》所载"夷王二年，蜀人、吕人来献琼玉"[34]即为一例。从西周至春秋中期，杜宇治蜀，"以褒斜为前门，熊耳、灵关为后户，玉垒、峨眉为城郭，江、潜、绵、洛为池泽；以汶山为畜牧，南中为园苑"[35]，在以成都平原为中心的地区，创造出"天府之国"的灿烂文化。其辖地"东接于巴，南接于越，北与秦分，西奄峨嶓"[36]。此后，古蜀文化区的东部边缘，因巴人入川而向川中退缩，但其在西部扩展不少。

与岷江上游的氐羌族系"蚕丛"东来同步，氐羌族的"邛笼"随之进入巴蜀。岷江上游多石，"邛笼"即前文所谓"蚕丛始居岷山石室中"之"石室"，是石砌的数层至十数层高的"碉楼"（见图4-1-2），与巢居相似，但其防御作用更加明显。邛笼随着蜀人的东进而逐渐由西蜀拓展至巴渝，如《后汉书·南蛮西南夷列传》所云："冉駹夷者……依山居止，累石为室，高者至十余丈，为邛笼。"其影响则远波黔滇乃至东南亚地区。

图4-1-2 碉楼和村寨

在生活习俗方面，蜀人与近邻巴人相似，如巴、蜀居民都喜好一种被中原民族称为"雒髻"或"椎髻"的独特发式。但蜀人的农业生产较巴人发达，故其文明也更加先进，较早跨入文明门槛。4 800~2 600年前，古蜀人就开创了被誉为"长江文明之源"的三星堆文化。广汉三星堆遗址是龙山时代到商代晚期的古国都城废墟，出土了大量不见于中国和世界其他地区的青铜像等高等级文物，其蕴含的历史信息不亚于二里头（夏文化）、殷墟（商文化）和周原遗址（周文化），代表一种与众不同的青铜文明（见图4-1-3）。三星堆遗址向世人展示了一个失落已久的森严古蜀城邦国家体系，显示了古蜀文化区的核心内容，昭示着古蜀城邦国家已然进入了典型建成的阶段。三星堆文化以土著成分为主，同时大量采借外来文化。其文化交流的对象不限于黄河流域和长江流域以及滇、越等区域的文化，甚至还汲取了古印度和中亚、西亚的文化养分。三星堆遗址大量出土的海贝、海洋生物青铜造像和象牙等带有浓厚西亚文化色彩的遗物，清晰说明，这里无疑是"南方丝绸之路"的起点。通过这条中西交通的古道，古蜀与缅甸、印巴乃至中西亚的众多古国实现联系，为中华文明的孕育增添了色彩。

为打通与中原的经济文化交流通道，古蜀人以其辛劳睿智，在重峦叠嶂的秦岭山地开凿出千里栈道。栈道的修建至迟在战国时期，《战国策·秦策》云："栈道千里，通于蜀汉。"栈道有土栈、石栈之分。土栈是在密林中开辟的通道。石栈的修建方法则是先在悬崖绝壁上用器物开凿出一些菱形深孔，再插入石桩或木梁等支撑物，上面再铺木板或石板，其工程难度远甚于土栈。为避免木梁或木板因雨淋而糟朽，古蜀人往往在栈道顶端搭建阁亭（挡雨的房亭），故栈道又可称为"栈阁"，如《后汉书·隗嚣传》李贤注所云："栈阁者，山路悬险，栈木为阁道。"秦灭蜀后，蜀与中原的交通建设进一步拓展，此后历代的开路与栈道工程也继续推进，最终形成了北、西、南3个方向，共计7条南北通道的"蜀道"交通系统，[①]将巴蜀文化与中原文化紧密地联系在一起。

[①] 自西向东，北线依次为陈仓道、褒斜道、傥骆道和子午道，南线依次为金牛道、米仓道、荔枝道。具体可参丁援、宋奕主编：《中国文化线路遗产》，上海：东方出版中心，2015年，第4—9页。

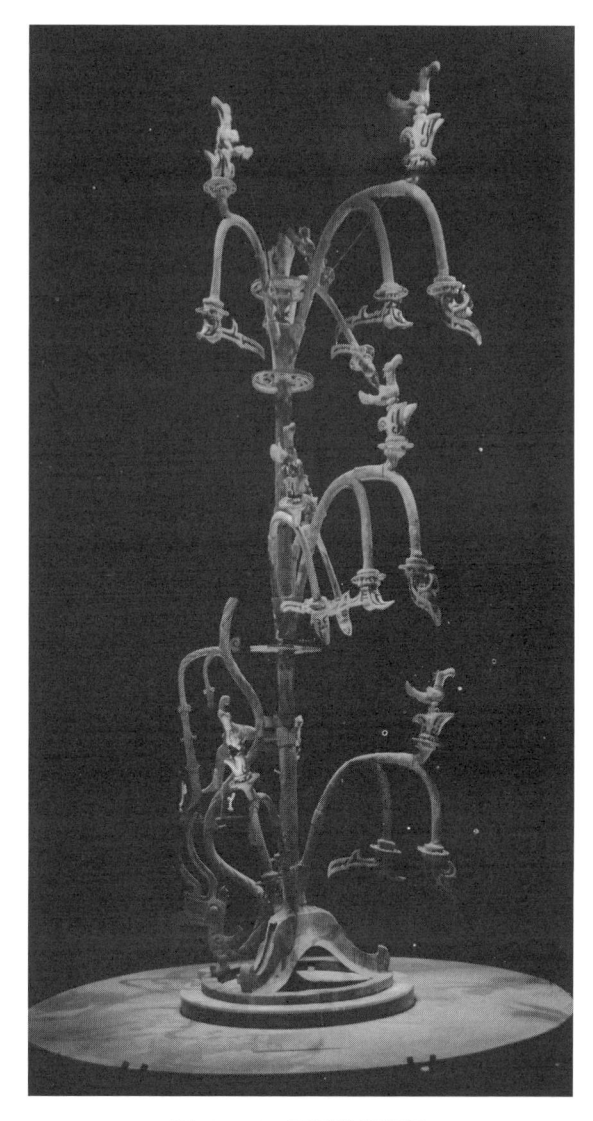

图 4-1-3　三星堆青铜树

（三）巴蜀的经营及其对关中的反哺

战国中后期秦人的到来，为巴蜀地区带来了强烈的社会冲击和先进的科技文化，当地经济文化出现了飞跃式发展。以《史记·河渠书》张守节《正义》引《括地志》"李冰斗江神"传说为例：

第四章　文化分区

《风俗通》云：秦昭王使李冰为蜀守，开成都县两江，溉田万顷。[江]神[岁]取女二人以为妇，冰自以女与神为婚，径至祠劝神酒，酒杯澹澹，因厉声责之，因忽不见。良久，有两苍牛斗于江岸，有间，[冰]还，流汗谓官属曰："吾斗疲极，不当相助耶？南向腰中正白者，我绶也。"主簿刺杀北面者，江神遂死。[37]

我们从此传说可以推断，在李冰修建都江堰之前，因水患频发，蜀地也盛行"江神娶妇"的野蛮迷信陋习，其情形当与西门豹治邺时所谓"河伯娶妇"相仿，即每年要将青年女子投入江中，以防"江神"发怒，从而平息水患。但随着都江堰的修建，这一陋习也应被废除，成都平原的农业生产则日益繁盛，奠定了成都"天府之国"的物质基础。都江堰地区的民众感念李冰治水之功，至今犹保留在春、冬两季演"斗牛戏"的风俗，以纪念李冰斗江神的胜利。[38]除此之外，李冰还带领蜀民疏浚河道，便利水运，整治水患，进一步开发盐井等。在秦国李冰等人的治理之下，巴蜀地区的社会生产大为发展，为秦汉两朝的一统天下提供了雄厚的人力和物力。

汉承秦制，巴蜀在中央王朝的悉心治理下，社会生产进一步发展。汉文帝时的蜀守文翁进一步完善了都江堰工程，汉廷还在都江堰设立专司水利的官员，都江堰的灌溉系统一直维护得很好，保障了成都平原的农业生产。西汉前期，巴蜀的粮食就曾赈济了全国的灾荒。比如，汉高祖时，"汉兴，接秦之弊，诸侯并起，民失作业，而大饥馑。凡米石五千，人相食，死者过半。高祖乃令民得卖子，就食蜀汉"[39]。汉武帝时，"山东被河灾，及岁不登数年，人或相食，方一二千里，……下巴蜀粟以振之"[40]。"元鼎二年（公元前115年）……水潦移于江南……方下巴蜀之粟致之江陵"[41]。

汉代以降，随着铁制农具的广泛应用，巴蜀地区的垦田效率大幅提升，耕地面积空前扩大。其田地的出产也更加高效、多样，除传统的黍稷外，还大量栽培水稻，进一步发掘盐泉，开展以柑橘为主的林木业，大力发展以丝织业为主的手工生产。至西晋时期，成都平原呈现一幅"沟洫脉散，疆里绮错。黍稷油油，粳稻莫莫。……栋宇相望，桑梓接连。家有盐泉之井，户有橘柚之园。……阛阓之里，伎巧之家。百室离房，机杼相和。贝锦斐成，濯色江波"[42]的繁盛景象。其中最具代表性的当属蜀锦的盛行。成都是秦汉时期的织锦中心。秦灭蜀后即在成都设置专司城内织锦业的锦官，故成都又得"锦官城"美名。蜀锦的精美早在西汉即有论述："尔乃其人，自造奇锦……转代无穷。其布则细都弱折，绵茧成衽，阿丽纤靡。"[43]成都锦江，即以濯锦而得名，"成都织锦既成，濯于江水，其文分明，胜于初成"[44]。

得益于社会经济的繁荣发展，汉代的巴蜀已经彻底摆脱了战国时期"西僻之国而戎翟之伦也"[45]的落后形象，一跃而为文人渊薮。汉初，蜀守文翁"见蜀地辟（僻）陋有蛮夷风"，故大力倡导教化，选派吏员赴京学习，并在蜀生学成取得"博士"资格回到蜀地后授予其教授和地方要职，以诱导蜀民向学。"乃选郡县小吏开敏有材者张叔等十余人亲自饬（敕）厉（励），遣诣京师，受业博士，或学律令。……数岁，蜀生皆成就还归，文翁以为右职，用次察举，官有至郡守刺史者。"[46]此外，文翁还在成都设立官学，并及于巴汉，巴蜀风气日趋文雅，久之，"（蜀中）学徒鳞萃，蜀学比于齐鲁。巴、汉亦立文学。孝景帝嘉之，令天下郡国皆立文学，因翁倡其教，蜀为之始也"[47]。由此"蜀学"称名于世，巴蜀成为引领全国官学发展风潮之源，其文化事业日益昌盛。"及司马相如游宦京师诸侯，以文辞显于世，乡党慕循其迹。后有王褒、严遵、扬雄之徒，文章冠天下。"[48]

东汉末年，中原战乱，相对安定的巴蜀一跃而为全国最富庶的地区，被诸葛亮喻为"天府之土"。[49]当时，刘备、诸葛亮继刘焉、刘璋之后，率大批中原士人入蜀，后又引进西北十余万流民及大批南方僚人，大大推动了巴蜀的经济社会与文化发展。可惜随之而来的三国两晋南北朝的动荡、纷争，令巴蜀社会发展长期停滞。但此阶段因蜀地较为封闭，故未染六朝骈文的靡丽文风和空疏玄学，反而坚守住了汉儒的务实学风。当时，如谯周之博学，范贤、卫元嵩之易学，陈寿《三国志》以及常璩《华阳国志》等皆闻名于世，深刻影响了易学的发展及正史、方志的修撰。

隋朝建立之后，隋文帝杨坚令杨素在川东练兵造船，后借巴蜀之力，迅速攻灭偏安一隅的陈朝，重新恢复了国家的统一。未几，隋朝灭亡，天下再入纷乱之局。李渊集团在攻陷长安之后，立即派兵攻占巴蜀，当时"天下饥乱，唯蜀中丰静"[50]，巴蜀粮食充足，可运往关中救荒。

唐朝草创之际，唐高祖李渊曾言："京师仓廪，军国资用，罄以恤民，便阙支拟。今岷、嶓款服，蜀、汉沃饶，闾里富于猗陶，菽粟同于水火。"[51]故其仿汉高祖故事，令关中饥民至蜀中就食。武德二年（619年），"太府少卿李袭誉运剑南之米，以实京师"[52]，直接从巴蜀地区运送稻米以缓解长安的粮食紧张局面。富饶的巴蜀之地，再度助中国归于一统。唐朝稳定局势之后，关中地区仍长期缺粮，李唐王朝仰赖蜀地源源不断的粮食供给，才开创了盛世局面。

唐朝建立之后，巴蜀经济再次飞速发展，重获"天府"之誉，尤以成都为盛。安史之乱时的唐玄宗和晚唐黄巢攻入潼关后的唐僖宗，都曾逃奔成都，即仰赖巴蜀府库之充盈。终唐一朝，成都皆为西南经济重心，滋养并回护着最后一个定都关中的中央王朝。

唐宋时期，巴蜀文坛臻于鼎盛。初唐陈子昂，开唐诗雄健奇伟之风。盛唐李白，将唐诗的豪迈推于极致的同时，还灌注了清新飘逸之风，博得"诗仙"之名。唐朝中后期的李鼎祚，汇集汉易35家成果，完成兼包象数义理、集汉易之大成的《周易集解》。巴蜀很可能是我国最早出现雕版印刷品的地区，国内现存最早的印刷品即在成都唐墓发掘的《陀罗尼经咒》，其印刷年代不迟于晚唐。

北宋时期，不同于其他地区因科举考试而导致的"学者犹袭五代文弊"的局面，巴蜀士人仍"通经学古，以西汉文词为宗师"[53]，其学风颇合中唐以来韩愈等人倡导的"古文运动"宗旨，以三苏（苏洵、苏轼、苏辙）为代表的"蜀学"与二程（程颢、程颐）"洛学"（理学）、王安石"新学"鼎足而立，共同构成了北宋学术的三大主流。及至南宋，蜀中再出张栻、魏了翁两大理学宗匠。张栻不但传衍了蜀学的道脉，还远赴湖南长沙，创办城南书院，开创"湖湘学派"，与朱熹、吕祖谦合称"东南三贤"。稍后的魏了翁推崇朱熹理学，著《九经要义》，积极宣扬理学，并以官员的身份为周敦颐和二程请得谥号，极大地提高了理学派的声望，为后世理学独尊地位的取得奠定了基础。

宋代是巴蜀文化的巅峰。据统计，宋代蜀籍宰相多达27人[54]；宋代巴蜀文献达2 500种以上，是此前巴蜀文献总和的两倍多；[55]宋代巴蜀词人的人数仅次于浙江、江西、福建、江苏和河南，居全国第六位，是巴蜀文人数量最多的时期。[56]宋末及明末，巴蜀地区的社会经济连遭摧残，文化趋于停滞，至清末才得以复兴。

20世纪初期，四川地区爆发"保路运动"。当地传统的士绅阶层，再次彰显其中流砥柱的作用。他们从农业社会和功名科举中裂变出来，成为城市化生活方式的带头人，实施了一系列文化改革，出台纪律和告示，保障民众的言论、出版和结社自由，用西方民主社会文化理论来指导巴蜀文化的现代化转型；发布告示废除清朝顶戴袍服，剪辫，禁止种鸦片和开烟馆，正风励俗，推动和倡导社会生活的现代化转型。在城市化精英士绅的引领下，民族、民主意识逐步深入市民社会，成为近代巴蜀文化的一个本质特征。[57]颇有狂放激进之风的巴蜀"城市化精英人士"[58]，接过了清廷仿行宪政"庶政公诸舆论"①的口号，领导了这场涉及经济、政治、文化和思想意识等多领域的综合运动，最终"引起中华革命先"②，促成了辛亥革命的到来和政治体制的重大变革，引领着巴蜀社会迈向早期现代化。

---

① 1906年9月，清廷发布《预备仿行宪政》的"上谕"，正式宣称"仿行宪政，大权统于朝廷，庶政公诸舆论"，从而拉开了清末宪政改革的序幕。详见故宫博物院明清档案部编：《清末筹备立宪档案史料》，北京：中华书局，1979年，第43—44页。
② 朱德：《辛亥革命杂咏》八首之六，李广生主编：《时代笔录·辛亥革命亲历亲闻》，天津：百花文艺出版社，2012年，第212页。原诗：群众争修铁路权，志同道合会全川，排山倒海人民力，引起中华革命先。

第二节

中游：荆楚文化、湖湘文化

一、荆楚文化

长江中游的楚人立国于商末周初，其渊源可上溯到上古传说时代的祝融、三苗。从文化形态学分析，它具有中原华夏文化与南部蛮夷文化杂交的鲜明特征。春秋战国时代是楚文化的鼎盛期，宏妙的哲思、奇瑰的文学、精美的手工工艺和独特的民俗领异标新，与其他区域文化交相辉映。随着楚国势力的扩张，开拓创新、兼容并包的荆楚文化不断从四周吸收文化养料，丰富自身并向外播散。春秋中期以降，荆楚文化强势东扩，深刻影响了江淮间蔡、徐、舒及江东吴越的文化面貌，长江中下游文化也由此得到初步整合与提升，初奠后世文化重心南移之根基。

荆楚文化的分布范围，大致在今湖北、湖南及河南、安徽、江西的部分地区。这里地处长江中游，江汉平原沃野千里，洞庭湖、鄱阳湖、洪湖等数以千计的大小湖泊星罗棋布，"鱼米之乡"的美誉由来已久。1993年和1995年先后在湖南道县玉蟾岩洞穴遗址发现的4粒1万年前的水稻，是已知世界上最早的栽培稻。先秦时期的楚人以江汉平原为中心逐步发展强大，雄霸南土，在春秋早期自立为王，在春秋中期一度问鼎中原，其文化也进入成熟期并独具特色。伴随楚人势力的扩张，荆楚文化向长江上下游、淮河流域、黄河流域甚至岭南地区广为播散，构成了中华文化之南支。

（一）概览

商末周初，祝融部落的后裔、芈姓荆人的酋长鬻熊，立国于荆山一带，建都丹阳（今湖北秭归）。其重孙熊绎在周成王时被封在楚蛮之地，立"楚"为国号，荆楚文化由此得名。

楚地是道家的发祥地。道家的始祖老子即"楚苦县厉乡曲仁里人也，姓李氏，名耳，字聃，周守藏室之史也"[59]。从地理环境看，"楚有江汉川泽山林之饶，……食物常足。故呰窳偷生，而亡积聚，饮食还给，不忧冻饿，亦亡千金之家"[60]。老子出身史官，知天下之变，又生活在不忧冻饿的楚地，故其学不汲汲于实际人生，而有兴致去探究宇宙之"道"。《庄子·天下》说："以本为精，以物为粗，以有积为不足，澹然独与神明居。古之道术有在于是者，关尹、老聃闻其风而悦之。建之以常无有，主之以太一。"这个"太一"，便是楚辞《九歌》所称的"东皇太一"，是楚人尊崇的神灵。老子将"太一"理念化，立为宇宙的本体，由此生发出一整套宏妙的哲理体系。

老子之学，后分为两支，一为庄子哲学，一为稷下精气说。在先秦诸子中，老子是第一个说明"人在自然界中具有重要地位"的人。"故道大，天大，地大，人亦大。域中有四大，而王居其一焉。"[61]不过，真正从人的本性的意义上突出个体的地位、个体的尊严、个体的价值的人，是庄子。春秋战国时代的物质文明在迅速发展，财富、享受、欲望与野心、权势同步增长，文明进步与道德沦丧的二律背反，越来越尖锐地刺激着思想家，生发出改变现状的种种主张。如果说儒家试图从调节人际关系入手，以阻止"世风日下"，那么道家，尤其是庄子，则从强调个体自身的价值入手，呼唤人性的复归。这种人性的复归，是要回到人所自来的原始社会，回到生命的本真状态。在这方面，老子还只是向往着"小国寡民"，而庄子要更彻底地回到"民知其母，不知其父，与麋鹿共处，耕而食，织而衣，无有相害之心"[62]的原始时代。

稷下精气说在楚地的代表是屈原。正值稷下学宫兴盛之时，屈原两次出使齐国，接受了稷下精气说。精气，是指一种精灵细微的物质，它"下生五谷，上为列星。流于天地之间，谓之鬼神；藏于胸中，谓之圣人"[63]。

屈原在《离骚》中说："跪敷衽以陈辞兮，耿吾既得此中正。""中正"，就是精气、正气。这种精气、正气具体体现为屈原忧国忧民的热烈情怀和疾恶如仇的刚烈品格。《离骚》终于演成自沉汨罗的千古悲剧。

楚文化瑰丽神奇的文学，主要成就在庄子的散文和屈原的诗歌。浪漫主义是他们的共同特色。刘师培曾做出如此分析：

> 大抵北方之地土厚水深，民生其间，多尚实际。南方之地水势浩洋，民生其际，多尚虚无。民崇实际，故所著之文不外记事析理二端。民尚虚无，故所作之文或为言志抒情之体。[64]

楚地山川迤逦，民族混杂；楚国的历史，充满了蒙昧与文明、忠贞与奸邪的争斗；社会色彩斑斓，生活节奏明快。这都有助于文学浪漫主义风格的形成。《庄子》三十三篇，恰如多彩的画卷。鲲鹏击水，扶摇而上九万里；神人"乘云气，御飞龙，而游乎四海之外"。其幽远的意境，奇特的想象，变幻莫测的章法，汪洋恣肆的文笔，实为中国文学浪漫主义的经典之作。屈原的诗歌，素为诗家推崇。刘勰论道：

> 观其骨鲠所树，肌肤所附，虽取熔经意，亦自铸伟辞。故《骚经》《九章》，朗丽以哀志；《九歌》《九辩》，绮靡以伤情；《远游》《天问》，瑰诡而惠巧；《招魂》《大招》，耀艳而深华；《卜居》标放言之致，《渔父》寄独往之才。故能气往轹古，辞来切今，惊采绝艳，难与并能矣。[65]

屈原诗歌高洁的品格、炽烈的情感、驰骋的想象、宏阔的结构和一咏三叹的节奏，开创了独领风骚的"楚辞"文体，为后世文人才子所追捧。

楚文化巧夺天工的工艺，主要有青铜冶铸、丝织和髹漆。鄂东铜绿山铜矿，是我国现已发现的青铜绿山铜年代最早、规模最大的古铜矿，其采掘年代开始于西周，春秋战国时代是其极盛期。考古发掘表明，当时楚人已经掌握了铜矿的勘探、竖井巷道施工、矿井排水、选矿、冶炼的全套技术。据该遗址的炉渣总量推算，红铜产量高达十万吨左右。1978年，湖北随州擂鼓墩出土一套青铜编钟，系分范合铸制作，形制精确，纹饰细密。其音质之纯厚、音色之优美、音阶之准确以及半音的设置，都表明了楚人完备的乐理知识与精湛的青铜工艺的绝妙结合。

楚人缫丝织帛，稍晚于吴越，但其制造工艺呈后来居上之势。1982年，湖北江陵马山一号墓出土了大量丝织品，按织造方法和组织结构，其有绢、绨、纱、罗、绮、锦、绦、组8类，几乎包括了先秦时期全部的丝织物品种。其中21件还施以刺绣，皆以龙和凤鸟为主题，辅以草叶、枝蔓、花卉和几何纹等不同花纹，纹样华丽，充满神秘色彩。马山一号墓出土的丝织物最能代表楚国丝绸文化的高超技艺与审美趣味，其数量之多、品种之全、色泽花纹之丰富以及织造技术之精美都令人称奇，马山一号墓因此被誉为先秦的地下"丝绸宝库"。

楚国发达的丝绸生产能力和高超的织造技术，催生了具有浓厚楚文化特色的帛书和帛画。1949年，在长沙陈家大山楚墓出土的《人物龙凤帛画》，是我国发现时代最早、保存最完整的人物肖像画之一。其构图简洁、意境深远，尤其是龙凤的动态渲染和人物的静态刻画对比强烈，极具艺术张力。1973年出土的长沙子弹库楚帛画——《龙凤人物御龙帛画》更是轰动一时，名扬中外。此外，在江陵马山一号墓及其他楚墓中也多有帛画出土，这说明在战国时期，楚国人已经开始使用丝帛这一物理品性优良的丝织品作为绘画材质。楚人的这一传统被长江流域的历代画家继承，东晋顾恺之的绢本《女史箴图》、宋代文同的绢本《墨竹图》、元代赵孟頫的绢本《浴马图》等精品诞生，为中华丝绸文化史书写了浓墨重彩的篇章。

楚地盛产生漆，楚人制作的漆器类别繁多、美观轻巧、经久耐用。楚人将漆涂在木、竹、夹纻、积竹、革、藤制作的胎骨上，制成类别繁多、应用极广的形形色色的漆器，包括家具、容器、卧具、乐器、兵器、葬具及装饰品。漆器美观轻巧、经久耐用，给楚人的生活带来了极大的方便。楚文化圈内的曾侯乙墓，天星观一、二号墓，包山二号墓，望山一、二号墓，藤店一号墓等大、中、小型楚墓中均有大量漆器。其中以在江陵、信阳、长沙等战国楚墓出土的20多件虎座凤架鼓最具代表性。虎座凤架鼓以对称背向而卧的双虎为底座、双凤为鼓架，双虎、双凤栩栩如生，极具野性实感。鼓身以黑漆为底，线条流畅的红、黄、黑三色精致彩绘为装饰，极大渲染了木鼓的神秘主义色彩，似能沟通天人。

楚人有独特的风俗，认为自己是日神的后裔、火神的嫡嗣，所以方位尚东、服色尚赤。楚人在北方华夏和南方蛮夷的夹缝中建立自己的政权，创造出自己的文化，艰苦卓绝，历经劫难，因而拥有强烈的民族意识和尚武精神。爱国、忠君、念祖，在楚地蔚然成风。对先祖功业的极度崇敬和深切缅怀，导致楚人对神、鬼的奉祀虔诚至极。不论在宫廷还是民间，"淫祀"之风极盛。与此相关联，巫在楚人心目中的地位，也远高于春秋时代的其他民族。观射父对楚昭王说："民之精爽不携贰者，而又能齐肃衷正，其智能上下比义，其圣能光远宣朗，其明能光照之，其聪能听彻之，如是则明神降之，在男曰觋，在女曰巫。"[66] 这正是楚人崇巫的心理自白。

（二）播散

荆楚文化的源头并不单一。6 000~4 000年前，长江中游地区就兴起了石家河文化，不过在其末段，日益强盛的中原文化南下，阻断了长江中游地区的独立发展道路，大量中原文化因素的介入，从根本上改变了当地文化结构，使当地文化逐渐转为中原夏商文化的一个地方变体。商末周初，从中原南下的祝融部落后裔芈姓荆人在荆山一带立国。因荆人先民长期与华夏先民交往，其文化带有明显的中原因素，此后又长期与当地楚蛮、百濮等土著居民共处，故荆文化又兼采部分长江中游楚蛮文化因素。至西周时期，周人南下，设立"汉阳诸姬"以控扼楚国。在二者的长期对抗与交流过程中，荆人又吸收了大量的周文化因素，与南下的"汉阳诸姬"、江汉土著居民共同创造了早期荆楚文化。

春秋早期，强大起来的楚国占据了早期荆楚文化的主导地位，进一步吸收中原文化并融合江汉本土文化因子，荆楚文化脱胎换骨，构建起以礼乐文明为核心、兼采蛮夷之俗的完整文化体系，其文明程度在长江流域、黄河流域独树一帜。随着楚国势力的扩张，开拓创新、兼容并包的荆楚文化不断从四周吸收文化养料，丰富自身并向外播散。

汉阳诸姬原属周文化系统，但西周末期以来，逐渐屈从楚人日益强大的军力，最终归入了荆楚文化的范畴。春秋以降，方兴未艾的荆楚文化向四周辐射。向北，荆楚文化依托汉水及其支流，进入中原礼乐文明的两大核心区——关中平原和南阳盆地，与中原文化相融，共同创造了庄穆典雅而又不失活泼灵动的华夏文化；向东，荆楚文化伴随楚国疆域的东扩而深刻影响着淮河中下游的淮夷和长江中下游的吴越等文化；向西，荆楚文化大量输入近邻巴地，并由此传入蜀中；向南，楚人大举入湘，与当地濮人、越人长期融合，形成南楚人，创造了辉煌灿烂的南楚文化。

相较而言，荆楚文化辐射方向以北、东为主。春秋早期，楚人致力于北上与中原诸侯相抗，但先后受阻于齐、晋两霸，故春秋中期以后，楚国疆土的主要增长点日渐转向东方。江淮地区的蔡、舒、徐等国首当其冲，不断遭受楚国的军事打击，荆楚文化也随之而来，深刻改变着当地文化的面貌。

蔡国是地处淮河中上游的姬姓诸侯国，是楚人东扩的必经之路，文化较早楚化。公元前5世纪前期的蔡昭侯墓的随葬礼器组合已与大型楚墓的随葬品相同。青铜器群纹饰多为蟠屈细密的"蟠虺纹"，与淅川下寺楚墓的青铜纹饰如出一辙，这是楚式青铜器装饰艺术的突出特点。此外，蔡昭侯墓随葬品还有大量楚式纹饰风格的漆器。在控制蔡国之后，楚人继续沿淮河东进，到达淮河中游的群舒和下游的徐国，至春秋后期征服群舒。自此，群舒的土著文化色彩逐渐消失，荆楚文化取而代之。就考古发掘而言，春秋晚期，群舒原本的折肩鬲被楚式鬲取代，楚人的白膏泥葬俗和漆器也已传入。几乎与此同时，青铜文化颇为发达的徐国也明显楚化，淮河流域由此被全面纳入荆楚文化圈。

春秋晚期以降，楚与长江下游南岸的吴、越两国接触日益频繁，荆楚文化、吴越文化相互交融。其中，以太湖流域为核心的吴国，得益于长江的通道作用，更早受到荆楚文化的影响。春秋晚期吴墓的葬俗和出土文物，已深深打上了楚文化的烙印。吴地原本盛行的平地起家、不施葬具的土墩墓逐渐消失，取而代之的是深挖的墓坑和逐渐增多的葬具，棺椁周围也开始出现极具荆楚文化特色的青膏泥和白膏泥，随葬的青铜器种类及其组合也日益楚化。而相对地，吴墓封土起冢的葬俗也深刻影响着楚墓，本不启封的楚墓在战国时期也普遍出现了封土堆。在文化的双向影响之下，楚国与吴地（或吴故地）的葬俗日渐趋同。

越国文化的楚化进程稍晚于吴国，但也大抵自春秋晚期始，当时极富越国特色的土墩墓和石室土墩墓已逐渐被楚式竖穴土坑木椁墓取代。不过，由于越政权的长期存在，故相较于江淮地区，春秋晚期至战国前中期的吴、越国墓葬仍旧保留较多的土著文化因素，并未全盘楚化。战国后期，楚国击垮越国，进占吴故地之大部，加之后来楚都东迁，尤其是第二次东迁至寿春之后，残楚兵锋东移，楚国终于实现了对江淮间土地的有效管控，并进一步占据长江南岸大片土地，故吴所在的江东地区有大批楚人迁入，当地文化的楚化进程明显加速。

文化交流具有双向性，在荆楚文化对吴越展开强势渗透的同时，吴越文化也为荆楚文化注入大量新鲜血液。吴越地区先进的造船、水利、冶铸等技术的西传让楚国国力迅速增强。三足外撇的越式鼎对楚式附耳罐形鼎的形制演变产生了较大影响。吴式刻纹铜器、越式靴形铜钺以及勾鑃、镈于等极富吴越特色的乐器也逐渐在楚国本土流行开来。除此之外，吴越的发饰与面饰、龙蛇崇拜等也深刻影响了楚人的服饰、信仰观念与艺术创作。

春秋晚期至战国晚期，楚与吴、越对峙近400年，故江淮一带及故吴越地正如《汉书·地理志》所云："本吴、粤（越）与楚接比，数相并兼，故民俗略同。"由此可见，战国晚期的荆楚文化，博采江淮间蔡、徐、舒及江东吴越文化之精华，显示出更加博大的胸襟和多姿绚烂的面貌，当时的长江中下游文化也由此得到初步整合与提升，初奠后世经济文化重心南移的文化根基。

（三）流变

公元前278年，秦将白起拔郢，楚人东迁，故楚核心区被秦人占领。当地楚文化虽然顽强，但也难逃秦文化的改造乃至取代。秦末乱世，以刘邦为首的楚人集团最终胜出，荆楚文化由此稍兴，其某些个性逐渐升格为汉文化的共性，如尊奉太一、以东为尊、崇巫好祠以及脱胎于楚辞的汉赋等。但为维护天下一统的政治局面，西汉王朝沿袭秦制，荆楚文化遂渐融于汉文化的海洋，成为长江中游的区域文化。

汉武帝罢黜百家独尊儒术之后，儒学迅速在荆楚大地广为传播。至东汉中后期，儒学已经在荆楚北部和内地郡都县城取得正统地位。东汉后期，中原纷乱，荆州地区仍保持安定局面，北方士人纷纷南来，州治襄阳一度成为全国学术的中心，荆楚文化盛极一时。此后，魏、蜀、吴三方鏖兵荆州，当地人口外徙，文坛沉寂，荆楚文化式微。三国末期，荆州南阳人何晏融合儒家思想和荆楚道家思想，开创了魏晋时代极为盛行的崇尚"义理"思辨的玄学，以"有无""性情""形神"等范畴取代了此前的儒学主流"天人"，成为中国中古哲学的基本范畴，也为佛教的传播提供了契机。东晋时期，北僧道安南下襄阳，为适应当地的玄学风气，他开始将佛教义理化、玄学化，通过此后儒释道的几次论战，本土儒家哲学更具思辨性，佛教也日益中国化，这大大加速了儒释道融合的进程。

西晋永嘉乱后，北人南迁，荆楚地区农业复兴，荆楚文化大量吸收中原文化因子，日渐昌明。同时，南北对峙带来的荆楚地区行政体制和区划变动，也极大地加强了荆楚部分地区与邻近地域的文化交流与融合。魏晋以后，襄阳文风再兴，奢靡之风沉渣泛起，"信鬼神，好淫祀"的楚风遗韵依然浓烈。

公元755年，北方爆发安史之乱，北人再度大规模南迁，荆楚再得中原养分，荆楚文化再次复兴，两湖地区学风日浓，诗风日炽。儒释道展开新一轮大融合，荆楚成为佛学重镇，中国化的佛教——禅宗在荆楚地区影响极大。稍后，先后谪居荆楚的韩愈、柳宗元、刘禹锡三大文豪提出了"道统"理论及"天"无人格意志等主张，在荆楚地区开拓了新儒学，这成为宋代理学之滥觞。

随着宋代中国经济重心南移的完成，荆楚文化加速发展，儒释道进一步融合产生理学，湖湘学派成为理学著名流派。南宋初年，张栻主管岳麓书院教事，从学者达数千人，湖湘学派形成规模，原本是荆楚文化一支的湖湘文化由此开始蓬勃发展。

元朝时期，蒙古统治者对汉族士大夫多有猜忌，崇佛道而非儒学。学而优者多不能仕，只得退而讲学，故书院大兴，仅湖北就有23所书院。[67]当地书院教育较宋代有了长足发展——从鄂东、江汉平原一带扩展至鄂西北地区，程朱理学在荆楚地区绵延不绝。与此同时，在统治者的鼓励下，道教和佛教也在荆楚大地上迅速兴起，武昌的长春观和洪山寺皆建于此时。

进入明朝，湖北除原本开发基础较好的鄂北岗地之外，江汉平原出现了适宜平原水网地带开发的垸田和沙田等形式，湖北耕地面积激增，粮食产量大幅提高。"湖广熟，天下足"的谚语至迟在弘治年间（1488—1505年）已经出现，湖广取代苏湖，成为全国重要的商品粮生产基地。[68]与此同时，湖北的商品流通也日益活跃。明中期以后，汉口依托江汉便利水运迅速兴起，成为全国性的商品集散地，至清初已得"天下四聚"[①]之名。而随着商品经济的发展和商业市镇的崛起，明清两湖地区的民风再度趋于奢靡。

伴随经济的日炽，明清两湖地区的各种文化思潮风起云涌。继宋代湖南的湖湘学派之后，晚明湖北也诞生了鄂东泰州学派。鄂东学派是陆王心学泰州学派继续向左发展的支系，其代表李贽深受王阳明左派及佛学影响，公开以异端自居，抨击程朱理学，反对"咸以孔子之是非为是非"，不认可等级制度，反对男尊女卑、重农抑商，提出"童心说"（童心即真心，是指切实的思想情感），将陆王心学发展到了逻辑终点。其"童心说"得到公安派的实践，"公安三袁"之首的袁宏道提出"独抒性灵，不拘格套"[69]的创作主张，反对复古派末流的拟古之风，以启蒙主义为文艺理论的哲学基础，对晚明文学产生了深远影响。明末清初，隐居湖南衡阳石船山的王夫之潜心著述，全面深化了儒学的理论思维，完成了儒学的思辨性改造，将中国传统哲学推向顶峰，成为宋明理学的终结者，促进了明清之际早期启蒙思潮的高涨。

此外，明清时期的大规模移民活动（湖广填四川和江西填湖广）的

---

①（清）刘献廷：《广阳杂记》卷4："汉口不特为楚省咽喉，而云、贵、四川、湖南、广西、陕西、河南、江西之货，皆由此焉转输，虽欲不雄天下，不可得也。天下有四聚，北则京师，南则佛山，东则苏州，西则汉口。然东海之滨，苏州而外，更有芜湖、扬州、江宁、杭州以分其势，西则惟汉口耳。"

开展和商品经济的发展，大大增强了两湖地区的人口流动，形成"五方杂集"之局。荆楚民众遂在顽强延续其"信鬼神，好淫祀"的风俗之外，还以开阔包容的胸怀来吸收各地传来的文化，比如，汉口"杂有吴、越、川、广之风焉"[70]，两湖的民间文艺日趋丰富多彩，汉剧正是在这一氛围下融合发展而成的。

（四）近代转型

荆楚文化的近代转型正式起步于第二次鸦片战争之后，迟东南沿海约20年，但较之北方和西部又呈"捷足先登"之势，在中国近代文化格局里处于第二梯级位置。

第二次鸦片战争期间签订的中英《天津条约》规定，新增9处通商口岸，汉口为其中之一。虽然当时长江中下游是太平军与清军拉锯激战之地，汉口开埠还不现实，但英国人已急不可耐，于1858年派出军舰。军舰从上海出发，穿过太平军控制区，12月驶抵汉口。英国官员窥察武汉三镇，并会见湖广总督官文。1861年3月初，英国官员、商人乘轮船到武汉，再见官文，提出通商要求。3月中旬，英国驻华参赞巴夏礼、海军提督贺布率军舰4艘来汉，面晤官文，与湖北官府签订《英国汉口租界条款》，这便是"汉口开埠"之始。随后，英国第一任驻汉口领事来汉，继之法国也在汉口设立领事馆，英、法、美、俄、德等国商人接踵而至。以俄商1863年在汉口开办顺丰洋行为开端，外国资本陆续在武汉设立使用机器的工厂，此为荆楚大地近代工业的端绪。1862年1月，江汉关设立，总汇对外贸易税务。自此，汉口逐步成长为水陆交通枢纽、华中最大的货物集散地，"货到汉口活"的说法广为流传，武汉三镇"九省总汇之通衢"的功能得到充分发挥，带动了长江中游商品经济及近代工商业的发展。到19世纪末20世纪初，汉口的对外贸易额居全国第二，"驾乎津门，直追沪上"。这样的经济土壤培植了近代文教事业，武汉三镇逐渐成为华中地区的文化中心。总之，19世纪60年代初汉口开埠，是荆楚社会及文化近代转型的正式起点。这正昭示了荆楚文化近代转型的外铄性特色。

荆楚文化近代转型的又一重要特色是官府的主动性，政府行为是转型的先导性动力。张之洞任湖广总督近20年，通过兴实业、办文教、练新军，使湖北从一个中等发展水平的内地省份迅速跃升为中国近代化进程的排头兵。张之洞治鄂期间，修筑芦汉铁路、兴办汉阳铁厂、湖北枪炮厂、纱布丝麻四局，操练湖北新军，在全国一领风骚。在文教领域，张之洞为"兴学求才"而大举更革，其书院改制、创建新学堂、大规模派遣学生赴日，都走在全国前列，湖北成为文教先进省，张之洞也因此以"知学"而闻名天下，遂有1903年应诏赴京厘定学堂章程之行，成为中国第一个得以实施的近代教育大纲"癸卯学制"的实际主修者，而这一学制的先期试验地便是湖北。

从洋务运动末期（19世纪90年代）到清末新政（20世纪前10年）的20年间的湖北文教兴革是荆楚文化近代转型的直接导因。近代文化的载体——近代知识分子的成长，都与这一新学堂兴办及留学生出洋热潮相关。由张之洞推动的湖北文教兴革，使这个较封闭的华中省份一跃而为人才辈出之处。古来即流传"唯楚有材"之说，但它指的是先秦，汉唐以迄明清的湖北，其实并非人才茂盛之区。梁启超《近代学风之地理的分布》一文指出"湖北为交通最便之区而学者无闻"，又说"湖北为四战之区，商旅之所辐集，学者希焉"。这是对清末以前湖北人才情形的概括。然而，时至清末民初，湖北，特别是鄂东骤然英才并起，群星璀璨。仅以鄂东一隅言之，20世纪上半叶成长起来的文化巨匠便有哲学家熊十力（黄冈人）、地质学家李四光（黄冈人）、政治史家兼经济学家王亚南（黄冈人）、思想家殷海光（黄冈人）、文字学家黄侃（蕲春人）、文学家胡风（蕲春人）、诗人兼学者闻一多（浠水人）、思想家徐复观（浠水人）、思想史家汤用彤（黄梅人）等。

湖北近现代人文荟萃，直接动因无疑是张之洞督鄂期间的文教兴革，清末民初的新知识分子都是从此间的改制书院及新式学堂中走出来的。两湖书院走出了革命家黄兴、法学家张知本、教育家张继煦、方志学家王葆心；湖北武备学堂走出了吴禄贞、蓝天蔚；黄侃由张之洞资助官费，留学日本早稻田大学；闻一多曾就读两湖师范附属小学，后留学美国……如果说曾国藩及其湘军把湖南三湘子弟带上了全国的舞台，那么，张之洞开办的新学堂及大规模派遣学生留学，则使湖北学子从传统士人变为新知识分子，登上了中国乃至世界的文化殿堂。

在古代，中国文化传播的大体走势是自西北而东南，这种转移肇始于周秦之际，展开于两晋，完成于两宋。至近代，文化传播的基本方向正好相反：自东南而西北。这是因为，中国较早迎受西方近代文明、得风气之先的地区是广东、福建、江苏、浙江，东南沿海最先涌现一批"睁眼看世界"并进而"向西方求真理"的人物，比如，福建的林则徐、严复，广东的洪秀全、洪仁玕、郑观应、康有为、梁启超、孙中山、何启，江苏的冯桂芬、王韬、马建忠、张謇，等等。与这些人物的出现互为因果，近代工商业、近代文教和近代政治运动，也在东南沿海和海外华侨社会发轫，并以锐不可当之势向内地推进，形成自南而北、自东而西的运动方向。

同东南沿海相比，近代北方和西北较为封闭、落后，而长江中游诸省，尤其是湖北、湖南（"楚地"），正处在较开化的东南与较守旧的西北的中间地带，借用气象学语言，这里恰是湿而暖的东南风与干而冷的西北风交汇的"锋面"，乍暖乍寒，忽晴忽雨。如果说整个近现代中国都卷入了"古今一大变革之会也"，那么两湖地区更处在风云际会之处。诚如清末鄂籍留日学生所说，近代湖北是"吾国最重最要之地，必为竞争最剧最烈之场"，而"竞争最剧最烈之场，将为文明最盛最著之地"。[71] 这并非虚夸之论，武汉在20世纪初崛起为仅次于上海的工商业中心，继之成为辛亥革命首义之区、大革命心脏地带。而这种时代的风云际会，又养育了湖北学子的深沉哲思，为荆楚大地染上了古典与现代交织的瑰丽色彩。比如，熊十力早年投身辛亥革命，又目睹民国政治的腐败，退而论学，穷究天人，完成整合儒释之大建构，对中国现代哲学有重要贡献；又如，闻一多兼涉文史，其新诗蕴涵格律诗韵致，其楚辞、《诗经》研究借助芝加哥社会学派方法，熔铸古今、会通中西，展现了转型时代学人的风范，昭示了现代荆楚文化的独特魅力。

二、湖湘文化

从广义上讲,湖湘文化可算作荆楚文化的一个分支。楚人虽立国于长江以北的江汉平原一带,但春秋初期,其势力已扩展至长江以南;春秋中晚期,其势力进入湘江下游和湘中;春秋战国之交,其势力已进入湘南。楚人在三湘大地开拓经营达500年之久,早已将当地文化纳入自身的文化体系,创造了光辉灿烂的南楚文化,我们至今仍可从湖南各地发掘的8000余座楚墓所出土的数万件随葬器物中窥见一斑。

现代意义上的湖湘文化直接肇端于北宋的儒学复兴运动。北宋中期,湖南人周敦颐打破孔孟之后道统的千年幽暗,率先阐发心性义理之学,成为"道学宗主"。首先,他沿着"出入于释老"而"反求诸六经"的路数,以道教《太极先天之图》与陈抟的《无极图》为主要依据,又参照佛教的《阿黎耶识图》,并融会了自古相传的阴阳、五行、动静等观念,构制了《太极图说》,建立了"无极"→"太极"→"阴阳"→"五行"→"男女"→"万物"的宇宙图式,并从中导出"圣人定之以中正仁义而主静"的结论,从而为理学的发展奠定了方向,以后的理学诸子在修养论上从未离开过"主静""窒欲"这条路径。其次,在《通书》中,周敦颐依据《易》与《中庸》之论,以"诚"为最高道德伦理境界,更进一步将《太极图说》中的宇宙图式与"诚"→"几"(善几、恶几)→"德"(爱、宜、理、通、守,仁、义、礼、智、信)的伦理范畴连起来,诚如朱熹所言:"《通书》一部,皆是解《太极说》。这道理,自一而二,二而五,如'诚无为,几善恶,德'……便配着太极阴阳五行,须是子细看。"[72]这显示了理学借释道宇宙论、认识论的理论成果构造伦理哲学的基本趋向。

随后,周敦颐的弟子,来自湖北的二程兄弟(程颐、程颢)[①],在构筑自身思想体系时,也十分注意从释、道思想中吸收精粹。二程所构制出来的"不为尧存,不为桀亡",超越万物,永恒存在的精神本体——"天理",直接取鉴于禅宗的真如佛性。二程所言的"一物之理即万物之理",承袭

---

① 二程兄弟出生地为淮南西路黄州黄陂县(今湖北省武汉市黄陂区),可参见李银安:《程颢、程颐出生地考》,《长江论坛》2006年第1期。

于华严宗的"理事说"。在修养途径上，程颐主张："有欲屏去思虑，患其纷乱，则是须坐禅入定。……人心不能不交感万物，难为使之不思虑，若欲免此，惟是心有主。如何为主？敬而已矣……所谓敬者，主一之谓敬。所谓一者，无适之谓一。"[73]这种摒弃外物干扰，使心中空寂无适，进而豁然贯通，体认"天理"，完善自我的修养论，与禅宗主张的不读经，不苦行，"以清净恬虚为禅定"，寻求顿悟入佛的修炼方式如出一辙。在人性论上，程颐所言"才禀于气。气有清浊，禀其清者为贤，禀其浊者为愚"[74]，又与唐末道士杜光庭所鼓吹的"得清明冲朗之气，为圣为贤；得浊滞烦昧之气，为愚为贱"[75]之论极为相似。由此可知，二程是充分吸取释、道思想精粹，融合三家，方体贴出"天理"，并进而构造出包括自然观、认识论、人性论在内的完整思想体系的。

至两宋之交，"靖康乱离，中原陆沉，学者云集，荆湖独盛"[76]。避居湖南的胡安国、胡宏父子积极传播理学，因其思想在湖南成形，且主要在湖南传播，故其所创之学被朱熹称为"湖南学"或"湖湘学"。清初黄宗羲著《宋元学案》，正式将湖湘学称作"湖湘学派"。

稍后，胡宏的弟子张栻在潭州（今湖南省长沙市）创办城南书院，往来主讲岳麓、城南两大书院，从学者达数千人，其中见于经传者即有数十人，这极大地扩展了湖湘学的理学思想体系和学派规模。朱熹、吕祖谦等硕学鸿儒都曾与之切磋学术，获得其很高的评价。张栻作为湖湘学派的代表人物与集大成者，与朱熹、吕祖谦并称"东南三贤"。湖湘文化自此踏上了相对独立的发展道路，即使在南宋后期及元、明朱熹理学隆盛的时代，湖南学人仍然确立了朱张并称的湖湘理学学统。

有别于一般理学家们空谈性理而不切实际的空疏学术，湖湘学派关心政治，关注民生，着眼于社会发展的思想资源，形成将性理哲学的探讨和经世致用结合起来的治学传统。其经世致用的学风在湖南士人中代代相传，成为一股流淌过宋明理学和清代汉学的清流。

晚清时期，面对西学东渐的浪潮，湖湘文化仍保持自身的固有特色，但又不失时机地吸收西方近代学术。鸦片战争结束后不久（1842年），邵阳人魏源编写了《海国图志》一书，广泛征引中外古今著述、史志和评论，详细介绍了英、俄、美、西班牙等90个国家的历史地理知识，还附上了西洋船炮器艺图式和各种地图，提出了"师夷长技以制夷"的口号，成为中国倡言学习西方的第一人。魏源的主张后来得到湘军领袖曾国藩、左宗棠等中兴之臣的首肯，并被付诸实践。他们开始创办近代工厂，设立翻译馆翻译西方科技书籍，兴建新式学堂和派遣留学生以培养洋务人才，从而拉开了洋务运动的帷幕。此后，谭嗣同、陈天华等改革志士以及一大批革命家，在近代中国的社会与文化转型过程中发挥了重要作用。

第三节

下游：赣皖文化、吴越文化

一、赣皖文化

长江中下游之交的安徽、江西两省，尤其是江西北部和安徽南部，自古即为"吴头楚尾"之地，属典型的亚文化地带，其文化面貌至今仍是近江浙界者像吴越，近湘鄂界者似荆湘，早期文化面貌则更加模糊，难以界定。因两地自然条件与人文环境相近，从长江流域文化区域划分的角度考量，我们可将其归并为赣皖文化区。

相较而言，赣文化形成特色的时间较早。魏晋南北朝时北人大规模南渡，"江州人士并好经学"[77]，江西文化氛围渐浓，庐山还成为与建康齐名的儒释道文化交流中心。唐初，王勃登滕王阁并作序，可见当地社会文化已颇有崛起之势。安史之乱后，北方社会动荡不安，而江西洪、吉诸州"既完且富"[78]，大量北方移民前来避难。五代十国时期，南唐在白鹿洞办庐山国学，"自江南北，为学者争凑焉，常不下数百人"[79]，当时全国官学废绝，而江西书院大兴，全国的文化重心已向此倾斜。

入宋以后，江西北部州县文风大盛，书院林立，数量与质量均居全国之首。据光绪《江西通志》统计，北宋时期，江西共创办了54所书院，培养了大批人才，其中包括1 700多位进士。江西士子在科举考试方面异军突起，在宋、元、明三代，江西科举取士人数均列全国前五之内。但太过执着于科举考试，也束缚了江西文化事业的发展。南宋时期，江西学人抵制了浙东"事功"学派的传入，明清时期又遏制了科学技术，故江西文化经历宋、元、明的辉煌之后，自明末以后陷入低潮。

南宋时期，随着最后一波北人南渡浪潮的推动和本地书院教育的进一步普及（共开办 82 所书院），江西的经济文化趋于顶峰。当时的江西书院，如白鹿洞、象山、白鹭洲等著名书院，既是科举人才的渊薮，又是宣扬与传承学术的阵地。朱熹通过在白鹿洞书院讲学、与陆九渊等人论道，进一步完善并广泛传播理学思想。宋代江西在理学隆盛的同时，农业和手工业也得到了很大发展，尤其是以景德镇为代表的制瓷业崛起，其成为全国瓷业中心，江西的瓷文化有了质的飞跃。此外，宋代江西的采矿业和冶铸业也十分发达，成为铜矿开采及铜钱铸造基地。加之江西以鄱阳湖为中心的水陆交通十分便利，其商贸活动也越发兴盛，江右商帮通过鄱阳湖、长江干支流及大运河，广泛深入全国各大市镇，与晋商、徽商鼎足而立。

明代中期，王守仁（自号"阳明子"）完成龙场悟道之后，曾至江西庐陵任知县，虽仅 6 个月，然"为政不事威刑，唯以开导人心为本"[80]，开始将其学术思想应用于行政实践当中。此后，王学（又称"阳明学""心学"）播扬天下，其后学尤以"江右王门"特盛，在《明儒学案》中所占篇幅最大（9 卷），所列学者也最多（27 人），故黄宗羲认为，王阳明一生精神在江右。规模盛大的"江右王门"的形成，被称为赣文化的最后一个高峰。另据《明史》有关儒林、文苑的记载，当时全国著名儒生有 115 人，其中江西即有 35 人。明末以降，江西地域文化的保守性日渐抬头，抑制了其文化的交融性与开创性，盛极一时的赣文化日趋黯淡，因长期受到邻近地区文化的影响而削弱了自身文化的个性。

安徽地处江淮交汇（一度还包括黄河）的交通要道，也易受邻近区域文化的浸染，其文化更加多元，在漫长的历史长河中，安徽文化的重心逐渐由北向南转移，形成了各具特色的淮河、皖江和徽州三个文化圈。其中淮河文化圈位于淮河沿岸及淮北地区，多受黄河文化影响，此不赘述。

皖江地区一般是指长江流域安庆段两岸，主要包括沿江平原和皖西山区，唐宋以来，随着中国经济重心的转移，当地文风日趋兴盛。其文化中心位于安庆和桐城，清代由方苞、刘大櫆、姚鼐等人开创的"桐城派"是清代文坛上最大的散文流派，清末中兴名臣曾国藩亦为该派后学。桐城派以方苞倡导古文"义法"为标志，故又称"桐城古文派"，主张义理、考据、辞章合一，堪称对中国古代文论的精辟总结。方苞的经世思想为桐城派后学所继承，并自晚清以来为姚鼐及其门徒所光大，由"经世"推进为"济时"，他们开始关注西方，学习西学，表现出了文化自省的可贵精神。第二次鸦片战争之后，随着安庆内军械所的创立、芜湖的开埠和安庆成为外轮停泊码头，皖江地区又成为近代工业化的急先锋，这进一步助长了皖江人经世致用的观念，从而令皖江文化在近代迸发出强大的生命力，催生了李鸿章、刘铭传等晚清治世能臣，以及后来的新文化运动领袖、中国共产党的创始人之一、早期主要领导人陈独秀，深刻影响了中华文化的近代走势。

徽州古称"歙州""新安"，于宋徽宗宣和三年（1121年）更名，地处皖、浙、赣三省交界，其行政区划在宋、元、明、清时期基本保持稳定，这为其文化体系的形成和发展提供了较好的条件。徽州最初为浙江省雏形——浙江西路的一部分，原为一府六县（见图4-3-1），辛亥革命后废府留县，今其地域分属江西、安徽两省，由此可知其文化来源之广博。

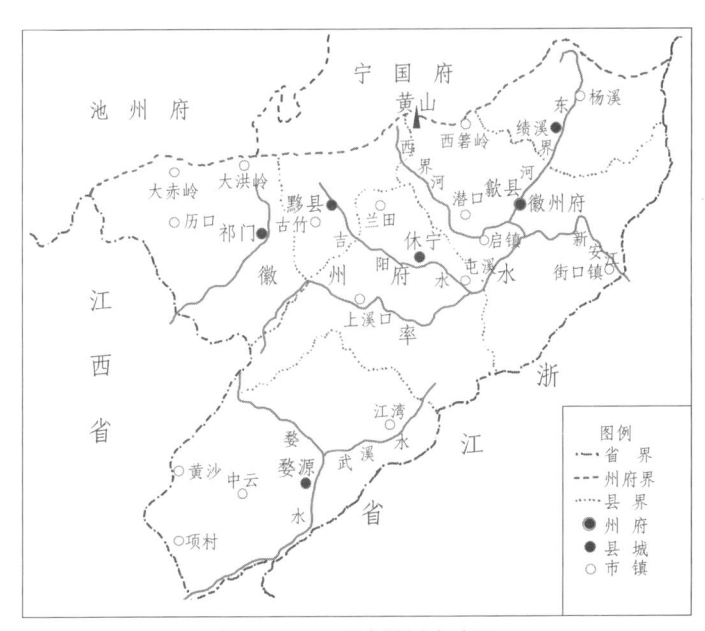

图4-3-1 明清徽州府略图

徽州多山，不产粮，但林木茂盛，茶园广布，每年有大批粮食经由新安江水系运至徽州，而当地木材和茶叶等特产也可经此外运，故当地自古有经商传统，最终诞生了与晋商齐名的徽商。徽商至迟在明代早中期即已形成，成化年间（1465—1487年）开始经营盐业，并挫败山陕商人，开创了徽商的黄金时代，创造了"无徽不成镇"的商业奇迹。直至清代后期改革盐政，推行"票法"，以经营盐业为中心的徽商才趋于没落。

在崇尚商业的徽州，其文化教育并不落后，反而极大调和了传统的儒贾对立观念。徽州人在经商之余，不忘积极参与科举考试，读书之风甚盛，多有科考得中者。据学者统计，明代徽州有文进士452人，占全国的1.82%。清代徽州有文进士684人，占全国的2.55%。清代满汉合榜状元共有112人（不计2名满状元），徽州本籍和寄籍状元竟达19人（本籍4人和寄籍15人）之多，占全国的17%。因"科名最盛"，故明清徽州多有"连科三殿撰，十里四翰林""兄弟九进士、四尚书者，一榜十九进士者"等一系列科举佳话。[81]与此同时，徽州还涌现了江永、戴震、俞正燮、凌廷堪等一大批硕学鸿儒，开创了重视理论和学术方法的徽派朴学，深刻影响了近现代文化。而深受程朱理学浸染的众多徽州世家大族也积极参与经商，明清徽州宗族势力也因商业活动的成功而日渐强大。

嘉靖十五年（1536年），明朝允许品官之家设立家庙，此后，徽州众多有品官的世家大族纷纷不遗余力地大兴宗祠。在徽商雄厚财力的支持下，徽州的宗族支派越分越多，祠堂随之越建越多。大量高规格的徽州祠堂保存至今，成为徽派建筑的重要代表（与民居、牌坊一起，被称为"徽州古建三绝"）。与之共同保留至今的尚有徽州人慎终追远、孝悌、勤谨和崇文重教的家风。

二、吴越文化

长江下游的吴越文化，肇端于新石器时代的河姆渡文化（距今7 000年）和良渚文化（距今5 300年），史前文化发达。吴越地区气候温和，土地肥沃，水网密布，雨量丰沛。春秋战国时代，吴越地区的水稻种植水平已相当发达，出现瓷器的始祖釉陶，并成为丝绸之乡。吴越的青铜戈剑铸造技术堪称绝技，其民好勇轻死，两国相继崛起，称霸诸侯。战国后期，楚国击溃越国。百余年后，秦并百越，吴越文化全部融入中华文化的海洋。

（一）发展历程

春秋战国时期的吴越地区，地理范围大致包括今天的江苏、浙江、上海、安徽南部和江西东北部地区。吴越地区是我国稻作农业的发源地。当地并生的吴文化和越文化，分别由句吴和于越两族创造。句吴即吴，于越①即越，二者皆为"百越"②分支。其中，句吴最早分布在今江苏省和安徽省南部、浙江省北部一带，与于越在太湖东南一带错居。早期于越则以会稽（今浙江省绍兴市）为中心。

史书记载和考古资料已经证明，商末周人所奔之吴在今江苏省宁镇地区。南下的周文化与当地的湖熟文化③不断融合，形成了后来的吴文化。偏南的越文化也开始受到中原文化的影响。西周建立后，越人还曾主动向周王朝朝贡。④至春秋晚期，吴国建都姑苏（今江苏省苏州市），越国建都会稽（今浙江省绍兴市）⑤。两国间连绵不断的争霸战争，使本即具有亲属关系的吴文化和越文化进一步融合，形成独具特色的东南沿海区域文化。

周人的南下，为吴地带来了中原地区先进的耕作、筑城、铸造等技术和礼乐文明。吴国逐渐摆脱了落后的面貌，至春秋中期，"寿梦立而吴始益大，称王"[82]，并与晋国取得联系。于是，晋国派遣巫臣前来教授吴人射箭乘车之术，吴人习得了中原常见的车战技艺，军力大增。至寿梦孙光统治时期，吴国实力更加强大。伍子胥受命建造了阖闾大城，有陆门八

---

① 又称"於越""大越""内越"。
② 百越广泛分布在我国东南部、南部及越南北部地区。《汉书·地理志》颜师古注引臣瓒曰："自交趾至会稽七八千里，百粤杂处，各有种姓。"
③ 湖熟文化兴起于商代前期，属青铜器文化。
④ 今本《竹书纪年》："（周成王二十四年）於越来宾。"
⑤ 勾践即位后迁都平阳（今温州市平阳县）。

座、水门八座，大城内套小城，规模宏大，奠定了今日苏州城的规模。此后，吴国在晋国的支持下，屡次攻打宿敌楚国以疲敝之。公元前506年，吴军一举攻破楚都郢，险些灭掉楚国，吴国的势力达到顶峰。但不久后，吴国内乱，秦国又派兵助楚，吴军只得撤回。

吴国成为新霸之际，原本依附吴国的越国也悄然强大起来，与楚国结盟。在此次吴伐楚期间，越国趁机偷袭吴国，摆脱了吴国的控制，拉开了吴越争霸的序幕。在两国争霸初期，吴国一度吞并越国。但此后勾践卧薪尝胆、奋发图强，终于使国力再度强大。

公元前473年，越灭吴，越国领土扩展至淮河以北，勾践成为春秋时期的最后一位霸主。战国中期以后，越国逐渐衰微。公元前334年，楚国击败越国，杀其王无疆，吞并吴国故地，越人由此败散，不复一统，"越以此散，诸族子争立，或为王，或为君，滨于江南海上，服朝于楚"[83]。公元前222年，秦始皇派大将王翦灭楚，"定荆江南地，降越君，置会稽郡"[84]，大部分越地归中央王朝统治。秦灭六国之后，秦始皇又发兵数十万攻打百越，艰苦激战五六年，将闽浙与两广土地纳入秦版图，吴越文化由此全部融入中华文化的海洋。

（二）文化面貌

吴越地区气候、土地、水利等自然条件适合农业文明的发展。与中原以粟、麦种植为主的旱作农业不同，春秋战国时期吴越地区的水稻种植已达较高水平。稻作文化是吴越文化的一个重要组成部分，中日学者普遍认为日本的稻作文化源自中国的吴越地区。在7 000多年前的河姆渡文化时期，吴越先民已成功培植了籼稻。在2 000年后的马家浜文化遗址中又出土了不少稻谷实物。经鉴定可知，马家浜先民已普遍种植籼、粳两种稻。蛋白质含量较高、耐压性较好的粳稻的出现，是稻谷栽培史上的重要里程碑。至春秋时期，吴越地区的稻谷产量极大，甚至"十年不收于国，民俱有三年之食"[85]，"饭稻羹鱼"[86]是吴越饮食文化的最大特色。

农业发达的吴越地区，当时已出现了瓷器的始祖釉陶。吴越之民皆用陶制炊具蒸煮做饭，所不同者：吴人以鬲为主，而越人多用鼎。以浙江绍兴漓渚战国墓为例，其出土的陶瓷器中硬陶占总数的 50.7%，原始瓷占 46.8%，[87] 比例相当之高，其器物形制仿照当时的青铜礼器，器形规整，胎质细密，厚薄均匀，全系轮制，釉的厚薄适中，质量已接近东汉晚期的标准青瓷。

"干（吴）越生葛绤"[88]，吴越先民善织葛布。春秋晚期越国败时，勾践曾进贡夫差葛布十万匹，可见当时吴越地区的葛布产量已相当可观。汉代以降，吴越出产的瓷器、丝绸和茶叶成为海上丝绸之路的重要货品，中国文化也通过吴越这一重要窗口向其他国家和地区，尤其是日本列岛、朝鲜半岛和东南亚扩散。

春秋时期，吴越地区青铜戈剑的铸造技术亦堪称绝技。1965 年出土的越王勾践剑，纹样精致，装饰华丽，历经两千余年岁月侵蚀，至今犹寒光闪闪，锋利无比，足见吴越之剑"肉试则断牛马，金试则截盘匜"[89] 的记载并非溢美之词。此外，吴国铸剑师还打造了著名的兵刃干将、莫邪和吴王夫差矛，越国的欧冶子也锻造了鱼肠、磐郢、湛卢等名剑。锐利的青铜戈剑成为吴越两国迅速崛起的重要因素，同时也反映了吴越之民刚毅彪悍、好勇轻死的民族性格，史载"越人相攻，固其俗然"[90]，"吴、粤（越）之君皆好勇，故其民至今好用剑，轻死易发"[91]。吴越在作战时，往往挑选死士冲锋陷阵。越王勾践甚至还遣出死士到吴军阵前大呼并集体自杀，以扰乱吴军视线，动摇吴军作战的勇气。之后，越军趁机袭击，一举击溃吴军。"越王句（勾）践使死士挑战，三行，至吴陈，呼而自刭。吴师观之，越因袭击吴师，吴师败于檇李。"[92] 后来，吴王夫差也效法勾践，以死士自刭来显耀军威。据《国语·吴语》载，吴晋黄池会后，两军对阵，晋使董褐至吴军，即将告辞之际，"王称左畸曰：'摄少司马兹与王士五人，坐于王前。'乃皆进。自刭于客前以酬客"。此举令晋人大为惊骇，促成吴王夫差力压晋君，成为春秋新霸。

这种好勇轻死的民族性格，除与"地深昧而多水险"[93] 的恶劣自然环境有关之外，也与吴越地区浓郁的巫鬼原始宗教崇拜有关。史载"越人俗鬼"，"祠天神上帝百鬼"，[94]"越人信礼"[95]。汉代时，越巫闻名天下，汉武帝即"迷于鬼神，尤信越巫"[96]。及至隋唐之世，吴越之人仍"信鬼神，好淫祀"[97]。时至今日，吴越之地依旧香火鼎盛，地方戏中也多有对活无常和地狱阴间、阎罗小鬼的刻画。在这种浓厚的原始宗教氛围熏染之下，吴越先民自会有今生修业、来生转世之类的观念，极易养成好勇轻死的民族性格。

在风俗习惯方面，吴越地区也形成了鲜明的地域特点。吴越之人盛行"剪发文身，错臂左衽"[98]。1974 年，湖南长沙战国楚墓出土了几件吴越风格的文物，其中一件人形柄匕首上的人像，呈现的就是袖子在左手腕处打结、腰间系短裙的形象，[99]印证了史料所载吴越之人"错臂左衽"的穿衣习俗。

吴越先民对人体的装饰远胜中原之人，不但喜欢剪短头发，做各种发式，还喜欢用针刺皮肤，画出龙纹。这一方面大约是源于远古氏族时代的图腾崇拜，"越人以箴刺皮为龙文，所以为尊荣之也"[100]；另一方面也是出于现实的功利目的，吴越之民"常在水中，故断其发，文其身，以象龙子，故不见伤害也"[101]。此外，吴越俗好"雕题黑齿"[102]，即以丹青雕绘其额，把牙齿染成黑色，这都是中原所无的人体装饰艺术，表现了吴越先民独特的宗教信仰和审美情趣。

吴越潮湿多水，当地先民多住干栏居；河网密布，其交通工具以舟为主，越人"以船为车，以楫为马"[103]，吴越水师强大，成为其争霸的利器。吴国为更好地发挥水上优势，屡屡修建运河，最著名者有二：一则吴王阖闾为西征楚国，命伍子胥开凿"胥溪"，令吴都姑苏与太湖、长江相连；二则公元前 486 年，吴王夫差为北上伐齐，开凿邗沟，连通江淮，此为后世大运河之滥觞。公元前 485 年，吴国水师还跨海攻打齐国。越灭吴后，越王勾践迁都琅琊，也是依仗强大的水师。后世击败曹魏的吴国水师，七下西洋的郑和船队，近代的江南造船厂，都是吴越之民善造舟船传统的延续。

春秋战国时期，吴越文化虽深受中原文化影响，但总体仍可算作夷越文化。其语言独树一帜，近邻楚人都听不懂。比如，《说苑·善说》记载楚令尹鄂君子皙泛舟而听越歌，不解其意，"吾不知越歌，子试为我楚说之"。战国中后期，楚国击溃越国后，楚文化大规模涌入，两种文化相互交融，渐趋一致。秦汉时期，经中原移民的进一步涌入和中央王朝的长期治理，吴越文化逐渐成为中华文化的一个区域类型。

（三）雅致化·现代化先驱

先秦时期的吴越文化面貌粗犷，好勇轻死，"剪发文身"，属夷越文化体系，与华夏主流文化差别较大，经战国中后期楚国部分占领后的文化输入，及秦汉统一王朝的移民与治理，其文化面貌逐渐改易，融入中华文化的海洋。

秦灭六国后，公元前210年，秦始皇上会稽山，祭祀大禹，刻石立碑，其言以宣明教化、匡正民风为意，"饰省宣义，有子而嫁，倍死不贞。防隔内外，禁止淫泆，男女絜诚。夫为寄豭，杀之无罪，男秉义程。妻为逃嫁，子不得母，咸化廉清。大治濯俗，天下承风，蒙被休经。皆遵度轨，和安敦勉，莫不顺令"[104]。在中央王朝的教化之下，吴越地区的礼教观念逐渐兴起，朴拙的民俗也逐渐趋向中原的雅致之风。至西汉中期，越文化在考古学文化上的主要标志印纹陶，古越族特有的乐器勾鑃，以及"剪发文身"的习俗都已在吴越故地消失。吴越的语言也受到华夏语的强烈冲击，最终在魏晋南北朝时期演变成一种汉语方言——吴语。

汉代吴越地区各郡县官员多由南下的中原士人担任，经累世发展，其子孙渐成吴越大姓。比如，三国时期在猇亭之战中击败刘备的陆逊，其先祖为西汉时中原士族陆烈，南下任吴县令，其后代遂发展为"江东大族"。西汉中期以后，吴越地区开始使用铁质农具，农业生产有所发展。两汉之交，天下纷乱，避居吴越者颇多，这极大地推动了吴越社会和文化的发展，"时天下新定，道路未通，避乱江南者皆未还中土，会稽颇称多士"[105]。东汉末年，吴越地区作为东吴的统治核心区，一大批中原精英依附在孙氏集团周围，吴越经济文化再获助力。

东晋时期，中原朝廷迁至吴越地区，大批北人南下，规模远胜从前。南下的中原士族带来了玄学和清谈之风，早期吴越的尚武逞勇之风逐渐被南渡士族的精致典雅文化取代。而由于人口的骤然增加，人多地少的矛盾凸显，吴越地区的农业生产方式因之由粗放转向精细，这也极大地改变了吴越民众的生活方式和思维方式，成为吴越文化趋于精致的另一个重要原因。

六朝时期，道教在吴越地区广泛传播，改变了当地的原始宗教信仰。东晋时期，浙东沿海的孙恩、卢循起义，他们打着道教旗号，沉重打击了腐朽的门阀势力，为南朝寒族的崛起铺平了道路。与此同时，佛教也在吴越地区兴起，儒释道开始合流，谈玄说妙，蔚然成风，这扩充了中国思想的内涵，而吴越民风也渐趋平和、雅致。

随着隋唐的再度统一，吴越文化与中原文化进一步交流和融合，经济文化重心南移的趋势日益明显。安史之乱以后，中国的经济重心移至江南，吴越地区的社会经济迅速发展。唐末五代时期，江南仍保持相对稳定繁荣的局面，其文化发展的势头不减。以南唐后主李煜为代表，吴越地区涌现出一大批艺术人才。北宋时期，两浙路晋升为首富之区，当时全国每年漕粮600万石，两浙路即占1/4。伴随经济的繁荣和社会的安定，吴越地区的人口迅速增长，至北宋崇宁元年（1102年），全国共有20 264 307户，其中两浙路有1 975 041户，占全国总户数的9.7%，居全国诸路之首。[106]

据统计，《宋史》"列传"所载人物共计548人，其中浙江有136人，福建有88人，吴越故地共计224人，占总数的40.88%；《宋史》"道学""儒学"传所载人物共计45人，其中浙江有14人，福建有11人，吴越故地共计25人，占总数的55.56%；宋代陆续有65人担任宰相，其中浙江有22人，福建有8人，吴越故地共计30人，占总数的46.15%；两宋共有502位词人可称著名，其中浙江有138人，福建有63人，吴越故地共计201人，占总数的40.04%；两宋共涌现了222位闻名于世的画家，其中浙江有69人，福建有15人，吴越故地共计84人，占总数的37.84%。[107]宋代的吴越地区，尤其是南宋时期浙江的人才之盛，居于绝对压倒的优势，正如南宋大儒陈亮所言："钱塘终始五代，被兵最少，而二百年之间，人物日以繁盛，遂甲于东南。"[108]

随着吴越社会的长期繁荣稳定、人口剧增、文化昌明，教育之风大兴，书院林立，尤以中原朝廷再次南渡的南宋时期为盛。吕祖谦的丽泽书院成为浙东学派的代表，浙东学派在与程朱理学的对抗中又分化发展为金华、永嘉和永康三大学派鼎足而立的局面，每一学派皆以书院为传播自身学术思想的阵地，吴越学术盛极一时。吴越地区深厚的儒学积淀，还对陆九渊心学的创立产生了重要影响。随着书院的兴盛，刻书业和藏书业也日渐繁盛，书院对学术思想的传播和文献的保存都起到了极大的推动作用。

伴随江南文化的日趋繁盛和宋室的南迁，吴越地区兴建了沧浪亭、吴兴园等一大批素雅灵巧的园林，北方园林的领先地位也开始动摇。偏居临安的南宋经济发达，城市繁荣，茶肆林立，曲艺兴盛，临安（杭州）已完全取代了中原地区的开封，成为全国的政治、经济、文化重心。

元灭宋期间，吴越地区所遭破坏较轻，故元代江浙行省仍为全国农业最发达的地区，吴越文化仍继续向精致化方向发展。至明清时期，吴越已成为中国的学术、文化、艺术、娱乐中心。

明朝大力推广棉、麻、桑等经济作物的种植，作为明初与首都南京近在咫尺的吴越地区，其棉、麻、桑的种植面积迅速扩大，苏州、松江、杭州、嘉兴和湖州一带成为中心地区。在当时的吴越农村，蚕桑棉花业已取代粮食种植，成为主业。农民把生产的丝、棉产品投入市场，换回所需的粮食和生产资料。于是，邻近农村的交通要道上出现了大量桑市、蚕市、丝市、棉市和米市等草市甚至固定的集市，其中部分还发展成为市镇。

市镇经济的繁盛和市民阶层的壮大，催生了光彩夺目的市民文艺，其中最重要的标志是通俗小说的大量涌现。通俗小说由宋代的平话、元代的戏曲舞台文学发展演变而来，打破了汉赋、唐诗、宋词等文体的形式束缚，着眼于描写世俗生活，故更能牵动市民读者的情感。明代末年出现了短篇小说繁荣的局面，吴越文人冯梦龙的"三言"和凌濛初的"二拍"是其突出代表。至清代乾隆年间，吴越白话小说日臻成熟，吴敬梓的《儒林外史》和曹雪芹的《红楼梦》，都与吴越文化有着千丝万缕的关系。

吴敬梓出生于安徽滁州全椒县（地属吴越文化区），后又移居江苏南京秦淮河畔，是一个地地道道的吴越文人，他创作的《儒林外史》是中国讽刺文学的代表。明清时期，经济繁荣、教育发达的吴越地区成为进士的重要输出地。据统计，"明清两代每7个进士，就有一个以上出自江南"[109]。

"科考名次江南人最为显赫,明代状元近 1/4 和清代状元半数以上出自江南,榜眼、探花更不在少数,三鼎甲往往为江南人囊括。"[110] 吴越文人作为当时科场角逐的能手,必然也是科场闹剧的主要演员,《儒林外史》中讽刺的主要对象就是科举制度下很多吴越文人的丑态。

曹雪芹的曾祖父曹玺、祖父曹寅、父亲曹颙、叔父曹頫,三代四人接连担任江宁织造之职达 60 年之久,专司为皇家在江南采买丝绸等物资,深得清帝信任。康熙 6 次南巡,曹寅接驾 4 次,"以织造府为行宫"[111]。曹寅是江南士林领袖,曹雪芹出生在这样一个权势隆盛、文气逼人的江南大家族中,早已被深深打上了吴越文化的烙印,即使后来迁居北京,家道中落,但其幼时的生活仍给予其足够的写作素材。最终,曹雪芹以自己的早年生活为原型,创作了温柔、细腻、典雅的千古名著——《红楼梦》,它堪称吴越文化的标本。

近代以来,生活在鸦片战争主战场的吴越人民较早感到了西方近代文明的巨大威胁,认识到自身的不足,开始向西方学习。一大批近代工厂在吴越拔地而起,这极大地拓宽了吴越民众的眼界,为中国文化的近代转型拉开了序幕。这股向西方学习的浪潮,逐渐由东南沿海的吴越地区扩展至全国。在学习西方先进技术的同时,吴越的先进人士也开始学习西方文化。在学习和传播西学方面,吴越地区的上海与宁波两个通商口岸的成就最为突出。随着全国经济重心和南方文化重心逐渐向上海转移,根植于吴越文化的"海派文化"愈益被人们接受和吸纳。

所谓"海派文化"是上海开埠以来本土的吴越文化、在沪的中国其他省市文化与西方文化交融而成的一种多元复合文化,极具近代性与都市性。上海开埠后,大量外国传教士涌入,他们大规模兴办学校,促进了上海教育事业的近代化。大量外国书刊的进入,引发了上海出版业的兴起和竞争。繁荣的经济和多元的文化构成,促进了上海大众文化的蓬勃发展,电影、戏剧、饮食、体育、科技等领域都取得了长足的进步。苏南浙北的大批移民携吴越文化的温柔典雅而来,各色各样的外国闯滩者则带来了新鲜的海外文化因子。上海以宽容的姿态包容着各种文化,它们在数十年中碰撞、交融。最终在 20 世纪 20 年代北京作家的笔下,中西结合的上海文化被冠以了"海派"的称呼。因为在"京派"正统文人看来,"海派"无疑是叛逆的、标新立异的。正如民国上海著名记者、作家曹聚仁恰如其分的生动点评:"京派不妨说是古典的,海派也不妨说是浪漫的;京派如大家闺秀,海派则如摩登女郎。"[112]

20世纪二三十年代以来,脱胎于吴越文化的更加开放的海派文化,在传统与外来、精英与通俗之间,找到了一个微妙的平衡点。锐意进取、兼收并蓄成为海派文化的精髓,这充分体现在上海文化的方方面面。比如,海派文学将都市与乡土、现代与传统、俗与雅惊人地混杂在一起,多元共存的海派文学精神形成了。再如,海派京剧发端于清末民初的京剧改良运动,至20世纪40年代已经形成了自己的艺术特色。与京派京剧相同,海派京剧在表演的基本特征上也讲求艺术化的虚拟、写意与夸张,所不同者,海派京剧更加贴近生活的真实,有着鲜明的地域特点和时代特色。

植根吴越、借鉴欧美的海派文化,是近代中国文化开放包容的突出代表。随着20世纪20年代大革命的风起云涌,丁玲、巴金、潘汉年等时髦作家以上海为题材,创造了革命的海派文学。而在五四新文化运动中成长起来的女作家张爱玲,则有意识地摆脱了新文学引领的西化腔调,综合吸收上海各种破碎的"乡土气"的养分,独创以都市民间文化为主体的海派小说文学,找到了传统与现代、乡土与都市的平衡点,帮助新兴的海派文化继续在开放、驳杂、多元的道路上从容前行。改革开放以来,日益被时代精神感召的海派文化展示出更博大的胸襟和更自觉的主动性,正在更广阔的历史舞台上引领着中国经济的发展、社会的进步以及文化的自信,成为中国乃至世界多元文化中一面特色鲜明的旗帜。

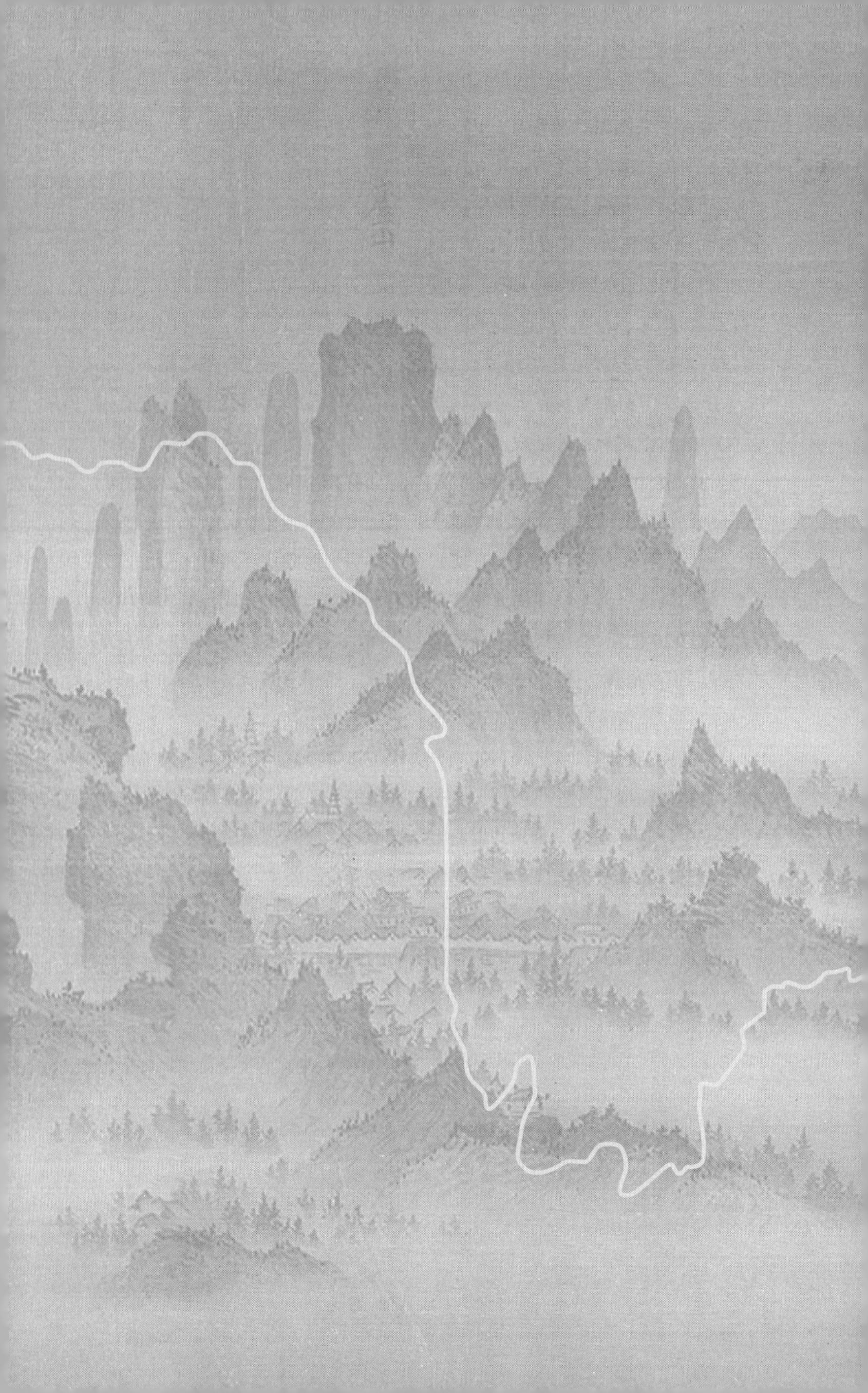

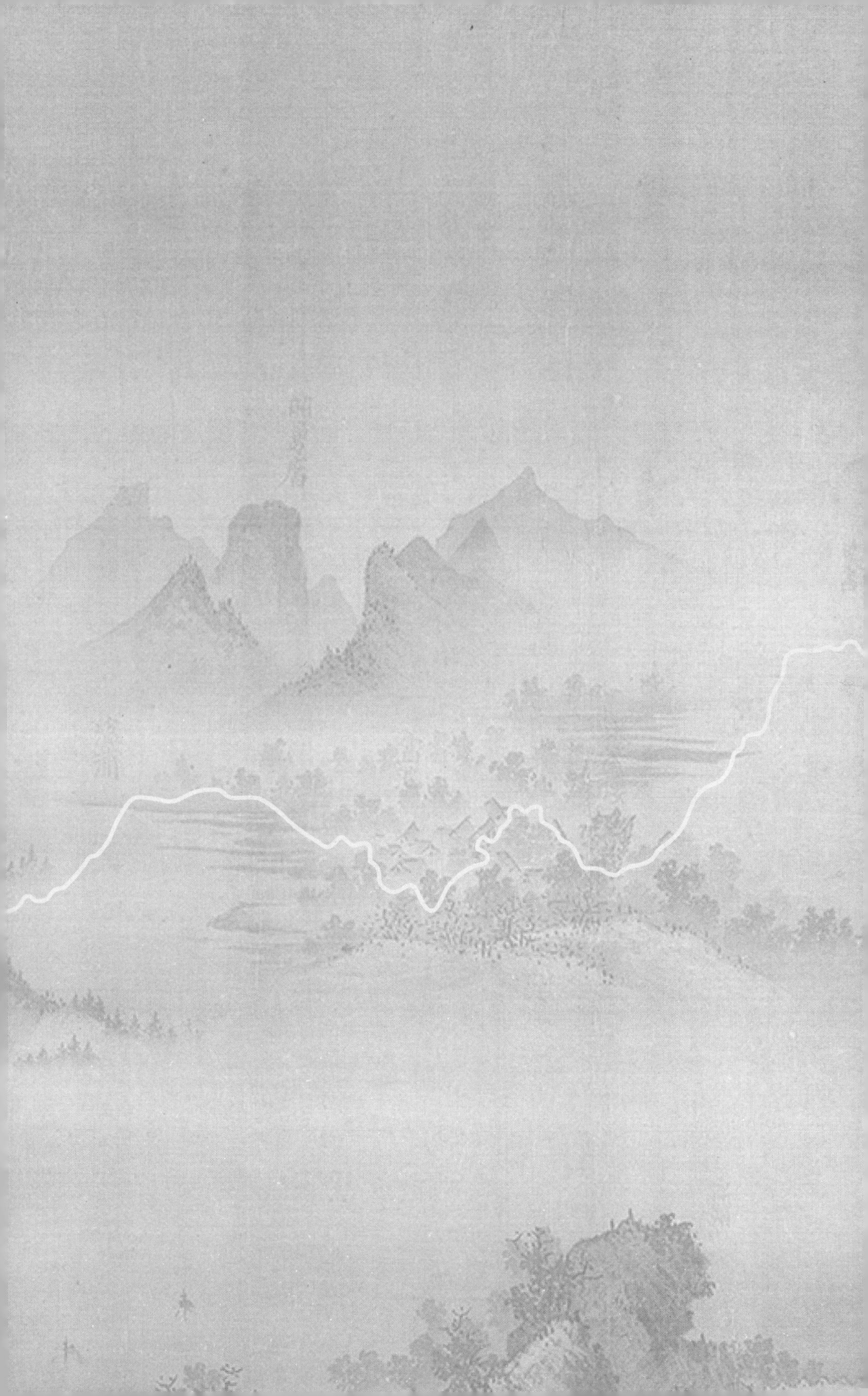

图1 长江源头——唐古拉山脉各拉丹冬雪山姜根迪如冰川

图 2　青藏高原腹地，长江源区，纵横交错的辫状水系

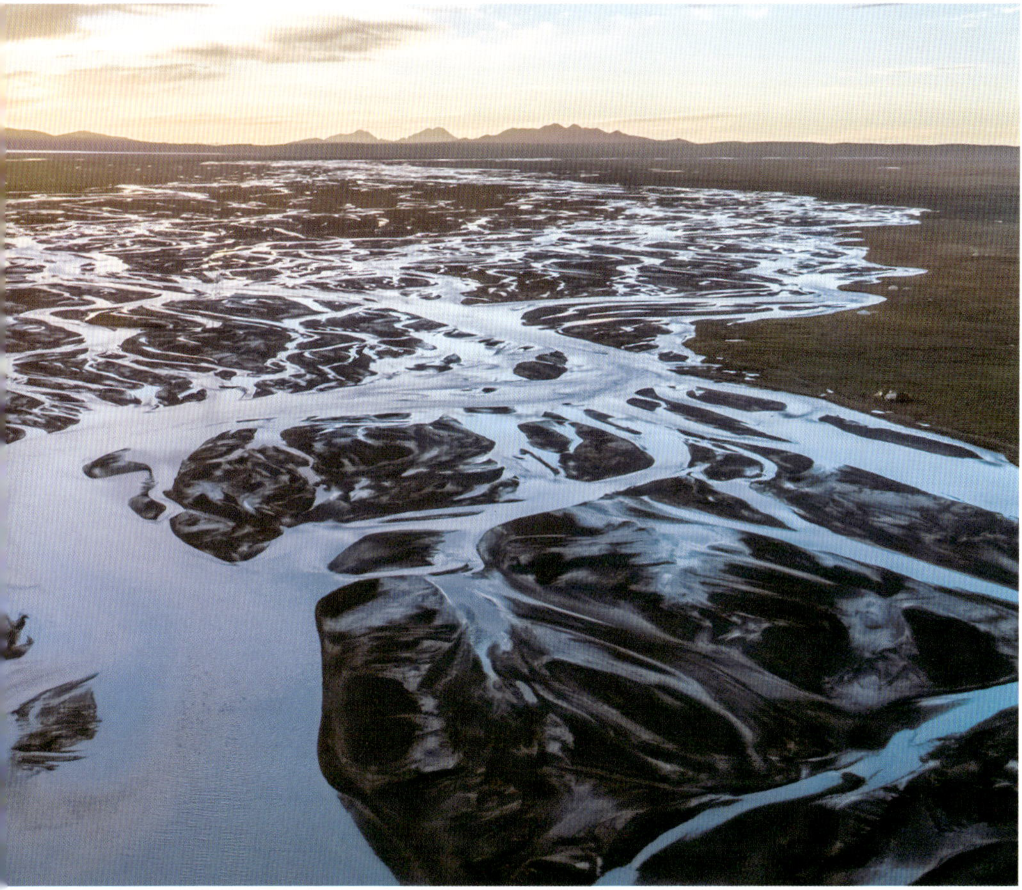

图 3 青海玉树，曲折蜿蜒的通天河

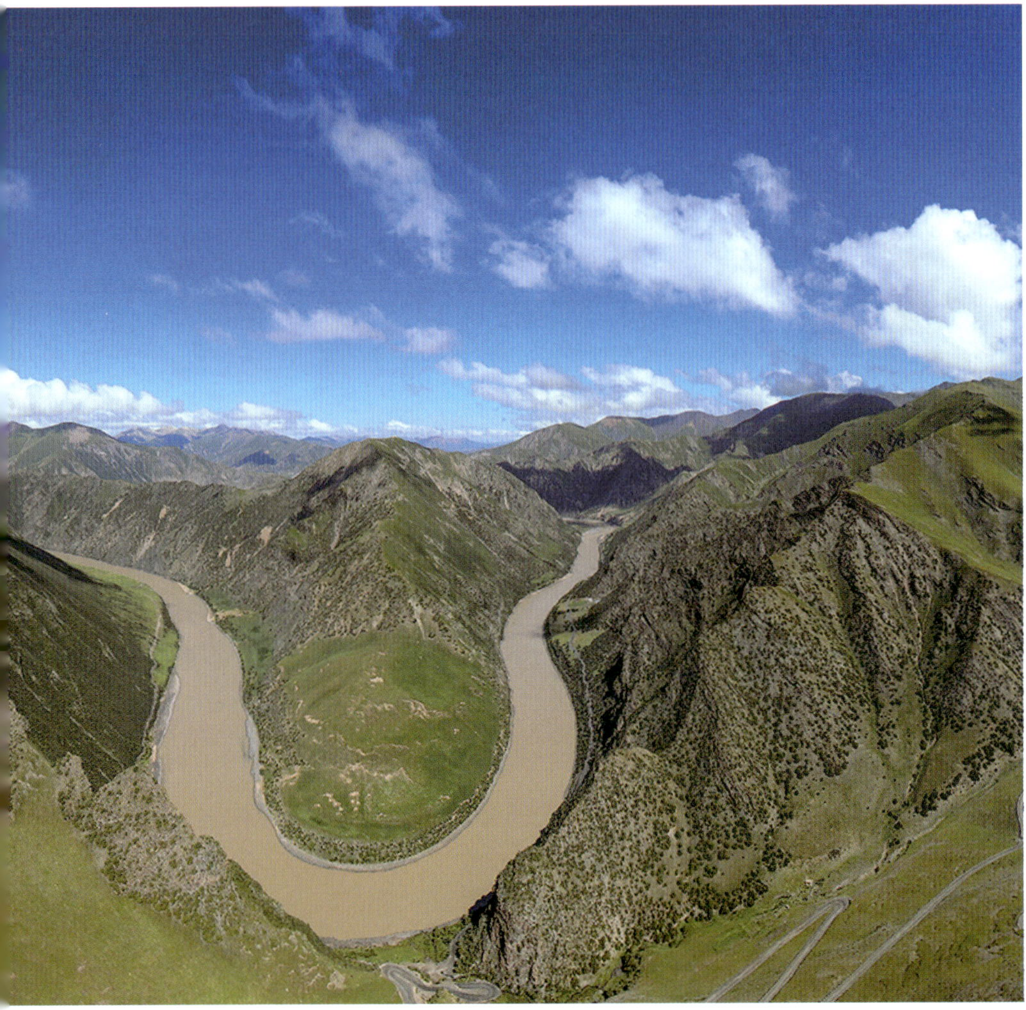

图 4 云南石鼓，金沙江在此突然折向东北，形成长江第一弯

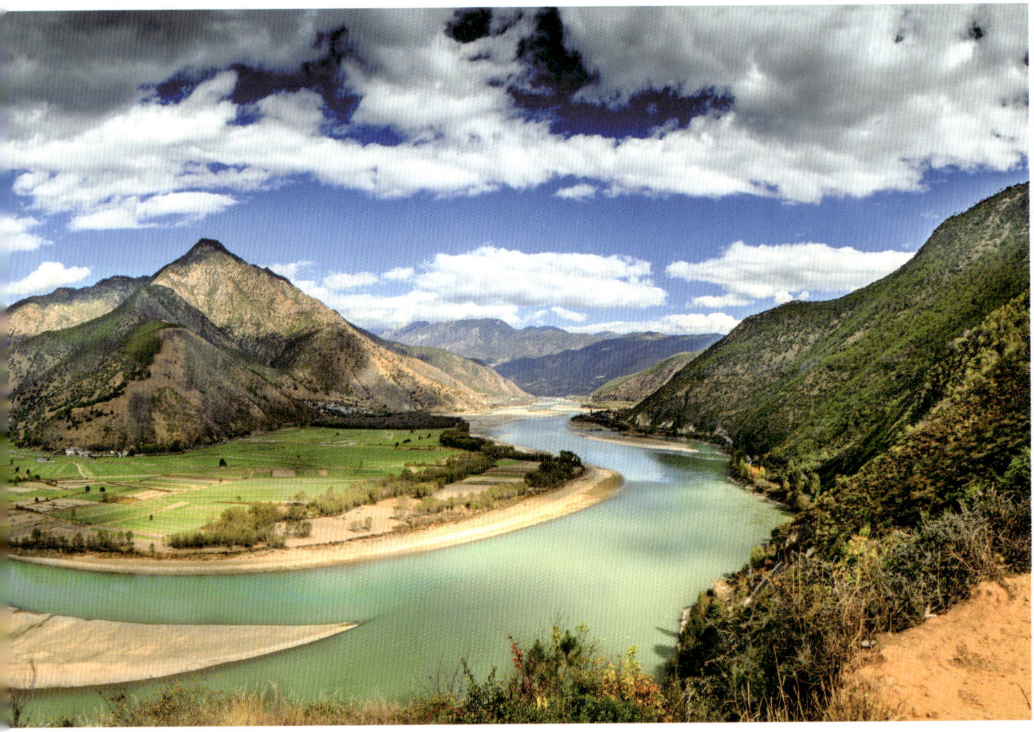

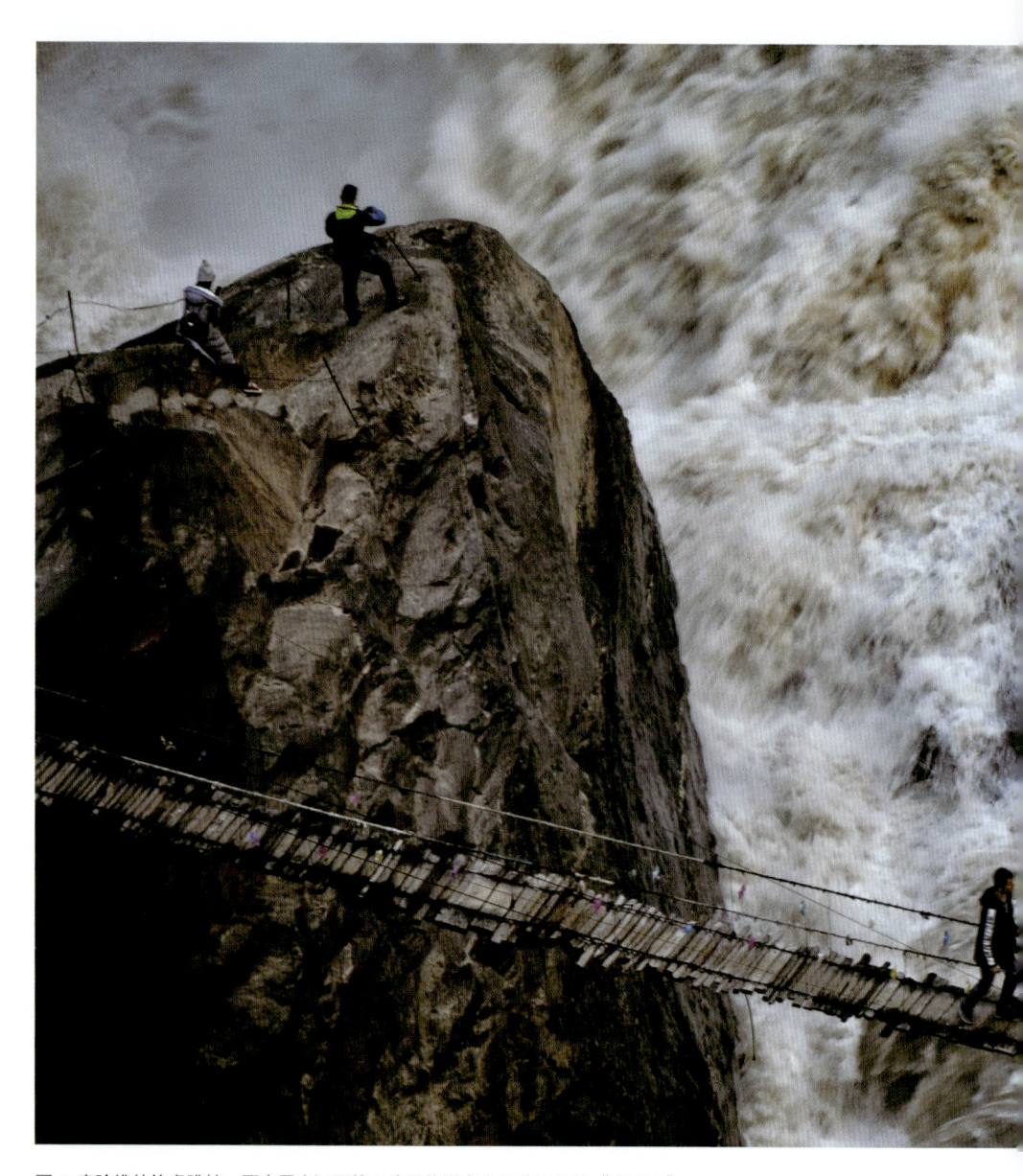

图 5 奇险雄壮的虎跳峡，图中露出江面的石头是传说老虎凭此跃江的"虎跳石"

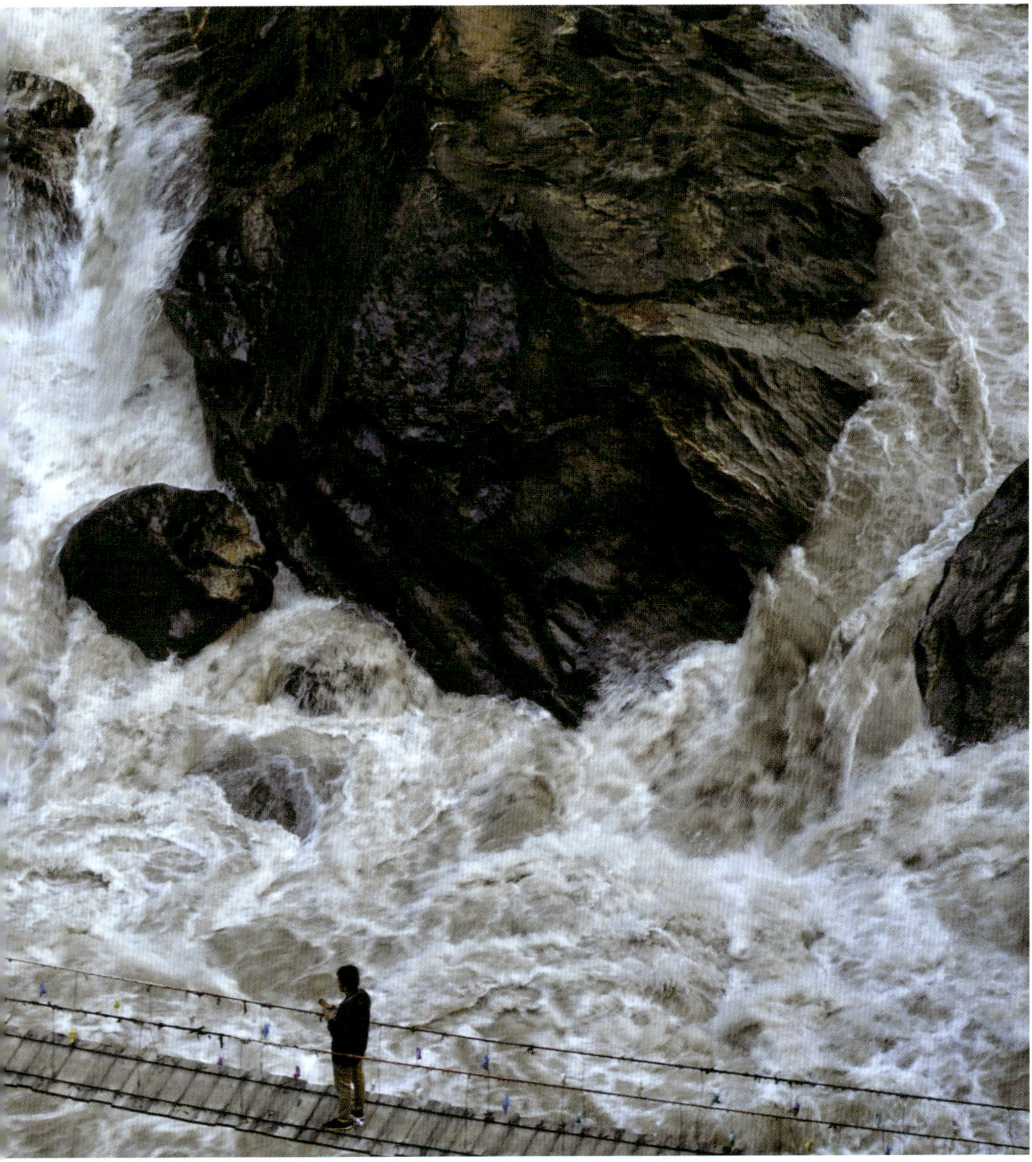

图 6 四川锦屏山下，壮美的雅砻江大河弯

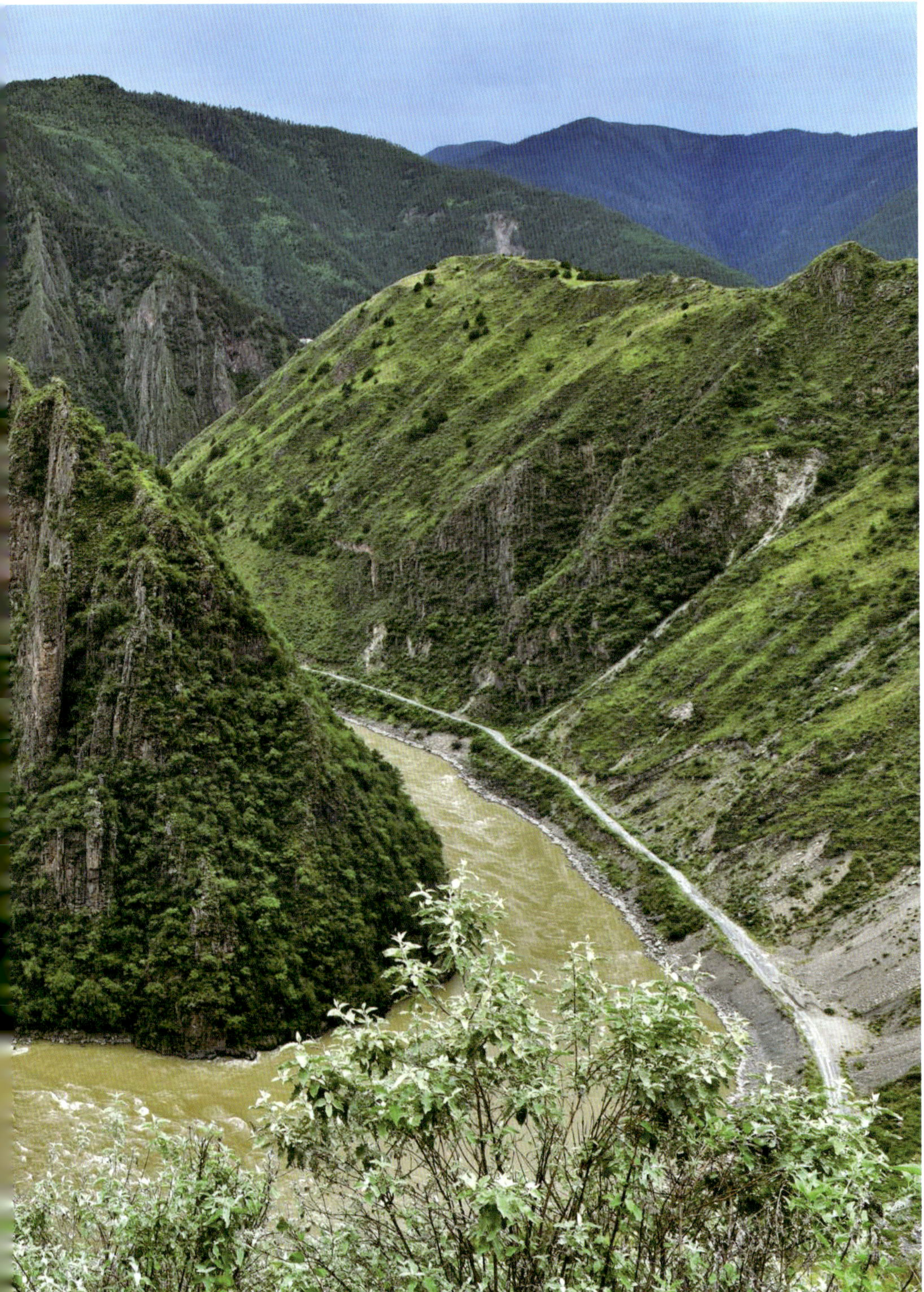

图 7 贵州省毕节市黔西县，风景如画的乌江百里画廊

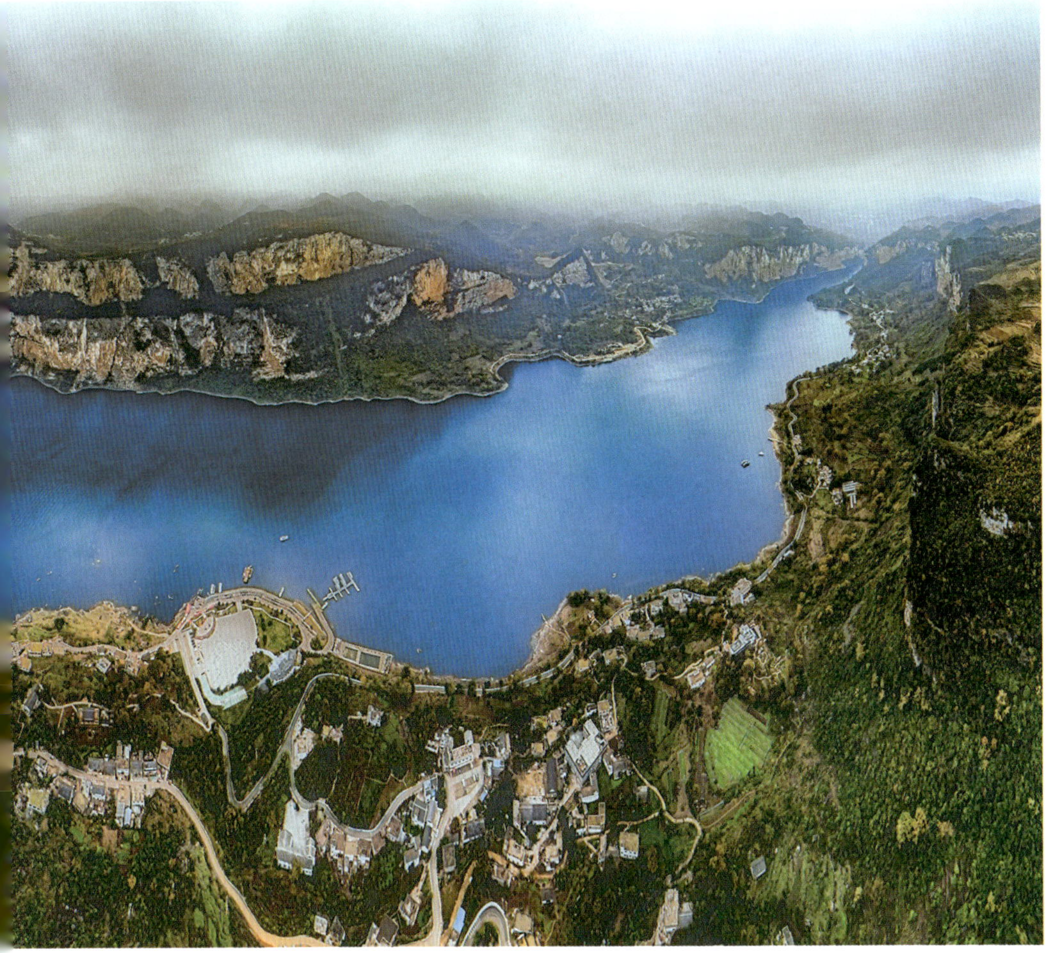

图8 巫峡（长江三峡之一）秋景

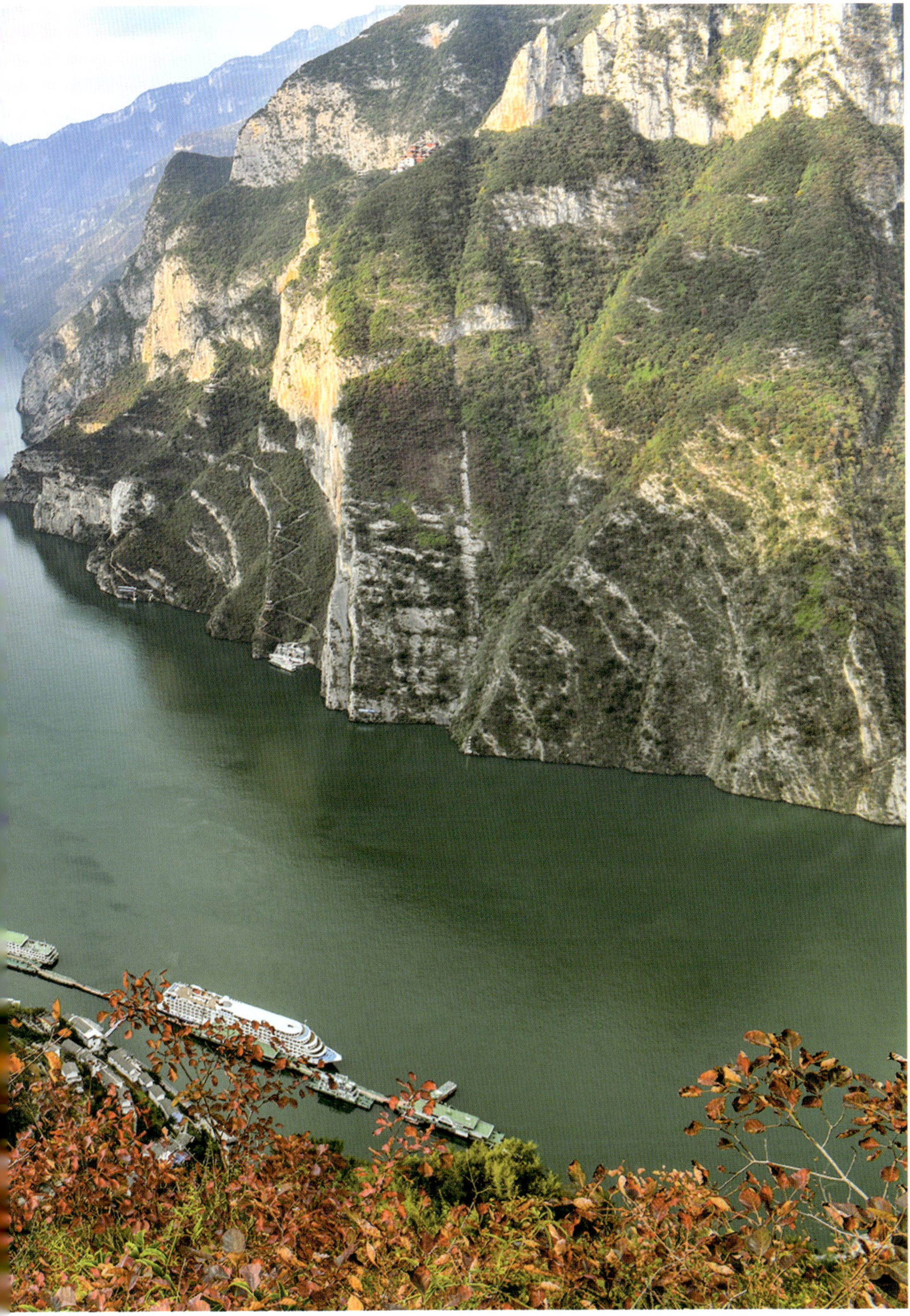

图 9 赣江中游,格外束窄的"峡江"河段,图片的上方隐约可见峡江大坝

图 10 湖北宜昌,夕阳下宁静肃穆的三峡大坝坝区

图 11 重庆北碚，嘉陵江观音峡口，不到 1 000 米的江面上密布六座大桥

图 12 湖北武汉龙王庙，江汉交汇，清浊分明

图 13 湖南长沙，形似长龙的橘子洲纵贯湘江江心

图 14 武汉长江大桥（刘建林摄）

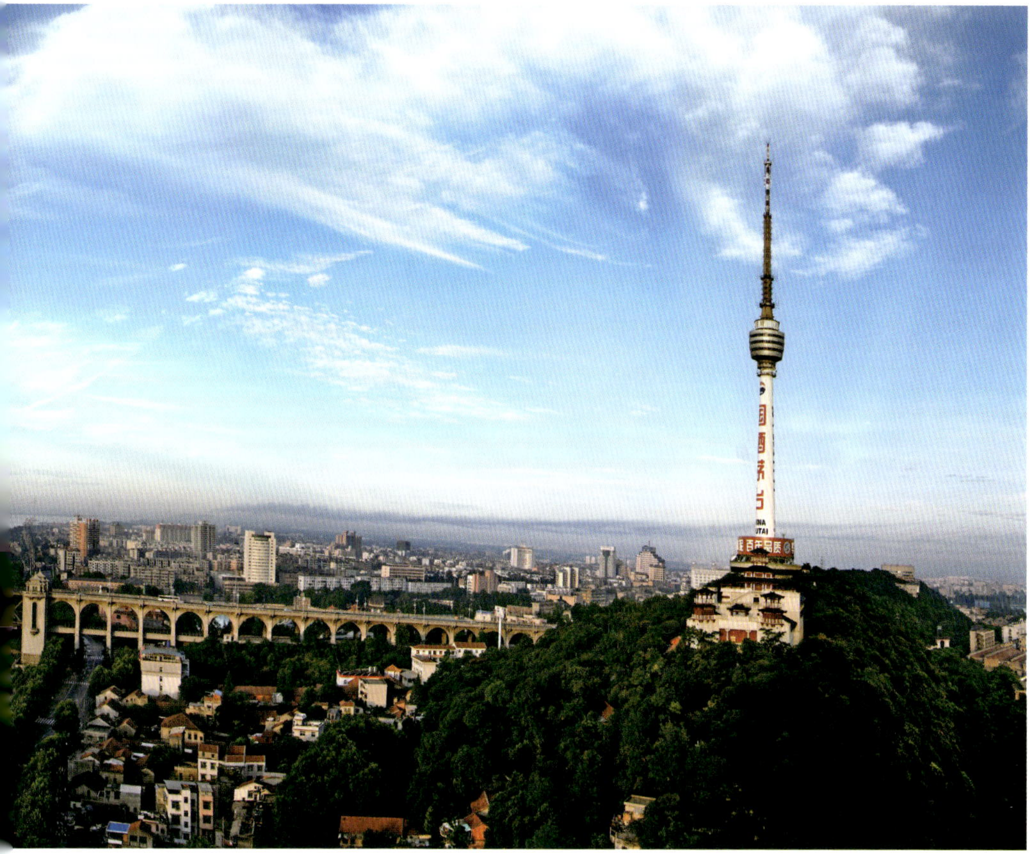

图 15 重庆朝天门夜景

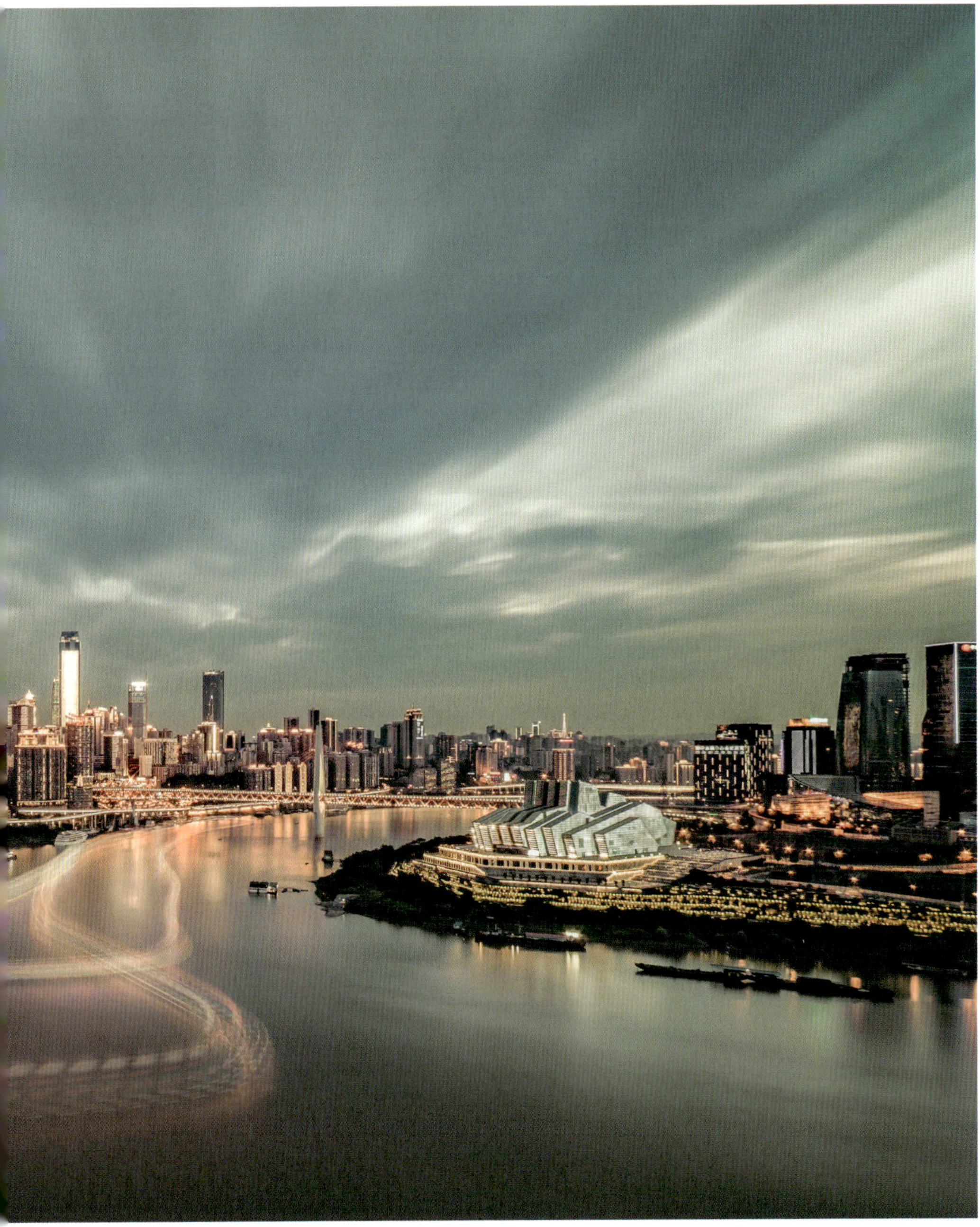

图 16 上海外滩黄昏的天际线

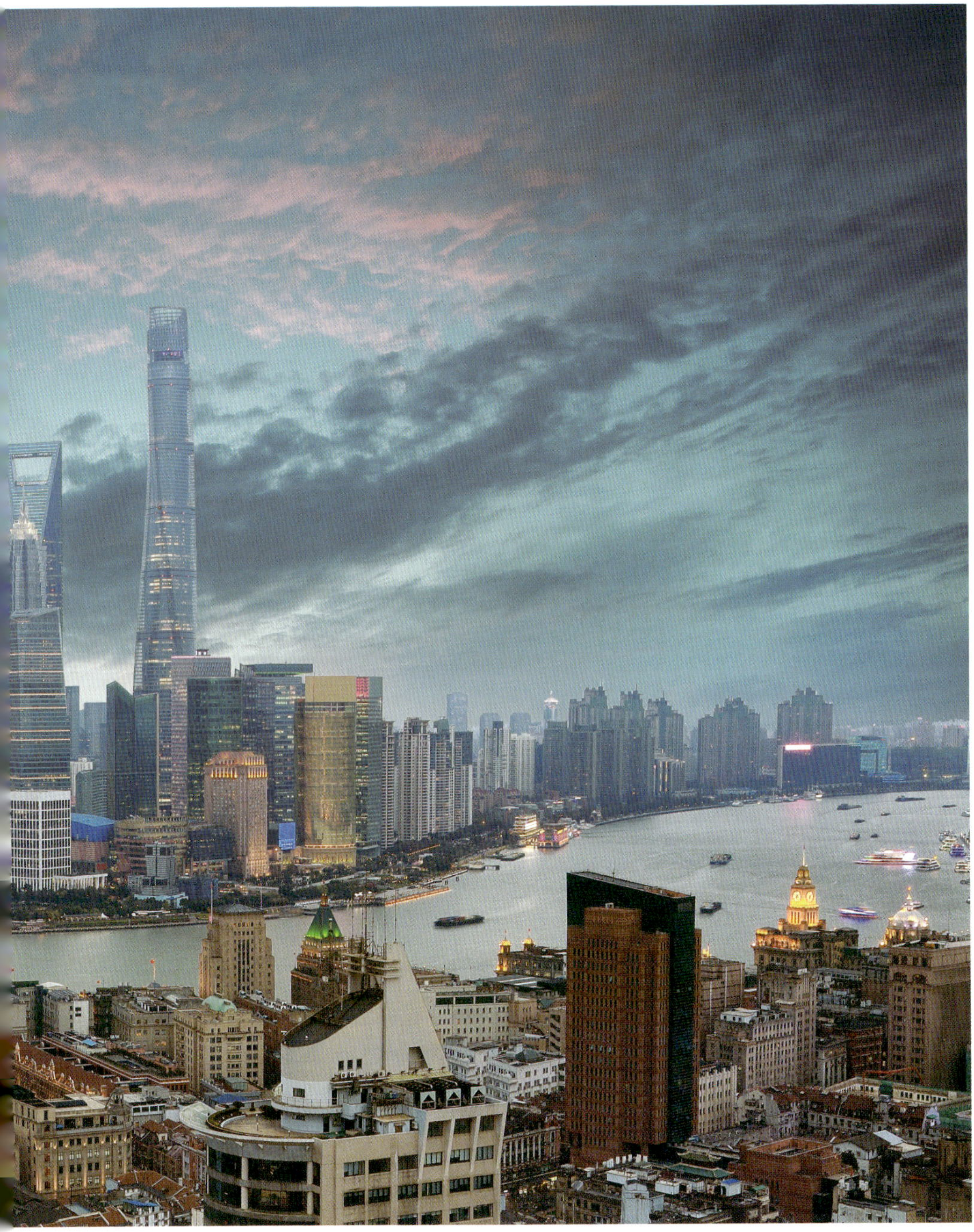

图 17 长江上游享誉世界的古代水利工程都江堰（世界文化遗产），建于战国时期，至今仍在使用

图 18 冬季，鄱阳湖进入枯水期，湖中小岛落星墩"水落石出"

图 19 长江上游的世界文化与自然双重遗产——四川乐山大佛

图 20 长江中游的世界文化遗产——湖北十堰武当山

图 21 安徽黄山，夜色中的宏村（世界文化遗产）

图 22 深秋时节的苏州拙政园（世界文化遗产）

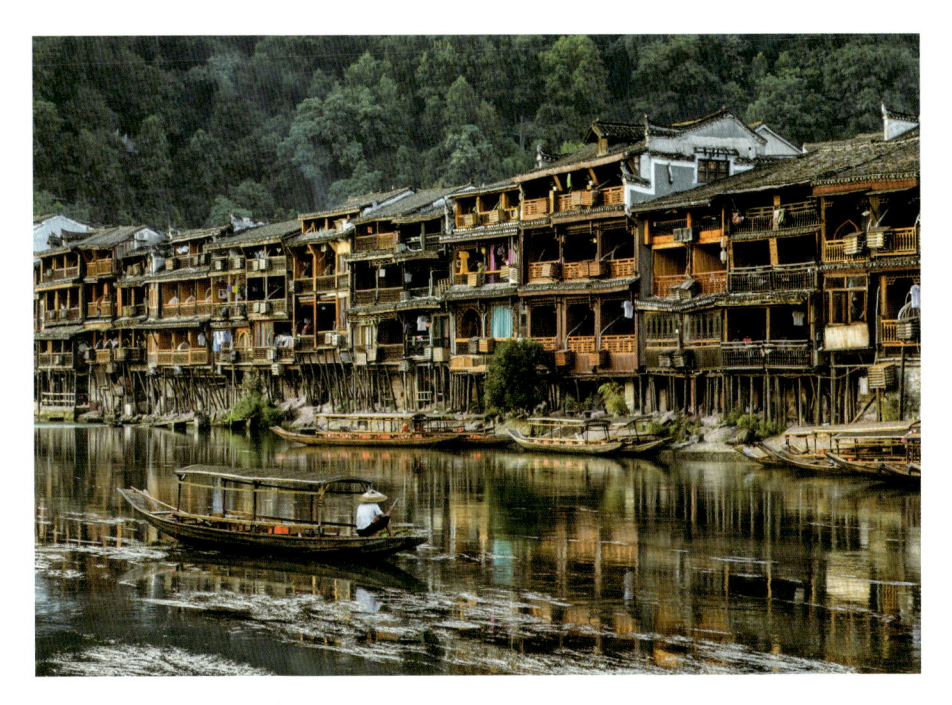

图 23 古风犹存的湘西凤凰古城

图 24 浙江乌镇,雪花轻飘飘飞落

图 25 三星堆青铜面具

图 26 曾侯乙编钟

图 27 生活在云南丽江的纳西族老人

图 28 云南大理，正在嬉笑聊天的彝族妇女

图 29 微笑的瑶族妇女

图 30 表演中的嘉绒藏族妇女

图 31 贵州的一个小村落，村民们正拉着强壮的水牛去参加一年一度的斗牛节

图 32 彝族火把节，持续三天的狂欢

图 33 屈原故里，湖北秭归，龙舟竞渡

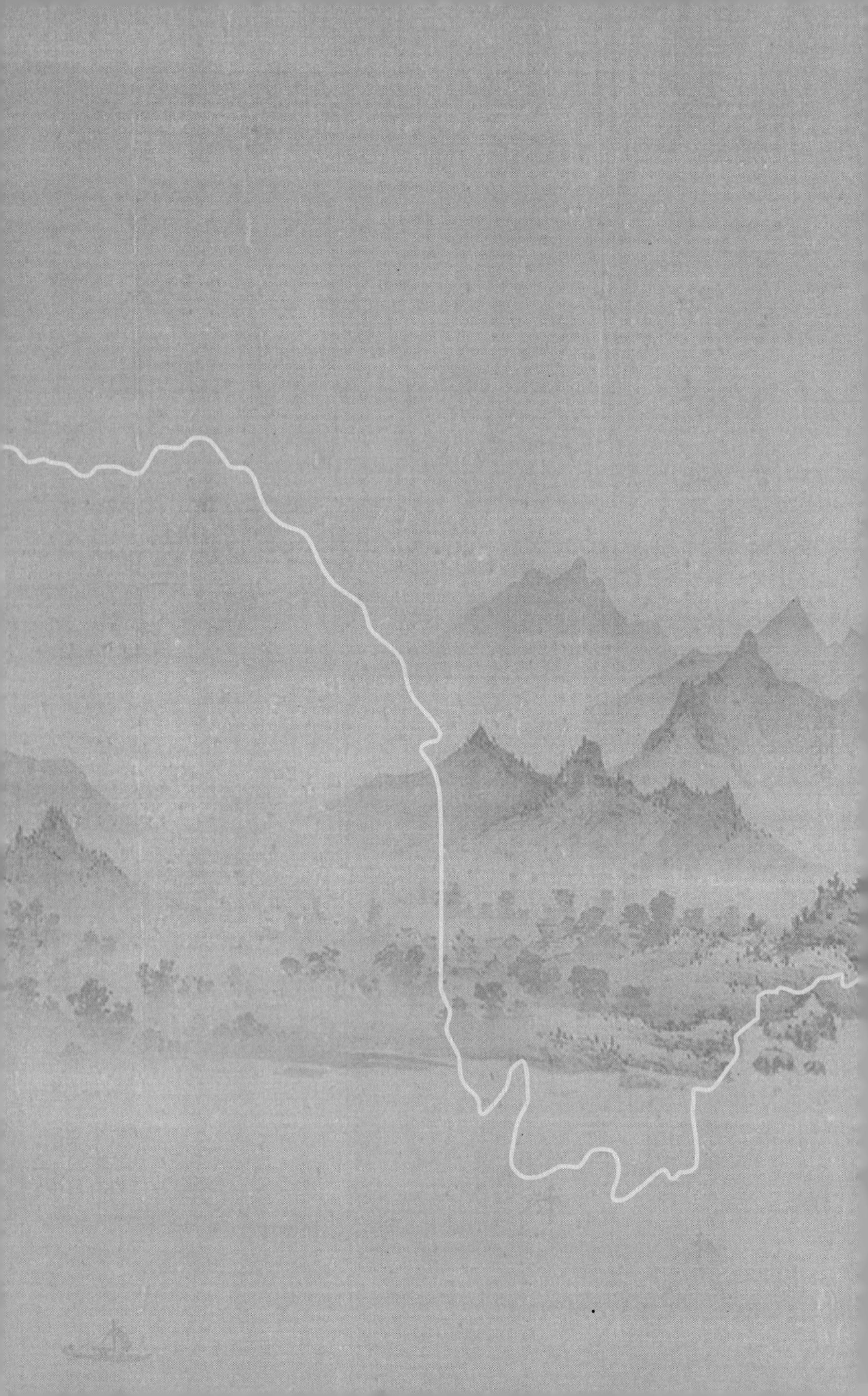

第五章

文明演进

第一节

中华文化的母亲河

　　文化的演进当然与自然环境提供的先决条件息息相关，但当人类介入对自然的利用和改造之后，人类的主观能动性则对文明发展起着越来越重大的作用，所以，文化的发展是在自然和人文的互动中向前推进的。长江流域的先民，凭借优厚的自然条件，发挥自己的聪明才智，自新石器时代起，就创造出各区段文明，如下游江浙一带早期的农业文明——河姆渡文化、良渚文化，中游江汉地区的屈家岭文化、石家河文化，以及中游偏西直达上游川东地区的大溪文化，等等。其文化发生并不比黄河流域晚，水平也各有高下，就驯化农作物时间而言，长江流域似略早于黄河流域。毫无疑问，长江与黄河都是中华文化的母亲河。

　　曾经单一推崇黄河文化的认识，与中国考古学起步阶段的考察重点相关。20 世纪初，现代意义的考古学展开于中国，首批田野考古用力于黄河中下游仰韶、龙山、大汶口等新石器文化遗址以及安阳殷墟等商周故城的发掘，与《尚书》《左传》《史记》等传世史典对先夏及夏、商、周三代文化在黄河流域繁衍的记述相印证，学界据此确认"黄河流域是中华文化发祥地"。

　　20 世纪中期以后，随着田野考古推进到长江流域，人们逐渐意识到：长江流域的新石器文化并不比黄河流域时间晚、水平低。20 世纪 70 年代，浙江余姚发现河姆渡文化，其人工驯育稻谷的时间推定为距今七八千年，随后，在长江下游的良渚、马家浜，中游的屈家岭，上游的大溪等遗址发现的"稻作文化"遗存，皆有五六千年之古，湖南道县玉蟾岩还出土了距今万余年的人工驯育稻谷，[1] 早于黄河流域的粟作产生的时间（八九千年以前）。故长江流域"稻作文化"历史之久远，不让于黄河流域"粟作文化"，"黄河流域和长江流域是中华文化的两大发祥地"渐成学界共识。

两大流域的文化各自独立起源且模式不同，然后平行发展，呈现不同的面貌。从新石器时代到青铜时代，两大流域文化都有独立发展的完整序列。总体而言，黄河文化以中游的中原文化区为代表。这个区域的文化沿着老官台文化、磁山文化—仰韶文化—龙山文化的序列递进；而长江流域则分为上、中、下游，它们各自发展，分别沿着三星堆文化1~4期，彭头山文化—城背溪文化—大溪文化—屈家岭文化—石家河文化，河姆渡文化、马家浜文化—崧泽文化—良渚文化的序列演进。

最新的考古成果显示，长江上游的文明中心——四川广汉三星堆遗址的存在时间为4 800~2 600年前，[2]其1~4期的堆积在地层上是连续的，文化上是传承延续的。三星堆文化在第二至第三期（4 100~3 200年前）达到顶峰，城墙分布面积约为3.5平方千米。祭祀坑遗址出土的青铜器、玉器的数量、体量、造型艺术的成就都是同时期最高的，以其神圣、神奇、神秘的神灵崇拜形象面向世人，展示了长江流域三四千年前的水平极高的青铜文明。其中最令人惊叹的是数百件大小青铜器塑像，其人物造型与中原及长江中下游地带的人物形象都有很大差别，可能受到了中亚、西亚文明的影响，这展示了长江流域在青铜时代初期就以开放的胸襟拥抱世界，堪称人类文明史上的一大奇迹。

从新发现的第四期（3 200~2 600年前）的考古发掘情况来看，当时其城墙还在修补加固，遗址范围还在扩大，文化堆积仍然丰富，毫无衰退迹象，3.5平方千米的城池范围仍列西周各诸侯国都城规模之冠，其遗址范围仅次于黄河流域的周原和沣西。三星堆文化是长江流域新石器时代末期诸文化中延续时间最久远的。

长江中游地区的石家河文化（4 600~4 000年前），至迟在其晚期（4 200~4 000年前）也迈入了文明社会的门槛。石家河文化遗址出土的玉器，较之此前的大溪文化（6 400~5 300年前）和屈家岭文化（5 300~4 600年前）时期，数量猛增，制作更加精美，可与良渚文化（5 300~4 200年前）和红山文化（5 300~4 500年前）的玉器相媲美。石家河文化的玉雕不仅在工艺技术上达到了较高水平，而且在艺术风格上也形成了自己的特色，即"以小见大，微中求精"。[3]遗址出土了大量小型精致的人面雕像、兽面雕像、玉蝉、玉鸟、玦、璜等玉器，尤其是小型神像大量出现。

类似的神像还出土于后来黄河流域的商周遗址中，如商中期的妇好墓中就出土了与石家河凤形玉佩十分类似的玉凤。而石家河遗址也出土了中原龙山文化样式的玉璋。这些都说明，至迟到石家河时代，长江与黄河两大流域间已出现文化交流，尤其是"长江中游与黄河中游的文化关系要比同长江下游或长江上游的文化关系密切得多，相似的程度要大得多"。[4]

另外，从石家河文化早、中期的邓家湾、肖家屋脊和罗家柏岭遗址发现多处铜绿石、铜渣以及几件铜器残片的情况来看，长江中游地区应该在石家河文化之前就进入了铜器时代。[5]特别值得关注的是，当时长江中游地区已出现最能体现文明水平的城市，湖北天门的石家河古城即为其代表，"它的面积竟达100万平方米，是黄河流域山东龙山文化中发现的最大的古城城子崖古城的五倍"[6]，是已知龙山时代城址中年代较早、面积最大的一处。这个城址的城垣和城壕至今仍保存相当部分，我们仍可从地面上看出其不规整的长方形轮廓。这种大型城垣和环城壕的修筑，需要强有力的机构来征集和组织大量的人夫，人夫主要来自城外的广大乡村。"富有的人住在城里，他们可以征调广大乡村的劳力来为自己修城，而修城的人自己反而得不到城墙的保护，说明当时的社会已经严重地分化，已经出现统治者与被统治者，这正是国家产生的一个必要的条件。"[7]古城的建成和废弃年代分别在5 000年前和3 000年前，城内分区较明显，有居住区、宗教遗址和大型房屋遗址（应为政治中心）。房屋形式已由大溪文化时期的以单间为主，发展成多间房屋相连或三室套间，这既说明了生产力的提高，更反映了人口的增多和集体组织的加强。

石家河古城周围还分布着许多聚落遗址群，它们的职能各有不同，多以农业为主，也有遗址以制陶手工业为主。"说明当时的社会已是一个以石家河古城为中心，有城乡区别、有社会分工、有阶级分层的文明国家。"[8]不过令人费解的是，石家河文化并没有完整地延续下去，继之而起的盘龙城青铜文化（见图5-1-1），显然属南下的商文化或晚期夏文化。

石家河文化的消亡，或因北人南下的打击，或因水患的影响，目前尚无定论。

图 5-1-1　2010 年盘龙城卫星影像图

长江下游主要是指江浙地区。早在河姆渡文化（7 000~5 300 年前，主要分布在杭州湾南岸的宁绍平原）时期（见图 5-1-2），稻作农业就已相当发达。人们擅长制作骨器，其农具以骨耜为主（已出现木耜），其家畜（以猪和狗为主）饲养依附于农业。鸟形造型、鸟形图案的象牙雕刻艺术品引人注目，体现出河姆渡人的太阳崇拜（见图 5-1-3、图 5-1-4）。

与河姆渡文化一水之隔、平行发展却又相互借鉴的马家浜文化（7 000~6 000 年前，以太湖地区为中心）及由其发展而来的崧泽文化（6 000~5 300 年前）、良渚文化（5 300~4 200 年前）也以稻作农业为主，且农耕技术不断革新。继承崧泽文化而又博采河姆渡等区域文化之长的良渚文化达到了长江下游早期文明的巅峰，主要分布在今江浙沪一带，[①] 以杭嘉湖环太湖流域为中心（见图 5-1-5、图 5-1-6）。

---

① 其次分布在宁绍平原和舟山群岛，尚存争议。

图 5-1-2 河姆渡遗址地理位置示意图

图 5-1-3 河姆渡遗址出土的"双鸟朝阳"纹象牙雕刻蝶形器具

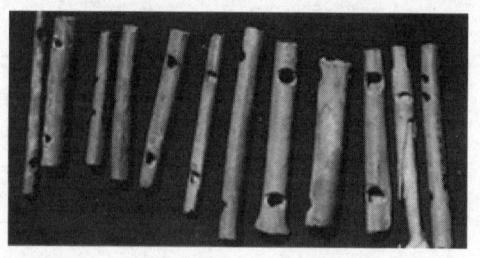

图 5-1-4 用禽类肢骨制作的开口骨管（曾长期被认为是乐器，现有研究表明其为纺织工具[9]）

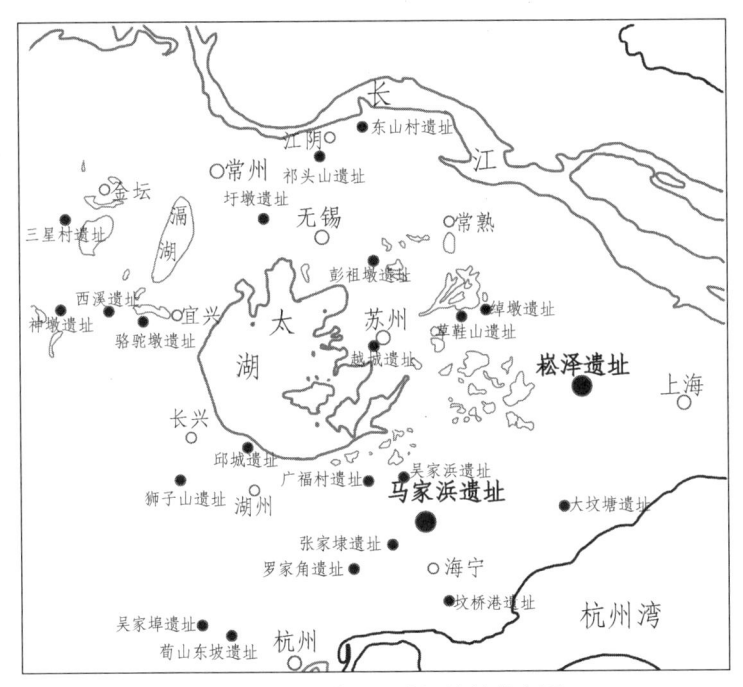

图 5-1-5　马家浜、崧泽遗址分布图

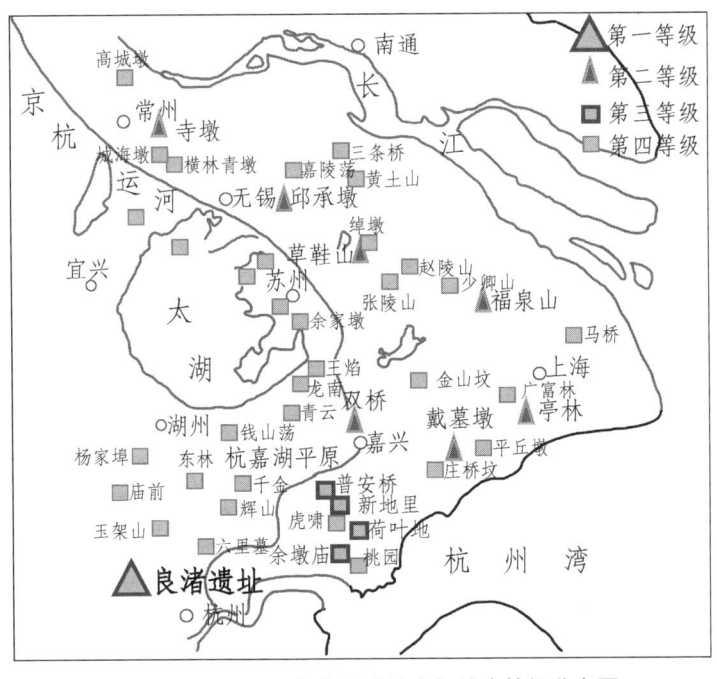

图 5-1-6　良渚文化主要遗址点与社会等级分布图

第五章　文明演进

崧泽文化时期发现的小型三角形石犁，至良渚文化时期已相当普遍，这代表良渚文化已全面进入犁耕农业阶段。而"我国普遍实行犁耕要到春秋战国时代，比良渚文化晚了许多，良渚文化是首先实现犁耕的，这不但促进了农业的发展，而且带动了其他经济和社会文化的普遍繁荣"。[10] 经济的繁荣发展促进了社会分工和阶级分化，良渚文化的社会结构趋于复杂，社会生活表现出颇强的组织性与秩序性，出现了大批从事非生产性劳动的社会成员，他们致力于建造高台墓地、宫殿和宗教祭祀场所，制作开展各种文化礼仪活动所需的器具，大型玉礼器的出现揭开了中国礼制社会的序幕，"以神人兽面纹神徽为代表的纹饰和成组使用的固定形器、具有象形和表意功能的刻划符号所反映的文化形态，对后来中国社会意识和思维的发展有深远影响""露出后来中国宗法政治之端倪"。[11] 毫不夸张地说，良渚文化是中华文明的前奏，"已迈入文明的门槛"[12]。其聚落分层明显，已出现城乡分化，整个社会的结构是由聚落组成的多层金字塔结构，塔尖即位于杭州市余杭区瓶窑镇良渚遗址群西侧、总面积达300万平方米的良渚古城。

良渚古城发现于2006年，是目前国内发现的同时代最大的城址，更是长江下游地区首次发现的史前城址。良渚遗址由此进入了都邑考古的新阶段。此后，考古工作者又相继发现了面积约800万平方米的外郭城，证实良渚古城是宫殿区、城墙、外郭三重同心的完整都城结构，这是中国历史时期都城的宫城、王城、外郭三重结构的滥觞（见图5-1-7）。

良渚古城遗址（包括瑶山遗址和外围水利工程，总面积约为14.3平方千米）已于2019年7月6日获准列入世界遗产名录。

2009—2015年，经过调查和发掘，考古工作者还确认了古城的西北部分布着由11条水坝组成的规模宏大的完整外围水利工程，其控制范围达100平方千米。"11条水坝的碳十四测年数据为距今5 100~4 700年"[13]，这将中国大型水利遗迹的年代几乎提前了一倍，这也是中国现存最早的大型水利工程，更是世界上最早、规模最大的防洪水坝系统（见图5-1-8）。"与尼罗河流域和两河流域早期文明以渠道、水窖等以引水为主要目的的水利系统形成鲜明对照，体现了湿地农业文明和旱作农业文明在水管理系

图 5-1-7 良渚古城结构

统上不同的特征。"[14] "良渚古城是在一片浅水沼泽上拔地而起的,水利工程建成之后,除了防御洪灾之外,它还有一项重要功用,即起到了水路运输的作用。"[15]

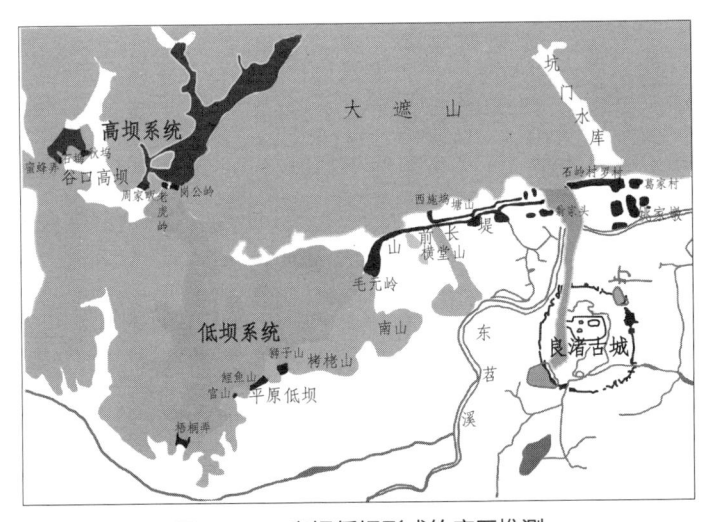

图 5-1-8 高坝低坝形成的库区推测

第五章 文明演进

2017年，考古工作者完成了对良渚古城内部结构与功能区的认识，确认了良渚古城内的河道水网体系，以及宫殿区、王陵区、仓储区和作坊区的功能布局；并结合对古城周围的专项钻探调查，证实了良渚古城的外郭城以内没有稻田，城内居民主要是贵族和从事玉器、石器、漆木器、骨器制作的各类手工业者，进而证明了良渚古城具有明确的城市功能，良渚时代已经产生了明确的城乡分野。[16] 这充分说明，当时良渚文化的社会组织以及技术水平已经远超聚落、族群的概念，"就目前考古资料反映的情况来看，整个良渚社会确实存在以良渚古城为中心的'中央'联系着各个'地方'中心的网络结构"[17]，其已经具备了地域国家的雏形。

与同期北方燕辽地区相似，良渚也以大型祭祀遗址为其文明特色。这些祭坛遗址大多建在山顶，呈方形，由三层方台逐层建成，其内大量出土外方内圆的玉琮，而外方内圆表示地和天，玉琮正是沟通天地的法器。这种方形的多层祭坛，是一个神权、政权和军权高度集中的具有酋邦性质的文明古国的中心场所；同时，其精心设计与认真施工也充分体现出文明程度。但令人费解的是，良渚文化的大型高台祭祀并未被其后的本地文化继承，反而在夏、商、周三代社坛中保留了一些痕迹。

4 300~4 200年前，良渚文化突然衰落。大型的高台祭坛等礼制建筑被废弃，成套的玉质礼器及其饕餮纹绝迹，扁薄穿孔的石斧也明显减少，成组的刻划文字也少见了。这是什么原因导致的？是洪水、海侵、战争，还是因文明发展方向出现偏差而导致自行衰落？至今尚无定论。但毫无疑问的是，良渚文化是当之无愧的东方文明曙光。有赖于良渚遗址的一系列重大发现，中华五千年文明终于得以证实。良渚文化"的确立丰富了世界早期文明的内容，将为世界早期文明的研究提供新的材料"[18]，"应该成为也必将成为全人类共同的文化遗产"[19]。

商末周初以降，长江中游的楚文化异军突起。它更多地保留了姬周文明精髓，并融合蛮夷文化特点，更显瑰丽奇绝、清新灵动；在春秋时期就摆脱了周式青铜器的束缚，形成造型独特、纹饰华美的楚式青铜器风格；在战国时期开创了以屈原《离骚》为代表的楚辞文体，摆脱了《诗经》以四言为主的句式束缚，开拓了宏大篇体和错落有致的句式，成为后世中国文学的两大源泉之一,深刻影响着整个汉文化圈。楚学专家张正明将楚文化与古希腊文化相媲美:"假如按照时代的梯级,对西方和东方的古代文化做双向观察,一步又一步地观察下去,那么,在公元前6世纪下半叶至公元前3世纪上半叶这一梯级,我们可以发现双方都到了一个灿烂的高峰,而且总体水平不相上下。在西方,是希腊文化;在东方,是楚文化。它们齐光竞辉,宛如太极的两仪。如此巧合,耐人寻味。"[20]

第二节

经济文化重心南移

长江与黄河虽同为中华文化的母亲河，都取得了辉煌灿烂的成果，但从夏商周到西晋末，黄河流域经济文化发展水平超过长江流域。汉文化的核心地带长期处于黄河中、下游，汉民族的政治和文化活动以黄河及其最大支流渭河的河谷为轴线，呈东西向，中国的几个著名古都长安、洛阳乃至后来的开封等，皆分布在这一轴线上。然而，自东汉末年以来，中国北方多次遭到游牧民族的冲击，而相对安定的长江流域随着生产力的发展和技术的进步，优越的自然条件日益凸显，中国的经济文化重心逐渐由黄河流域南移至长江流域。

一、南迁的外因与内因

（一）外因：兵燹逼迫

导致中国经济文化重心南移的客观因素很多，诸如自然环境的变化（包括气候、水文、植被和土壤等）以及历次兵燹的逼迫所带来的移民浪潮，后者无疑是直接、主要的外因。今日分布于广东、广西、福建、江西、四川、湖南、台湾等省以及东南亚各国的4 529万"客家人"[21]，便是由秦汉以降从中原南迁的汉人组成的民系。目前，被中国及海外广泛研究的"客家史"，生动展现了中华文化由北向南移动的历史。

第一个迫使中国经济文化南向转移的大波澜是永嘉之乱以及接踵而至的诸胡入主中原。公元3世纪末至4世纪初，西晋政治腐败导致八王之乱，匈奴贵族刘渊建立分裂政权"汉"，开胡人入主中原之先河。至晋怀帝永嘉五年（311年），刘汉武装攻陷洛阳，俘晋怀帝，大肆杀戮，史称"永嘉之乱"，给黄河流域的经济、文化带来沉重打击。"属永嘉之乱，天下崩离，长安城中户不盈百，墙宇颓毁，蒿棘成林。""中原萧条，千里无烟，饥寒流陨，相继沟壑。"随之而来的诸"胡"争夺，更"骚动苍生，疲弊中国"。[22]黄河流域受到深重的损伤。

永嘉之乱后政治局面的混乱以及外族入侵的巨大压力，迫使汉族士民大规模南移，《晋书·王导传》称："俄而洛京倾覆，中州士女避乱江左者十六七。"据谭其骧估计"截至宋世止，南渡人口约共有90万"[23]，约占南朝人口之1/6。北人南迁线路有三：西路自关中取金牛道入川，中路自关东循汉水抵荆襄，东路自青徐循邗沟或淮河东南支流南下江都等地，目的地皆在长江流域。"此次移民浪潮的边缘大致在今四川盆地的中部、湖南北部、江西北部和浙江中部，在此线以南就只有很少量分散的移民了"[24]。因东晋南朝定都建康（今南京市），故东路移民尤多，建康至梁代时已拥有户口28万、人口140万，如此都市规模，在中国乃至世界史上都前所未见。

汉族士人将北方文化传播至南方，大大促进了南方衣冠文明的发展。大量劳动力的投入，使南方的经济开发呈现出全新局面。虽然从总体格局上来看，北方的经济实力仍然远远超过南方（北魏统一北方后，北方经济的复苏显示了北方的实力），北方的文化实力也依然占有优势，但是，此时的南方已不再是《史记·货殖列传》中所描述的那样"楚越之地，地广人稀，饭稻羹鱼，或火耕而水耨"，而是"地广野丰，民勤本业，一岁或稔，则数郡忘饥。会土（稽）带海傍湖，良畴亦数十万顷，膏腴上地，亩直一金，鄠、杜之间，不能比也。荆城跨南楚之富，扬部有全吴之沃，鱼盐杞梓之利，充仞八方，丝绵布帛之饶，覆衣天下"[25]的繁荣景象。

长江流域一经开发，便借气候与江河舟楫之利，经济迅速发展，至唐初，南北均势局面已被打破，南方经济开始超越北方。《新唐书·食货志》载："唐都长安，而关中号称沃野，然其土地狭，所出不足以给京师、备水旱，故常转漕东南之粟。"此语便显示了这一态势。但就文化重心而论，北方仍有优势。

第二个迫使中国经济文化重心向东南推进的大波澜是"安史之乱",大唐帝国从此衰落,黄河中下游地区经过浩劫,残破不堪,继之而来的藩镇割据与政局动荡使士民再次大规模向南迁移。李白晚年曾目睹北方人民南逃的惨况,有诗云"三川北虏乱如麻,四海南奔似永嘉"[26]。此次北人南迁亦分东、中、西三路。东路自华北进入淮南、江南,中路自关中及华北平原西部进入南阳、襄阳一带,西路自关中进入汉中及巴蜀。其中,东、中两路的相当一部分移民仍会继续向南迁徙,"长达一个半世纪遍及南方各地区的北人南迁,规模十分可观,其分布地域远比永嘉后的南迁为广"[27]。

唐代"自至德后,中原多故,襄邓百姓、两京衣冠,尽投江湘,故荆南井邑,十倍其初"[28]。南方州郡的人口因此迅速增加,经济也逐渐超越北方。《全唐书》卷630《故太子少保赠尚书左仆射京兆韦府君神道碑》云:"天宝之后,中原释耒,辇越而衣,漕吴而食。"当时北方藩镇林立,唐中央政府的财政完全仰给江南,诚如唐宪宗所言:"军国费用,取资江淮。"[29]江南已成为唐朝的"国命"之所在。又唐宪宗元和二年(807年),宰相李吉甫在《元和国计簿》中指出,朝廷"每岁赋税,倚办止于浙江东西、宣歙、淮南、江西、鄂岳、福建、湖南八道四十九州,一百四十四万户"[30]。到北宋时期,长江流域的经济已远超黄河流域。北宋中期史学家范祖禹直截了当地指出:"国家根本,仰给东南。"[31]《文献通考》卷23《国用》记载了宣和元年(1119年)17路上供京师的财赋数字,在前8位中,除京东路(今山东、河北一带)外,其余皆属江南。其中两浙路第一,江南东路、江南西路、淮南路、福建路、荆湖北路、荆湖南路分列第二、四、五、六、七、八位。

然而,中国经济重心虽已在唐末完成由北向南的转移,但全国文化的重心还滞留在长安-开封-洛阳的东西轴线上,这种情形至北宋依然不变。仁宗末年,洛阳乃文化重镇。"二程"毕生从事讲学,其活动中心便在洛阳。重臣退休、半退休,或因政见不合辞官后,多被安置到洛阳。"洛下多水竹奇花"[32],牡丹更闻名天下,每逢花会,"士庶竞为游遨"[33],斯文流曳。故《墨庄漫录》言:"许、洛两都轩裳之盛,士大夫之渊薮也。"[34]

但至北宋时期，文化重心南趋的态势已十分明显。"二程"在洛阳讲学，弟子却以南人居多。故程颢送他的大弟子杨时南归时，就有"吾道南矣"[35]之语。词是宋代文学的主体，就地域性而论，其风格、题材、情调均具有"南方文学"品性。北宋的词家，前期的晏殊、欧阳修、张先、柳永等，全都是南人，后期的苏轼、黄庭坚、秦观、周邦彦、李清照等，也多数生长于江南或其周边。宋代书法与绘画盛极一时，诚如杨维桢的《图绘宝鉴序》所云："书盛于晋，画盛于唐、宋，书与画一耳。"而当时画家与书法家中亦南人颇盛。印刷业是播扬文化的中心，宋代书籍大多刊印于杭州，从流传后世的宋版典籍来看，也以出于江南地区者独多。江南地区的文化氛围十分浓烈。北宋嘉祐年间（1056—1063年），曾有吴孝宗作《余干县学记》，文中云："宋受天命，然后七闽二浙与江之西东，冠带诗书，翕然大肆，人才之盛，遂甲于天下。""为父兄者，以其子与弟不文为咎；为母妻者，以其子与夫不学为辱。"[36]

"靖康之难"给予了文化重心南迁最后的推动。1126年，金人攻破汴京，随之统治北方100多年。宋室如同当年晋室，只得南渡长江。与之相先后，"中原士民，扶携南渡，不知其几千万人"[37]。此次南迁路线与安史之乱后的南迁路线大致相同，但移民人口更多、更深入，仅1141年绍兴和议前的南迁北人数量已达500万[38]之巨。当时，山东籍文化名人李清照、赵明诚夫妇和辛弃疾等都是在这一时期南下的，以此为契机，中国文化重心彻底由黄河流域转移到了长江流域。正所谓"秦汉以前，西北壮而东南稚也。魏晋而下，壮者之齿益衰，稚者之年方长。至于宋朝，而壮者已老，稚者已壮矣"[39]。

（二）内因：技术进步

在漫长的历史时期，长江流域之所以能够逐渐取代黄河流域的经济文化重心的地位，除历次兵燹带来的大规模北人南迁的推动之外，其自身优越的自然地理条件随着生产技术的进步不断得到深入开发，也是动因之一。随着生产技术的进步，自然地理条件更加优厚的长江流域取代黄河流域，成为中国的经济文化重心。

长江流域和黄河流域皆具水热条件，故成为中华文化的两大源头，而位置偏南的长江流域拥有更丰沛的水热资源。但在原始社会末期至商末这一文明初始阶段的气候条件下，中国先民所能达到的生产力水平更适合开发北方黄河流域。在全新世中期，全球气候变暖，长江、黄河流域较之现在更加温暖湿润。黄河流域森林密布，后来主要生活在长江以南的水牛、大象、獐子、竹鼠等喜暖动物在黄河流域广泛分布，当时黄河流域受低温和干旱的威胁较轻；而气候炎热潮湿的长江流域则生活着大量的热带动物，并且还经常发生洪涝灾害。

在当时的原始农业技术条件下（以木石农具为主，农业技术简单，花费劳动少），黄河中上游的粟作农业依托肥沃疏松的黄土和黄河及其大小支流的灌溉，通过精耕细作实现了蓬勃发展，各早期文明也借此绵延不绝并逐渐融合；而长江流域则因其红壤的土质较为紧密，水稻种植所需平整土地及引水灌溉的劳动量大、技术要求高，而当时人员、技术所能达到的稻作生产方式又较为粗放，且常受洪水威胁，故其农业产出量不及黄河流域。这种农业生产上的差异在进入青铜时代后仍长期延续，直至铁质农具产生及其后一系列灌溉排水工具的出现、防洪手段和农业生产技术的进步，长江流域的水热优势才逐渐彰显。另外需要指出的是，在这一农业生产重心的转变过程中，近 5 000 年来的中国气候总体向干冷演变，这导致黄河流域生态系统趋向脆弱，而长江流域则变得更适宜人类居住和农业开发。另外，黄河流域因过度开发而导致水土流失也起到了推波助澜的作用。

中华文化进入铜器时代后，长江流域的铜矿资源很快得到开发。如距今 3 500 年的长江中游盘龙城的建立就依托于四周丰富的铜矿资源，其遗址出土的大量商代青铜器较之殷墟也不逊色。不过，其出土的农具仍以石器为主，这对于开发当地质地紧密的红壤是颇具难度的。西周以降，长江中游的楚国占据铜绿山铜矿，不但制造了大量锋利的兵器和精美的礼器，还制造了较多性能远胜木石器的生产工具，创造了辉煌灿烂的荆楚文化，成为长江流域第一个问鼎中原的强大政权。至迟到春秋晚期，楚国已开始使用铁器，且出土的楚国铁器以生产工具为大宗。性能优越的铁器大量出现,无疑宣告了长江流域生产力水平的极大提升,不仅有利于开发红壤,而且有利于更大规模的水利工程的修建(如芍陂、邗沟、都江堰等),这些都进一步推动了长江流域的农业生产。

但总体而言,在当时及此后相当长的历史时期内,长江流域铁农具的推广和兴修水利工程的力度仍不及黄河流域,"火耕水耨"仍是南方水稻耕作的主要方式。直到东汉时期,长江流域的水稻生产才摆脱"火耕",走上精耕细作的道路,并且部分地区还开始使用牛耕,出现了秧苗移栽与双季稻,灌溉农业模式也日臻成熟,这些都为日后长江流域农业生产的腾飞打下了基础。

六朝时,长江流域的灌溉与防洪事业进一步发展。如东晋时期的荆江筑堤、南朝的鄱阳湖筑堤建闸等,长江流域的丰富水热资源得到较大程度开发,形成足以与黄河流域相抗衡的重要农业生产区。此外,造船业也取得突破性发展,长江流域开始展开大规模航运,史载南朝宋孝武帝西巡"龙舟翔凤以下,三千四十五艘。舟航之盛,三代二京无比"[1]。为方便水路交通,各处运河开始修筑。比如,孙吴开凿破冈渎以汇通秦淮与江南运河,使建邺(今南京)成为联络长江与吴会水运的中心城市,商贸迅速兴起。东晋南朝时期,与农业生产关系密切的天文历法学取得重大突破,东晋虞喜发现岁差现象,稍后,祖冲之将虞喜的岁差学说引入历法(大明历)[40],隋唐因之,对长江流域的农业发展帮助甚大。

唐朝政府极重农田水利工程,将兴修水利提高到了法律层面,建立了较完备的水利管理机构,长江流域也随之开辟出了大量良田。尤其是安史之乱过后,长江中下游的淮南道和江南道成为长安朝廷的财赋供应基地,其水利事业蓬勃发展,农业生产随之日盛(见表5-2-1、表5-2-2、表5-2-3)。中唐时期,权德舆指出:"江、淮田一善熟,则旁资数道,故天下大计,仰于东南。"[41]唐代后期,江东人民还从长期水田耕作的实践出发,改进笨重的直辕犁为曲辕犁(江东犁),明显降低了犁的受力点,既减轻了扶犁农夫的体力消耗,又充分有效地利用了畜力,大大提高了耕作

---

[1] (唐)徐坚等著:《初学记》卷25《器物部上》之《舟》。南齐时,祖冲之还将机械原理运用到船只制造上,发明了"施机自运""日行百余里"的"千里船"(详见《南齐书》卷52《文学传》),惜其技未能推广流传。

效率，"中国旧式步犁至此发展成熟、完全定型化"[42]。曲辕犁沿用到了新中国成立初期。除此之外，唐朝江南地区还出现了稻麦复种制、茶林间作与鱼草轮作之法，这不仅令长江流域丰富的水热资源得到了更充分的利用，而且还有利于保持生态的平衡，江南水稻区的农业生产蒸蒸日上。

表 5-2-1　唐代前、后期南北农田水利工程统计[43]

地区	北方（关内、河南、河东、河北道）		南方（淮南、江南道）	
时期	唐前期	唐后期	唐前期	唐后期
工程项数	102	20	26	54
占该时期百分比	67.5%	23.5%	17.2%	63.5%

表 5-2-2　唐代前、后期各地农田水利工程统计

工程项数　时期 今省份	唐前期	唐后期	小计
陕西	10	5	15
宁夏	1	2	3
内蒙古	0	4	4
河南	13	6	19
山东	17	0	17
山西	17	1	18
河北	40	1	41
湖北	0	5	5
湖南	4	2	6
安徽	6	4	10
江苏	6	15	21
浙江	10	17	27
江西	0	14	14
福建	7	4	11
四川	15	4	19
广西	2	1	3
甘肃	3	0	3
总计	151	85	236

表 5-2-3 唐代前、后期各道农田水利工程统计[44]

道名 \ 工程项数占该时期百分比 \ 时期	唐前期	唐后期	唐代
关内道	12	11	23
	8.0%	12.9%	9.8%
河南道	29	3	32
	19.2%	3.5%	13.6%
河东道	17	1	18
	11.3%	1.2%	7.6%
河北道	44	5	49
	29.1%	5.9%	20.8%
山南道	4	6	10
	2.7%	7.1%	4.2%
淮南道	7	9	16
	4.6%	10.6%	6.8%
江南道	19	45	64
	12.6%	52.6%	27.1%
剑南道	15	4	19
	9.9%	4.7%	8.0%
岭南道	2	1	3
	1.3%	1.2%	1.3%
陇右道	2	0	2
	1.3%	0%	0.8%
总计	151	85	236

宋朝时，江南的水田耕作工具已较为配套，起秧、碎土、稻谷扬净等都有专门工具，复种（双季稻和稻麦两熟）技术也较为成熟，加之当时圩田①盛行于江南，"每一圩方数十里，如大城，中有河渠，外有门闸。旱则开闸引江水之利，潦则闭闸拒江水之害。旱涝不及，为农美利"[45]，唐末

---

① "圩田"指在低洼地围堤筑坝，把田围在中间，适宜种植高产水稻。

引自越南的较为耐旱的占城稻此时也在江南普遍种植,江南水稻产量得到极大提高,故南宋中期以来"苏湖熟,天下足"[46]的谚语广为流传。

综上所述,春秋以迄宋代,随着技术的进步,自然条件更为优厚的长江流域在农业生产方面逐步赶超了黄河流域,成为中国的粮食财赋供应基地。此后,长江流域的农业生产格局又发生了一定变化。宋元时期,圩田技术传至长江中游,是为垸田[①]。明中期以后,湖泊众多的两湖平原上普遍建起了垸田,水稻产量与日俱增。与此同时,江南地区则因工商业的兴盛而普遍种植茶叶、桑麻、棉花、果木等经济作物,稻米也不得不仰给湖广。于是,明代中后期又开始出现"湖广熟,天下足"[47]的说法,两湖平原取代太湖平原,成为全国最重要的商品粮基地;而苏杭一带的丝织业和棉纺织业则日益发达,出现了资本主义萌芽。

二、南迁征象

魏晋以降的经济文化重心南迁的征象表现为几个方面。

(一)南北人口与科举取士比重的逆转

在黄河流域以政治经济重心雄踞中华之时,长江流域的开发也取得了长足进展。以户口论,西汉时北方与南方呈3∶1的优势[②];到东汉时变为7∶5[③],南北人口差距缩小;至北宋后期,南北人口比为6∶4,完全确立了南重北轻的人口格局。[48]北南人口差距的顶点出现在元代,当时蒙古贵族的长期征战对黄河流域造成了极大损耗。至元二十七年

[①] "垸田是两湖平原河湖交错的水乡地区的一种四周以堤防环绕、具备排灌工程设施的高产水利田。"(梅莉,张国雄,晏昌贵等:《两湖平原开发探源》,南昌市:江西教育出版社,1995年,第91页。)

[②] 西汉平帝元始二年(2年),北方有口4299万余;南方有口1460万余,南北人口比为3∶1。(梁方仲编著:《中国历代户口、田地、田赋统计》,上海:上海人民出版社,1980年,第14—17页,甲表3.前汉各州郡国户口数及每县平均户数和每户平均口数)

[③] 东汉永和五年(140年),北方有口2800万余;南方有口1989万余,南北人口比为7∶5。(梁方仲编著:《中国历代户口、田地、田赋统计》,上海:上海人民出版社,1980年,第20—21页,甲表5.后汉各期户数、每户平均口数及户口数的升降百分比;第22—25页,甲表7.后汉各州郡国户口数及每县平均户数和每户平均口数)

（1290年），距离蒙古灭金（1234年）已过半个多世纪，当时北方与南方的人口之比仍仅为1∶7，直到明朝后期才恢复至2∶3。清末南北人口之比与明末大致相同。

再以科举取士为例，唐时科第人物尚是北方士人占绝对优势，[49] 入宋则科举及第比重开始南北易置。对于明清科举入仕者，江苏、浙江、安徽、江西已然在列省居优。长江流域举子的强势更令明朝不得不实行南北分卷及定额选拔的科考制度。但统计其中拔尖考生的地域分布，仍使南北差距立见。明朝自洪武至万历，各科状元、榜眼、探花，共计244人，其中南方籍有215人，占88.11%（见表5-2-4、表5-2-5）。[50]

表5-2-4　明代文魁（状元、榜眼、探花及会元）的籍贯分布统计[51]

南方（人）		北方（人）	
南直隶	66	北直隶	7
浙江	48	山东	7
江西	48	山西	4
福建	31	河南	2
湖广	8	陕甘	9
四川	6		
广东	6		
广西	2		
共计	215	共计	29

表5-2-5　明代分省进士统计[52]

	（一）	（二）	（三）	（四）	（五）	（六）	（七）		
省份	1371—1439	1440—1472	1473—1505	1506—1538	1539—1571	1572—1604	1605—1644	总数	位次
直隶	72	251	339	335	348	251	302	1 898	5
山东	53	124	219	270	325	310	422	1 723	6
河南	105	167	201	260	229	295	341	1 598	7
山西	49	88	153	190	207	180	241	1 108	9
陕甘	39	83	153	184	139	146	237	981	11
江苏	150	328	442	398	395	389	619	2 721	2

(续表)

省份	(一) 1371— 1439	(二) 1440— 1472	(三) 1473— 1505	(四) 1506— 1538	(五) 1539— 1571	(六) 1572— 1604	(七) 1605— 1644	总数	位次
浙江	290	363	488	532	561	471	575	3 280	1
安徽	76	109	157	167	169	170	188	1 036	10
江西	345	361	354	357	367	266	350	2 400	3
福建	237	211	232	354	309	352	421	2 116	4
湖北	40	59	113	154	165	191	246	968	12
湖南	27	66	89	72	47	57	68	426	14
广东	62	195	227	241	231	206	261	1 423	8
四川	57	87	125	137	128	88	169	791	13
广西	10	16	30	35	36	19	27	173	16
云南	4	13	27	45	35	39	78	241	15
贵州	0	7	4	10	17	20	27	85	17
辽东	0	10	13	13	10	4	7	57	18
总计	1 616	2 538	3 366	3 754	3 718	3 454	4 579	23 025	

(二)都城轴线的东西、南北之变

殷商以来,黄河中下游,即中原一带,是全国最富饶的区域,又接近王朝版图的中心,是兵家必争之地,占据中原就意味着把握天下,因此,从殷周至隋唐,国都始终在中原徘徊。今安阳、西安、洛阳一带被多次选为国都,原因盖出于此。不过,从隋炀帝开凿通济渠,迁都洛阳,唐代武则天也从长安迁都洛阳,到北宋进一步将京师东移开封以靠近运河干道等迹象来看:唐宋之际,中国古都在东西轴线上有一种自西向东迁移的明显态势。

从北宋开始,东北契丹、女真等半农半牧民族兴起,农耕民族与游牧民族冲突的重点区段已由长城西段转至长城东段。再加之运河淤废、黄河泛滥,无论政治、经济还是军事、交通,关中、河洛已丧失控扼天下的地位。自宋室南渡以后,长安、洛阳、开封等古都已不具备昔日制内御外的功能,以至元、明、清三朝,国都与黄河中下游无缘。长安更名西安,形象地表明它已由一国雄都变为一方重镇。

南宋朝廷偏安临安，即杭州。杭州早在北宋中叶，就有"东南第一州"之称。柳永曾有《望海潮·东南形胜》一词赞颂杭州的富丽：

> 东南形胜，三吴都会，钱塘自古繁华。烟柳画桥，风帘翠幕，参差十万人家。云树绕堤沙，怒涛卷霜雪，天堑无涯。市列珠玑，户盈罗绮，竞豪奢。
>
> 重湖叠巘清嘉，有三秋桂子，十里荷花。羌管弄晴，菱歌泛夜，嬉嬉钓叟莲娃。千骑拥高牙，乘醉听箫鼓，吟赏烟霞。异日图将好景，归去凤池夸。

南宋杭州的发展更为迅速，至南宋末年，临安户籍已有39万，人口有124万。当时有俗谚云："杭州人一日吃三十丈木头。"其意指城内30万户，每十户日磨损米槌一分，一天耗费三十丈材木。杭州又拥有天下绝美的西湖：断桥残雪、平湖秋月、曲院荷风、双峰插云、苏堤春晓、花港观鱼、南屏晚钟、雷峰夕照、三潭印月、柳浪闻莺。绰约多姿的自然山水经文人点化，更令人心醉神迷。苏州在当时也颇为繁盛，在北宋末年已拥有户籍40万[53]，被视为百事繁庶的地上天宫。南宋范成大流连苏杭，不禁在《吴郡志》中发出"天上天堂，地下苏杭"的由衷赞叹。而此时北方的汴京，"荆棘遗骸，交午道路，止存民居千余家"[54]。"北地称真定府最为繁华富庶。有南人北游，归而言曰：'曾不及吴城十之一二。他州城郭，更荒凉不足取。'"[55]

苏杭二州不仅自身富庶繁华，而且具有文化重心的功能。明人章潢曾从苏州立论，对苏杭的文化重心意义进行阐述：

> 夫吴者，四方之所观赴也。吴有服而华，四方慕而服之，非是则以为弗文也；吴有器而美，四方慕而御之，非是则以为弗珍也。服之用弥博，而吴益工于服，器之用弥广，而吴益精于器。是天下之俗，皆以吴侈，而天下之财，皆以吴富也。[56]

章氏所论是明代情形,也是南宋以来一脉贯通的态势。

以宋代为界,此前中国都城主要在东西轴线上移动,此后则主要在南北轴线上移动。南宋立都临安,金朝立都燕京,起于北方草原的元朝以大都为京师,成帝业于东南的朱元璋又建都南京。燕王朱棣从侄儿建文帝手中夺权,是为明成祖,他把首都迁到自己的根据地北平,升北平为北京,借天子之威,震慑北方游牧民族,自此,北京成为明清两代国都。而兴兵南方的太平天国和中华民国又相继定都南京。

不过就整体而言,经济文化重心的南移,并不意味着政治军事重心的随之南移,因为后者的确立除经济因素外,还受其他因素影响,比如,地理位置居中以驭四方,择都的习惯性标准,抗御北方胡人的战略考虑等,这使得经济文化重心已经逐渐南移的诸王朝仍将首都设于北方。不过,位于黄河流域的军政重心,需要依靠东南财赋。为调适这种"政北经南"的格局,隋唐至宋元南北运河的开掘便启动了,以富庶的长江经济支撑北方的政治军事重心。比如,元代立都于燕,"而百司庶府之繁,卫士编民之众,无不仰给于江南"[57]。又如早年间老北京谚语"紫禁城是大运河上漂来的"所云,元明清时期的北京物资供应十分依赖通过大运河漕运而来的东南财赋。"西北甲兵"与"东南财赋"共同构成唐、宋、元、明、清各朝赖以立国的两大支柱,而长江流域无疑是东南财赋的主要输出地。

在经济文化重心完成由西北向东南的转移之后,长江流域的开发也经历了由下游向中游扩展的过程,这从南宋谚语"苏湖熟,天下足"转变为明清谚语"湖广熟,天下足"即可见一斑,全国最重要的粮食基地,在南宋至明清时期,从长江三角洲逐渐转移至拥有更广沃土地和水热资源的长江中游地区。

(三)政治中心南人化

政治中心具有代表性人物籍贯分布的改变,是文化中心迁移态势的外在显现。三国孙吴、东晋和南朝时,江南虽曾是偏安王朝的统治中心,经济也得到一定程度的开发,但文化发展相对滞后,人才也相对贫乏,中央政权基本上为北人所垄断。据万斯同所编《东晋将相大臣年表》,在东晋的 15 位尚书令中，北人占了 12 位；在 40 位尚书仆射中，北人占了 30 位；在 31 位吏部尚书中，北人占了 24 位。南人在传统上颇受轻视。《南齐书·张绪传》载："（上）欲用绪为右仆射，以问王俭。俭曰：'南士由来少居此职。'褚渊在座，启上曰：'俭年少，或不尽忆。江左用陆玩、顾和，皆南人也。'俭曰：'晋氏衰政，不可以为准则。'上乃止。"

唐代情形也大体如此，根据《新唐书·宰相世系表》，唐代宰相总计 369 人，属 98 族，其中 9/10 为北人。北宋太祖、太宗两朝的将相重臣几乎全是北人。比如，石守信是开封人，赵普是幽州人，高怀德是真定人，范质是大名人，王审琦是辽西人。至真宗、仁宗时，王钦若（临江人）、丁谓（苏州人）进入政权核心，南人开始为相。

北宋中叶以后，当宰相的南人渐多。浙江曾有 24 人担任宰相。陆游在《论选用西北士大夫札子》中指明两宋政权中心籍贯分布的改变："伏闻天圣以前，选用人才，多取北人，寇准持之尤力，故南方士大夫沉抑者多。仁宗皇帝照知其弊，公听并观，兼收博采，无南北之异。于是范仲淹起于吴，欧阳修起于楚，蔡襄起于闽，杜衍起于会稽，余靖起于岭南，皆为一时名臣……及绍圣、崇宁间，取南人更多，而北方士大夫复有沉抑之叹。"[58] 从"南方士大夫沉抑者多"到"北方士大夫复有沉抑之叹"，政权中心籍贯分布的改变鲜明地显示了文化中心由北向南的移转。

据清人黄大华《明宰辅考略》统计，"内阁大学士凡 163 人，自永乐初至崇祯末止"[59]，其中南直隶（今江苏、安徽、上海）27 人，浙江 26 人，江西 22 人，福建 11 人，东南四省独占总数的 53%。

（四）学术中心的南移

唐到北宋的学术中心位于洛阳、洙泗一线，南宋时则迁转到福建。福建在唐代被称为"无儒家者流"[60]的文化贫弱之地，但在南宋，其学术文化迅猛发展。自北宋末年，福建人杨时受学于"二程"，载道南归后，福建遂成为宋学中心。朱熹的籍贯虽为安徽，但实际生于福建，居于福建，死于福建，故其所创学派被称为"闽学"。道学中的重要人物，比如胡安国、罗从彦、李侗、蔡元定、蔡沈、黄干、真德秀等都是福建人。朱熹十分敏感地注意到中国学术中心的南移。明人黄仲昭、章潢高度评价福建的学术地位，将闽视为邹、鲁，黄仲昭在《八闽通志·序》中言："闽虽为东南僻壤，然自唐以来，文献渐盛。至宋，大儒君子接踵而出，仁义道德之风于是乎可以不愧于邹鲁矣。"章潢更是明确指出："邹鲁多儒，古所同也。至于宋朝，则移在闽浙之间，而洙泗寂然矣。"[61] 从南宋直至近代，南方学术文化始终引领中国学术文化潮流，成为学术中心之所在。

据《明史》有关儒林、文苑的记载，当时全国著名儒生有115人，其中江西35人，浙江26人，南直隶18人，福建9人，东南四省占全国总数的76.5%。据《清史稿》有关儒林、文苑的记载，当时全国著名儒生、文士有203人，其中南方长江流域170人，占全国总数的83.7%。[62] 另据统计，清代全国重要人才共计693人，长江流域有485人（福建省归入其他地区），远远超过黄河流域的100人，其中江苏185人、浙江114人、安徽57人、湖南41人，位列各省人才数量的前四位（见表5-2-6）。[63]

表5-2-6　清代人才统计[64]

项目区域		军事政治（人）	文化（人）	科技（人）	经济（人）	其他（人）	排序	合计（人）	黄河流域与长江流域比较（二者之和为100%）	占全国比例（%）
黄河流域	山东	11	20	1		1	6	33	17.2	14.5
	河南	6	2	1				9		
	河北	10	9	2			8	21		
	北京	3	5					8		
	天津	3	3					6	101	
	山西	5	3	2				10		
	陕西	6	3	2				11		
	宁夏	2						2		
	甘肃		1					1		

（续表）

区域	项目	军事政治（人）	文化（人）	科技（人）	经济（人）	其他（人）	排序	合计（人）	黄河流域与长江流域比较（二者之和为100%）	占全国比例（%）
长江流域	江苏	17	141	24		3	1	185	82.8	69.9
	上海	5	10		1	1		17		
	浙江	11	82	16	3	2	2	114		
	安徽	17	32	7	1		3	57		
	江西	6	8	2				16	485	
	湖北	10	9		1		9	20		
	湖南	29	11	1			4	41		
	四川	11	5	2				18		
	重庆	5						5		
	贵州	10	2					12		
其他地区	辽宁	10	2	1		1		14	108	15.6
	福建	17	7	4			7	28		
	台湾	2						2		
	广东	16	15	3			5	34		
	西藏	1						1		
	广西	16	3				10	19		
	云南	6	4					10		
合计（人）		235	377	67	6	8		694	100	100

第三节

近代文化的推进线路

长江流域在中华文明中日益提升的地位，与整个中国近代文化发生发展的推进线路息息相关。中国近代文化的发生发展，大体是由东南向西北渐次推进的。第一次鸦片战争主要围绕东部沿海地区展开，最早的五个通商口岸都位于东南沿海，长江干流仅入海口的上海位列其中。第二次鸦片战争之后，开放口岸已从沿海深入到长江中下游地区。随即，外国轮船开辟了长江航线，在方便其对中国内地进行经济掠夺的同时，也极大地加强了长江沿江城市之间的联系，加速了沿江城市带的形成。《马关条约》签订后，长江中上游的沙市、重庆也被迫开放，长江沿线布满了通商口岸。此后，清政府又在长江沿线主动开放了五处商埠。

在此期间，晚清洋务派官员也在19世纪60年代发起了向西方学习的洋务运动。对于发展中国的近代工商业，长江流域是重中之重。曾国藩、左宗棠、李鸿章、张之洞等洋务派的中坚人物，都曾长期担任长江流域的地方督抚，他们纷纷在自己的辖区内引进西方机器和技术，令长江流域的近代工商业发展走在了全国的前列。中国近代中期最重要的两大工商业基地，即以上海为中心的长江三角洲地区和以武汉为中心的江汉交汇地带，皆位于长江流域。

1911年，武昌爆发了辛亥革命，腐朽的清政府很快被推翻。在此期间，上海提供了大部分的经济援助；而后，中华民国又在南京建都；三座长江干流城市密切配合，改变了整个近代中国的社会面貌。在此后的历史进程中，长江文明在国内阶级斗争的腥风血雨、新旧文化的殊死搏斗、中西文化的激烈碰撞中实现了近代化的转换；同时，长江又在中国社会近代化的过程中起着十分重要的作用。

一、开埠通商的深入与轮船航线的开拓

长江流域在中华文明中日益提升的地位，不仅与其优越的自然条件及流域先民对自然条件的充分利用与开发有关，也与整个中国近代文化发生发展的推进线路有关。中国近代文化的发生发展，大体是由东南向西北渐次推进的。

第一次鸦片战争主要围绕东部沿海地区展开，长江流域的大部分地区并未被波及，仅长江三角洲地区的上海、镇江、南京三个沿江城市遭到了英军的侵略。最终签订的《南京条约》中规定的五个通商口岸都位于东南沿海，长江干流仅上海入列其中。1843 年 11 月 17 日，上海正式开埠。1845 年 11 月 29 日，英国在上海设立居留地（后来演变为租界）。1848 年和 1849 年，上海美租界、法租界相继设立。[①]

在开埠之前，上海在东南沿海航运业中的地位甚至还不及福州、厦门和宁波。但上海开埠后，一批批西方双桅船、夹板船、鸦片趸船和装备精良的飞剪船驶进吴淞口，沿黄浦江进入上海县城。到 1853 年，西方船队已将航线从广州（香港）推进到上海，上海航运业在东南沿海航线上被纳入近代化的国际航运轨道。此后，受太平天国运动的影响，越来越多的中国沿海转运业务改用外国船舶运输，并采取由南京、杭州、福州、广州或香港直航上海的模式。至 1860 年前后，驶入上海港的外国船舶每年达上千艘，原本航运业更为发达的厦门的进出口总额已经下降到上海的 1/40 了。随着中外贸易中心移入上海，上海成为东南沿海航运网络的汇聚点，以上海为枢纽的近代航运体系在东南沿海航运的南翼初步建立起来。

在两次鸦片战争期间，尽管东南沿海，尤其是长江干流入海口的上海的航运发生骤变，但传统的长江帆船业仍保持相对稳定，只有少量外国船舶驶入长江。但第二次鸦片战争之后，在被迫增开的 10 个商埠中，长江

---

① 1863 年 9 月 20 日，上海英、美租界合并为公共租界。

流域就占4个（汉口、九江、南京、镇江），开放口岸已从沿海各地深入到长江中下游地区，使长江及内河的传统航运业第一次受到强烈冲击，终于要面临资本结构和技术结构的深刻变革了。

清政府与英、法等国签订的条约规定：外国传教士可以到内地自由传教，外国人可以到内地游历和通商，外国军舰、商船可以驶入长江一带各通商口岸；中外人民争讼事件，由领事馆会同中国官吏审理；修改税则，减轻商船吨税。条约签订以后，汉口、九江、镇江都在1861年开埠，而南京则因当时在太平军控制之下，故开放时间延至1899年。随即，外国轮船开辟了长江航线，对中国内地进行经济掠夺，但这也加速了沿江城市带的形成（见图5-3-1）。

图5-3-1　上海外滩的船舶（[奥地利]雷蒙德·冯·斯蒂尔弗莱德·拉特尼兹摄于19世纪70年代）

1861年，英国率先在镇江、九江、汉口等三处口岸设立领事馆，外国轮船随之而来。1861年3月7日，英商宝顺洋行的扬子江轮最先由上海港驶入汉口港。自1861年4月开始，美商琼记洋行的"火箭号"轮船稳定往来于上海和汉口之间，从而开辟了最早的申汉航线。此后，长江干流上的外国轮船日渐增多。至1872年，已有13家外国轮船公司的轮船往来于上海、汉口之间，其中美商旗昌轮船公司的实力最为强劲，在1867—1872年几乎垄断了长江航运。1873年，李鸿章创办的轮船招商局成立，中国资本的轮船也开始在长江航行。随后，日、德、法等国轮船也相继投入申汉线。

1876年，中英签订《烟台条约》，长江沿岸通商口岸又增加了宜昌和芜湖，而安庆、湖口、武穴、陆溪口和沙市则成为实际上的准通商口岸[①]，重庆也允许英国派员住寓。1890年，中英签订《烟台续增专约》，确定重庆为通商口岸，随后英商立即开辟了从宜昌到重庆的轮船航线。通行外轮的长江航线进一步扩展至长江上游地区。

1895年，中日签订《马关条约》，长江中上游的沙市、重庆被迫对日本开放，日本可以在此通商、航行、租地、建房、设厂；条约还规定，日本轮船可以从湖北溯长江驶至四川。至此，长江沿线布满了通商口岸，英、法、美、日等国的轮船可从上海直通重庆，长江上游的沿江区域也被卷入了国际市场。面对外国势力沿长江不断开辟通商口岸以攫取更大政治经济利益的行径，清政府中的一些有识之士开始主张自开商埠以维护主权、发展经贸，故1898年后，清政府陆续在长江沿线主动开放了吴淞、岳州、武昌、下关、浦口等五处交通便利、商业繁荣的商埠。

长江干流各大口岸的通商，极大地促进了物流和人流，刺激了城市近代工业的产生与发展。沿江城市在物流方面呈现一大中心、五大中介的特点，一大中心为上海，五大中介为镇江、芜湖、九江、汉口、重庆。一艘轮船从上海出发，只需3天即可抵达汉口，而木船需要的时间长达20天。依托便利的轮船航运，上海将80%的进口商品转销内地，内地则主要通过上述五大中介口岸与上海取得联系，完成进出口货物交易。在轮船的带动下，长江成为引领中国步入近代社会的快速通道。

---

① 《烟台条约》规定大通、安庆、湖口、武穴、陆溪口、沙市为外轮停泊码头，允许英国派员住寓重庆，查看四川省英商事宜，同时规定租界内洋货免收厘金。

第五章 文明演进

二、洋务运动与长江工商业的兴盛

经历了两次鸦片战争的失败，晚清越来越多的进步官员开始正视中国与外国列强的巨大差距，19世纪60年代，洋务运动兴起。对发展近代工商业来说，长江流域的重要性毋庸置疑。曾国藩、左宗棠、李鸿章、张之洞等洋务派的中坚人物纷纷在自己的辖区引进西方机器和技术，长江流域的近代工商业因之蓬勃发展。

曾国藩是中国近代洋务运动的发起人和实践者，是中国近代化的发轫者。1861年，曾国藩开办了中国第一个近代军工厂——安庆内军械所，主要生产子弹、火药、山炮及洋炮洋枪。这个军工厂最初只是一个简陋的手工作坊，但它的产品是近代的船炮，还聘请了具有近代科学知识的徐寿、华蘅芳等人担任工程师，故其成为中国近代工业的雏形。

1862年，华蘅芳和徐寿父子试制成功了中国第一台蒸汽机。此后，安庆内军械所成功制造了中国第一艘火轮船。这艘轮船体积不大，速度不快，但它是中国自主制造的第一艘新式轮船，预示着中国近代化运动的起航，是安庆内军械所最值得称道的壮举。曾国藩在日记中欣喜地写道："窃喜洋人之智巧，我中国人亦能为之，彼不能傲我以其所不知矣！"[65]

1862年，另一位洋务派的实力干将李鸿章在松江开办上海洋炮局，雇用英国退役军官马格里生产炮弹。次年末，工厂随淮军进入苏州城，改名"苏州洋炮局"。1865年，工厂随升迁两江总督的李鸿章进入南京，更名"金陵制造局"，其工匠多达七八千人。当年9月，李鸿章又奏请朝廷收购上海洋泾浜的一处外国机器厂，工厂改名"江南制造局"。最终，近代中国最大的军火工厂——江南机器制造总局诞生。

江南机器制造总局在中国近代化的历程中，不仅是第一个真正意义上的近代化工业企业，而且还是中国近代工矿业、军事工业和近代科学技术的"机器母厂"，它仿佛酵母一般在中国农业社会的机体里源源不断地生发出近代工业社会的因子。在它的带动、示范和支援下，一大批工矿企业如雨后春笋般地涌现出来，如山东机器局、四川机器局、大冶铁矿、徐州煤矿、漠河金矿等。它们和江南机器制造总局一道构成了中国近代工业的基础。

1872年，李鸿章又在上海创办轮船招商局，以后又陆续在天津、汉口、广州、香港等地设立分局。轮船招商局是晚清洋务派由军事工业转向民用工业、由纯粹官办向有私人投资的"官督商办"转变而创办的第一个企业。当时，外国势力已经夺取了在中国沿海和内河的航行权利，垄断了中国的航运业，进行掠夺性贸易，获取了高额利润。轮船招商局的兴办，本是为了扩大财源、解决军事工业的资金问题，但确实在一定程度上起到了"振兴商务，抵制洋商"的作用。轮船招商局开业之初，在华的英国太古、怡和、美国旗昌轮船等轮船企业联合采用大幅度降低运费等手段，想挤垮招商局。李鸿章则采取筹借官款、增拨漕粮及承运官物等措施予以回击，使招商局转亏为盈，最终迫使美国旗昌轮船退出竞争。1877年，轮船招商局收购了旗昌轮船的所有产业，包括船只、码头和位于上海外滩9号的办公大楼，成为当时中国规模最大的轮船企业，一举打破了外国轮船企业对中国航运业的垄断。

在外国资本的大量涌入和洋务运动的激励之下，长江流域的工商业得到长足发展。中国近代中期最重要的两大工商业基地，皆位于长江流域，即以上海为中心的长江三角洲地区和以武汉为中心的江汉交汇地带。其中，上海的近代工商业起步较早，开埠后，列强为"扩展商业"，纷纷来沪开办洋行，扩张航运，设立银行，投资办厂；而长江中游的武汉三镇则主要因得到洋务运动的激励而迈入近代化的门槛。

19世纪四五十年代，外商进入上海后，立即开办大量船舶修造厂和出口加工工厂，其目的在于加强长江轮船运输和加速掠夺中国廉价出口商品。上海开埠之初的十余年间，外商在上海先后设立了12家船舶修造厂，19世纪60年代又有大规模发展。至19世纪90年代，英商祥生、耶松两家船厂日益壮大，工人皆达2 200人，规模相当可观，在行业中取得垄断地位。19世纪50年代末期，外商开始在上海筹设机器缫丝厂，缫丝工业成为19世纪末外商的重要工业部门。此外，上海还有蛋品加工、制革、轧花和机器打包等出口加工工业，上海地区的工商业在19世纪末被深深卷入了国际资本市场。

1895年，中日签订《马关条约》，外国资本在华大规模设厂获得了条约依据。于是，外国工业资本汹涌而来，并特别集中在上海兴办工厂，企业数量剧增，投资规模越来越大，行业类别扩张到各个部门。上海的外资工业资本总额从1895年的不足1 000万元，迅速扩张到1936年的4亿元，是同期上海民族工业资本的2.5倍，其在棉纺织、卷烟、饮料食品、机器制造和公用事业等主要行业中占据明显的控制地位。[66]

从开埠到抗战全面爆发，上海一直是长江各开放口岸中外资工业最集中的城市。日本调查资料显示，英、美、德、法等西方资本主义国家仅在上海一地设立的工厂就达183家，约占西方国家在华工厂总数的3/4。《马关条约》签订后，外商在长江其他开放口岸的投资虽也有明显增加，但先后设立的工厂不过数十家而已，且大多集中在汉口，其他工厂零星分布在重庆、镇江、南京、沙市等开放口岸。[67]上海对外国工业资本的吸引力，是长江沿线其他口岸城市所不能比拟的。1931年的资料显示，上海的外资工业投资约占在华外资工业投资总数的70%左右。[68]外国资本的大量涌入对上海的城市近代化意义极为重大，这使之成为沿江诸口岸城市近代化进程中的一个突出特例。

在外国资本的持续冲击与刺激之下，上海的本国资本工业也逐渐兴起。比如，19世纪60年代中期至19世纪90年代初期，洋务工业异军突起，其代表是江南机器制造总局和上海机器织布局，前者开我国近代军事工业之先河，后者则为我国"官督商办"民用工业之滥觞。不过，其资本远不能与外商资本相提并论，前者仅为后者的40%左右。《马关条约》中"日本臣民得在中国通商口岸城邑，任便从事各项工艺制造"[69]的规定，令洋务派在上海极力维护的本国棉纺织等工业失去了庇护，外国资本汹涌而至。短短五六年间，英、美、德等国在上海开办了41家资本在10万元以上的工厂，约占其在中国所建工厂总数的45%以上。[70]华商工业因此受到极大冲击，却也在阵痛之后毅然踏进了国际资本的激烈竞争之中，并在1911年辛亥首义之前就在上海工业舞台争得了一席之地。20世纪二三十年代，上海成为相对繁荣的民族制造业中心，上海的工厂生产的大量国产工业品通过港埠间的贸易源源不断地流向长江各口岸和全国各地，上海的本国资本工业成长为长江各口岸城市乃至全中国民族资本的表率。

不同于外资工业鼎盛的上海，武汉三镇的近代工业建设主要由本国资本主导。19世纪中叶的汉口是中国内地最大的茶叶交易市场，故其在1861年开埠之后，立即就有约20家俄、英、德等国洋行来此经营茶叶出口业务。其中，俄商的实力最为雄厚，1873年，俄商将原设在汉口附近产茶区的两座茶叶加工厂移至汉口，建成使用蒸汽机的新式机制砖茶厂。19世纪八九十年代以后，蛋品加工成为外商在长江口岸的新的工业投资热点。至1893年，汉口已有德、法、比等国投资的6家外商蛋品加工厂[71]，1895年以后，德、英、日商又在汉口增设蛋厂[72]，在19世纪末以前，汉口的蛋粉出口一直位居全国第一。其中发展最快的是英商"和记蛋厂"，在抗日战争全面爆发之前，年产冰蛋和干蛋达7 000吨，占华中地区蛋品出口总数的一半。

虽然1861年汉口开埠以后，外商纷纷在汉口设厂，使汉口成为长江各口岸外商工厂数量仅次于上海的城市，但其规模仍远逊于上海。在19世纪90年代之前，国人自办的近代工厂也迟迟不见起色。武汉真正意义上的近代工业的起步迟至张之洞督鄂。

1889年11月26日，晚清"洋务派"干将之一的张之洞在到武昌的第二天，正式接过了湖广总督的大印。此后直至1907年，张之洞三度出任湖广总督，在湖北推行"新政"，拉开了武汉近代工业建设的序幕。

1890年6月3日，张之洞设立湖北铁政局，正式开始筹办铁厂和枪炮厂。1893年10月22日，位于汉阳大别山（龟山）北畔的铁厂竣工，这就是举世闻名的汉阳铁厂。在1915年本溪湖煤铁公司炼铁之前，汉阳铁厂是中国唯一一家采用新法炼铁的钢铁企业，在持续出产优质钢铁的同时，还为促进新式冶金技术在中国的传播做出贡献，这些都推动了长江流域乃至整个中国的近代化进程。

1895年夏，在铁厂的不远处，曾经惨遭大火焚烧的湖北枪炮厂完成重建。翌年6月，湖北枪炮厂投产，开始正式仿造德国M1888式7.92mm口径5响毛瑟枪，并将其定名为汉阳造88式七九步枪（简称"汉阳造"），它是中国近代军工产品中的名牌。该厂投产后，生产规模不断扩大，军械品种不断增多，至 1904 年已陆续建设了制枪、制炮、炮弹、炮架、机器、钢药等十多个分厂，职工达 4 500 余人。张之洞以该厂非枪炮二字所能概括为由，奏请朝廷将厂名改为湖北兵工厂，该厂最终于 1908 年定名为"汉阳兵工厂"。汉阳兵工厂的设立和发展壮大，既为我国近代军火工业打下了坚实的基础，也推动了民用工业的发展。

在创办钢铁工业和军火工业的同时，张之洞还先后创设了纱、布、丝、麻四局，构成比较完整的近代纺织工业体系，令武汉三镇成为华中地区最大的纺织工业中心。除上述钢铁、军工、纺织等大型企业外，张之洞还兴办了一系列中小型工厂，如白沙洲造纸厂、湖北针钉厂、武昌制革厂、湖北毡呢厂、湖北官砖厂等。除发展近代工业之外，张之洞还开设学堂、派遣留学生、组训湖北新军，使武汉成为继上海、天津之后的又一洋务基地和近代大都会。在张之洞督鄂之前，汉口直接对外贸易的进出口总额最高不过数百万两，但在张之洞督鄂十余年后的 1905 年则突破 3 500 万两；间接对外贸易额在张之洞督鄂之前，最高为 1880 年的 4 200 万两，1904 年突破 1 亿两。在张之洞的治理下，汉口迅速由中古市镇转变为"驾乎津门，直追沪上"的近代大都会，成为我国仅次于上海的第二大通商口岸，被誉为"东方的芝加哥"[73]。

在张之洞督鄂期间，一些在国内颇有影响力的民营企业相继诞生，初步奠定了湖北近代工业体系的基础。经历辛亥革命的洗礼之后，汉口迅速重建，民族工业蒸蒸日上。20 世纪二三十年代，汉口的民族棉纱、面粉业已具备相当规模，是全国第二大近代棉纺织业中心和六大机器面粉业基地之一。

在中国被迫开启的近代化进程中，长江因其便利的交通和两岸发达的传统经济，成为西方列强攫取经济利益的重要通道，但水运便捷的长江也在事实上成为中国近代文化发生发展的推进线路。在这一过程中，长江沿岸以上海、汉口为代表的通商口岸城市，依托长江水道，建立起商品流通网络，从而实现了工业原料和工业产品的共享，相互推动着经济、社会的发展，沿江的政治、经济、文化长廊最终形成。中国近代文化也循着沿江城市—沿江长廊—长江经济腹地—广大内陆的顺序，由东南沿海向内陆渐次蔓延开来，长江成为引领中国近代化进程的重要线路。

值得玩味的是，近代中国开埠通商的渐次顺序（见表5-3-1），与20世纪以来我国改革开放的城市开放次第相差无几。改革开放伊始，深圳、珠海、汕头和厦门率先成为经济特区，这与1842年中、英约定开放的广州、厦门、福州、宁波、上海五口同属东南沿海地区。1984年，大连、秦皇岛、天津、烟台、青岛、连云港、南通、上海、宁波、温州、福州、广州、湛江、北海等沿海城市成为全国第一批对外开放城市。而第二次鸦片战争后，中国沿海的营口、天津、烟台、汕头、琼州（实际开埠时间为1876年）、台南、淡水等城市也被迫开放。所不同者，19世纪60年代同批开放的还有镇江、汉口、九江、南京（实际开埠时间为1899年）等沿江城市，而改革开放以后，沿江开放城市的设立则稍稍延后。1985年2月，党中央、国务院批准了《长江、珠江三角洲和闽南厦漳泉三角地区座谈会纪要》，将长江三角洲、珠江三角洲和闽南三角区划为沿海经济开放区，长江流域迎来了新的开放时代。

表 5-3-1　清末民初口岸开放时间表[74]

港埠名称	开放时间	港埠名称	开放时间	港埠名称	开放时间	港埠名称	开放时间
上海	1843	哈密	1881	江门	1904	瑷珲	1910
香港	1843	乌里雅苏台	1881	周村	1906	海拉尔	1910
澳门	1843			潍县	1906	珲春	1910
广州	1843	库伦	1881	通江口	1906	宁古塔	1910
宁波	1844	龙州	1889	铁岭	1906	浦口	1912
福州	1844	蒙自	1889	法库门	1906	洮南	1914
伊犁	1852	重庆	1891	新民屯	1906	葫芦岛	1914
塔尔巴哈台	1852	亚东	1894	江孜	1906	多伦诺尔	1914
		苏州	1896	南宁	1907	归化	1914
汕头	1860	沙市	1896	齐齐哈尔	1907	龙口	1915
营口	1861	杭州	1896	哈尔滨	1907	张家口	1916
天津	1861	梧州	1897	绥芬河	1907	锦州	1916

(续表)

港埠名称	开放时间	港埠名称	开放时间	港埠名称	开放时间	港埠名称	开放时间
镇江	1861	三水	1897	吉林	1907	郑家屯	1917
汉口	1861	河口	1897	长春	1907	赤峰	1917
喀什	1861	思茅	1897	辽阳	1907	包头	1921
九江	1862	广州湾	1898	凤凰城	1907	济宁	1921
淡水	1862	吴淞	1898	安东	1907	海州	1921
芝罘	1862	威海卫	1898	大东沟	1907	徐州	1922
台湾	1863	青岛	1898	满洲里	1907	郑州	1922
琼州	1876	大连	1898	沈阳	1908	无锡	1923
北海	1877	岳阳	1899	香洲	1908	宾兴洲	1923
芜湖	1877	南京	1899	昆明	1908	蚌埠	1924
宜昌	1877	三都澳	1899	公益埠	1908	铜鼓	1924
温州	1877	秦皇岛	1901	百草沟	1909	万县	1925
乌鲁木齐	1881	腾越	1902	局子街	1909	中山港	1930
古城	1881	鼓浪屿	1902	头道沟	1909		
吐鲁番	1881	长沙	1904	三姓	1909		

"80年代看沿海，90年代看沿江。"[75] 1992年，长江中上游的重庆、武汉、岳阳、九江、芜湖5个城市被率先批准为"沿江对外开放城市"。20世纪90年代是我国经济全面发展的战略关键时期，当时对外开放战略的主要任务就是"以上海浦东开发开放为龙头，进一步开放长江沿岸城市"[76]。长江中上游的这5个城市的周围是近百座中小城市和亿万人口的广阔内陆经济区，它们联合上海，充分利用长江黄金水道，彼此互为市场，使长江的沿江开放带初步形成；利用自身强大的辐射能力，将对外开放的成果洒向中国内地，贯穿了我国的东、中、西三大经济带，推动着东、中、西经济的平衡发展。其发挥的作用与19世纪的长江沿岸开放城市如出一辙。

与此同时，国家陆续开放黑河、珲春、满洲里、二连浩特、丹东等13个沿边城市及石家庄、南昌、长沙、成都等18个内陆地区省会城市，中国初步形成了由沿海顺长江向内陆延伸的宽领域、多层次对外开放新格局。在这一过程中，长江再度成为引领中国开放发展的重要线路。

三、长江文明与近代中国社会变革

1911年10月，辛亥革命爆发，不到3个月的时间里，清政府被推翻了。这场改变近代中国社会面貌的革命运动的爆发，有着深刻的政治、经济和文化原因，其中西方近代制度文明和文化的传播发挥着至关重要的作用，自上海开埠以来，西学即沿长江西进，最终在长江中游的武汉三镇结出了革命的果实。

自1845年上海出现英租界直至20世纪初期，西方列强在长江沿岸城市自东向西先后设立了11个租界。这些租界成为展示西方制度文明的窗口。长期处于专制制度统治下的中国人，经由这些窗口见识了西方先进的城市管理制度和立法、行政、司法三权分立的政治制度；了解了有关纳税人、权利与义务、选举等一系列西方近代制度名词，从而拓宽了视野，开始反思中西方在制度文明上的巨大差异，也为西学的沿江西进扫除了部分障碍，使沿江城市成为晚清西学东渐的主导。

在这些租界中，上海的租界开辟最早、面积最大、影响也最大，于是上海自然成为输入西方文化的先行者和主阵地。近代半数以上的西方译籍由上海承担，无论自然科学、应用科学，还是社会科学，影响很大、具有开创意义的中译本，多在上海出版。比如，1860年以前，全国最大的学术出版机构——上海墨海书馆，陆续出版了《续〈几何原本〉》《代微积拾级》[1]《重学浅说》[2]《植物学》[3]等一大批科学书籍，不仅数量遥遥领先，质量也是全国最好的。1860年以后，对外通商口岸逐渐扩展至长江中游和上游地区，外国租界也不断沿江西进，于是西学便乘着外商的轮船，由上海沿江向中上游辐射，长江水系遂演变为近代西学的传播线路。据统计，

---

[1] 由伟烈亚力和李善兰合译，是晚清传入中国的第一本高等数学著作。
[2] 由伟烈亚力和王韬合译，是晚清传入中国的第一本西方力学著作。
[3] 由韦廉臣、艾约瑟和李善兰合译，是晚清传入中国的第一本西方植物学著作。

晚清中国共出版过中外文报刊1 889种，其中638种报刊由长江沿线城市出版，占总数的33.8%。[77]

随着西学的不断传入，中国的先进人士开始摒弃自诩天朝上邦的观念。生活在长江流域的魏源、洪仁玕等人开始有意用"洋"代"夷"。1858年的中英《天津条约》第51条明文规定："嗣后各式公文，无论京外，内叙大英国官民，自不得提书'夷'字。"一字之改，既属被迫，也体现出对西方认识的变化。于是，从19世纪60年代开始，清政府中主张向西方学习的部分官员被称作"洋务派"。他们为了自强与求富，开展了引进西方先进军事装备、机器生产和科学技术的洋务运动。这场运动发端于镇压长江流域太平天国运动期间，在战争中获取了实权的曾国藩、李鸿章、左宗棠等人后来都成为盘踞长江下游的地方大员，纷纷在各自的辖区开展洋务；而湖广总督张之洞的辖区也在长江中游，所以长江流域自然就成了洋务运动的主阵地。

随着洋务运动的深入发展，洋务派对西方的学习，逐渐由器物扩展至思想文化方面。为培养更多精通西方先进技术的洋务人才，1870年9月和1871年1月，两江总督曾国藩上书清廷，请求派遣学生赴美留学，并于1872年1月与李鸿章联衔上了《幼童出洋肄业事宜折》，提出赴美留学的方案，最终获得了清政府的认可，成功开中国官派留学生之先河，令出国留学渐成当时先进人士的一种风尚。与此同时，洋务派官员在国内开设了各种新式学堂，学堂教授西方的语言、技术和军事知识。

1895年，清政府在中日甲午战争中惨败，宣告了洋务运动的失败。在此后兴起的维新变法社会思潮中，进化论已被引入中国并得到初步传播，"民权、平等"学说和"开民智"的主张也已出现。20世纪初，关于民族、民主国家和"脱奴隶而进国民"的讨论沛然兴起，一股思想解放的浪潮形成了。在此阶段，位于长江中游的湖北地区在张之洞的治理下，不仅初步建立了较为完备的近代工业体系，还因教育改革形成了知识分子群体，客观上为辛亥革命的爆发做了交通、经济和人员上的准备。

张之洞在督鄂期间，逐渐改制旧式书院，兴办一系列近代学校，并选派优秀学员赴海外留学，令湖北的近代教育走在了全国的前列。与兴学直接相关的还有图书馆、教育陈列馆的开设，西洋书籍的编译，官办湖北印刷局的开办，舆图局的设立（绘制湖北地图）。影响更大的是创办《湖北官报》，它以"宣达下情，启迪民智，开内地之风气，传外国之情形"[78]为宗旨。此后，各私家报纸也如雨后春笋般勃兴。在这种风气下，20世纪初，湖北地区出现了大批新知识群体，他们"多富于知识思想，能了解革命之旨趣"[79]，其在武昌起义爆发之前就已组织了科学补习所、日知会、共进会、文学社等革命团体，他们中的不少成员加入了湖北新军，并在军中宣扬革命思想，使湖北新军逐渐由保卫清廷的中坚转变为推翻清廷的革命核心。于是，在1911年10月10日，趁湖北清军主力入川镇压保路运动之机，留守武昌的新军毅然举起了反对清政府的旗帜，借助武汉三镇地处中部枢纽的优越地理位置，让革命的火焰迅速燃遍全国。

辛亥革命虽然推翻了统治中国2 000多年的封建帝制，但最终控制局面的袁世凯再度走上了专制乃至帝制复辟的道路。袁世凯死后，中国陷入内乱和分裂状态，各种社会思潮兴起，其中，激进民主主义、科学社会主义和文化上的新保守主义是在五四新文化运动中产生的影响较大的几种社会思潮。当时中国的近代化进程已深入到北方地区，北京已成为与上海、南京等沿江城市并列的文化重心，但长江流域仍旧出现了众多的弄潮儿。比如，《新青年》的创办者陈独秀出生于皖江入口处的安徽怀宁（今属安徽省安庆市），后来加入其中的胡适、刘半农、杨昌济等人也多半是长江流域各省人士。19世纪中叶以来，长江流域迭次兴起的革命思潮，培养了沿岸各省的大批新型知识分子。尤其值得注意的是，清末民初的十余年间，长江流域各省留日和留美学生的人数一直占全国留学生总数的七八成，这也是《新青年》杂志的作者以长江流域各省人士为主的原因。

这批来自长江流域的新型知识分子坚定地站在了维护和扩大民主革命成果的立场上，对攻击民主思想、否定共和制度的谬论严加批驳，真正起到了在国人观念领域破旧立新的作用。他们以笔代枪，发动文学革命，破除陈腐的、妨碍思想传播的旧文学，使科学、民主的思想在全国范围内传播开来。当时除北京之外，长江流域的上海、武汉三镇、长沙、成都都是全国新文化运动最活跃的地区。

从 1920 年起，科学社会主义开始在中国广泛传播。上海的《新青年》杂志最先刊发了探讨科学社会主义的文章，还开辟了讨论社会主义的专栏。上海又相继出现了《共产党》《劳动界》《伙友》等杂志，它们不仅介绍科学社会主义，而且还明确地把工人群众作为目标读者。此外，《新青年》杂志社等出版机构还出版了多种介绍马克思主义、讨论社会主义的书籍。在这种形势下，长江流域出现了早期的共产主义小组和马克思主义研究组织。通过共产国际和俄国布尔什维克党的帮助，1920 年，长江流域的上海、武汉、长沙等地先后成立了共产主义小组。次年 7 月，毛泽东、董必武、陈潭秋等人在上海召开了中国共产党第一次全国代表大会。值得注意的是，在参会的 13 名代表中，有 11 名代表来自长江流域各省。在宣传社会主义、组织成立中国共产党方面，长江流域的新型知识分子们又走在了全国的前列。他们于 1924 年和以孙中山为首的革命民主派达成统一战线，掀起了国内革命的高潮。

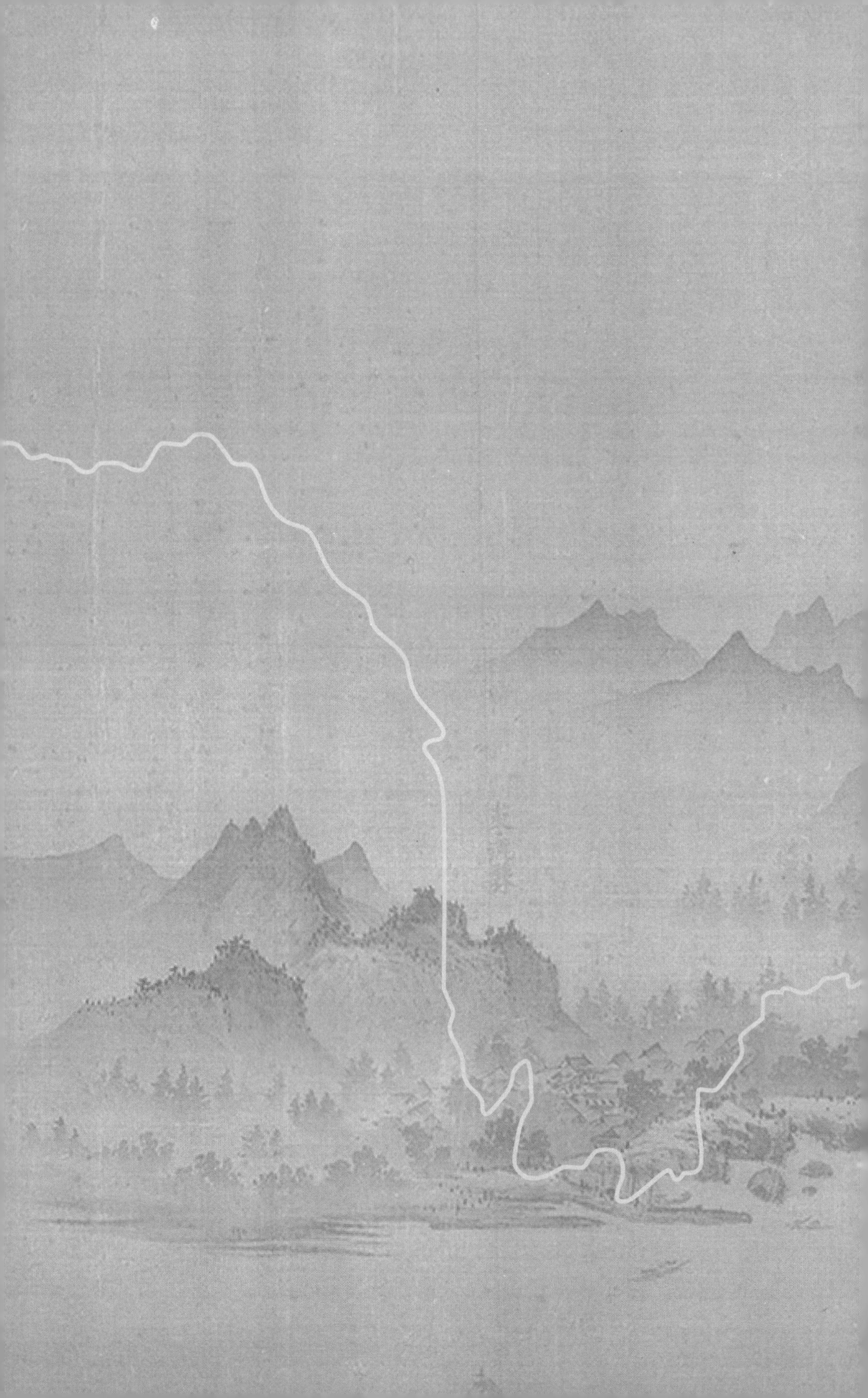

第六章 水运交通

第一节

早期运河工程

水量巨大、径流广远的长江,自西向东横贯大半个中国,与其南北两岸的众多支流一起构成了细密的纵横水网。数千年来,流域先民通过不懈努力,已将此天然水网串联构建成为可为人所用的四通八达的"黄金水道"。截至2015年底,长江干支流水系通航里程达6.5万千米,占全国内河通航总里程(12.7万千米)的51%,其干线货运量自2005年以来一直居于世界首位,是世界上运量最大、通航最繁忙的河流。长江水运交通的发展历程,就是一部人类勤劳智慧与优越自然条件相互促进、共同成全的辉煌史册。

长江水运交通的历史由来已久,早在七八千年前,长江下游的河姆渡、跨湖桥先民们就已经是荡舟弄潮的先驱了。1973年和1977年,考古工作者在浙江余姚距今7 000年的河姆渡遗址中发现了7支做工精细的雕花柄叶连体桨,这说明当时的河姆渡人已经具备了较高的造船技术,独木舟在长江中下游和滨海地区出现的时间当在此前数百上千年。另外在木桨附近被发现的一具舟形陶器,也可佐证河姆渡人已开始使用舟船。

果不其然,2001—2002年,杭州萧山跨湖桥遗址又出土了一艘8 200~7 600年前的独木舟,这艘独木舟停泊于湖泊(水域现已干涸)近岸水域的小水港边,东北端保存基本完整,船头上翘,船身有黑焦面,这证明跨湖桥先民是在整棵马尾松上用火焦法挖凿船体的。另外,考古工作者还从独木舟周围的种种遗迹中判断出,这是一个将成形的独木舟改造为可在大湖甚至近海地区航行的边架艇①的加工现场。[1]这足以说明,早在 8 000 年前,长江流域的部分先民已经用稳定性更强的舟船取代简单的木(竹)筏,舟船甚至还具备了在小河之外的广阔水域行船的能力。由此开始,长江流域各地区的先民们纷纷从小河起步,逐渐将性能愈加优良、结构日趋稳固的舟船驶向长江更大的支流甚至干流,在河沼密布、山岭起伏、森林茂密、陆路交通不畅的江南卑湿之地,构建起了一条水运交通网络。

随着水运网络的日渐通达,长江中下游的先民们也自然而然地倾向于聚居在舟楫靠泊点附近的地势较高处。比如,距今 5 300~4 300 年的良渚文化诸遗址多分布在背山面水的水路通达地带,其舟楫制作技术也已进入较为成熟的阶段,船的体积由小变大,结构也由简趋繁,良渚人熟练地利用舟楫穿梭于长江下游太湖流域和钱塘江流域,让各个定居点互通有无,创造了辉煌灿烂的良渚文化,证实了中华的五千年文明史。

为了更好地开展水上交通,整治河道的工作必不可少;为了通达触手可及的另一水系河流,人工运河也应运而生。不过,早期运河并非主要依靠人工开挖。借助天然河道,适当辅以开凿、连接和整治应是采用最多的方式,且受限于人工与技术,早期人工开凿的运河多为小型连通沟渠,为史籍所不载。最早见载于史册的大型运河是春秋中期长江中游的"云梦通渠"。

春秋中期,日益强大的楚国已经控制了汉江中下游以及长江中游的广大区域。但当时的长江中游与汉江中下游之间并无直达水路。汉江地区的人员和财赋需要顺汉江而下,抵达今武汉地区,再沿长江逆流而上,抵达位于荆江河段的楚都纪南城(今荆州城北),这十分不便;而楚军北进中原,大批物资也需要沿长江—武汉—汉江长途转运,绕道千里,消耗极大,这不利于楚军在中原地区的持久作战。为解决上述问题,公元前 601 年,楚国令尹孙叔敖开凿运河,沟通长江和汉江。

孙叔敖充分利用原有自然河流,引沮水入云梦,开挖了一条长约 87

---

① 在独木舟一边或两边绑扎木架,使其成为单架艇或双架艇,令其更加平稳。

千米、东西走向的水渠，使之连通长江支流沮水、漳水和汉江支流扬水。它极大地便利了江汉之间的水运交通，后人称之为"云梦通渠"（又称"楚渠""荆汉运河""江汉运河""扬水运河""子胥渎"等，见图6-1-1）。云梦通渠建成后不久，公元前597年，楚庄王即率准备充足的申息之师北上中原，击败中原诸侯盟主晋国，成就楚国霸业。

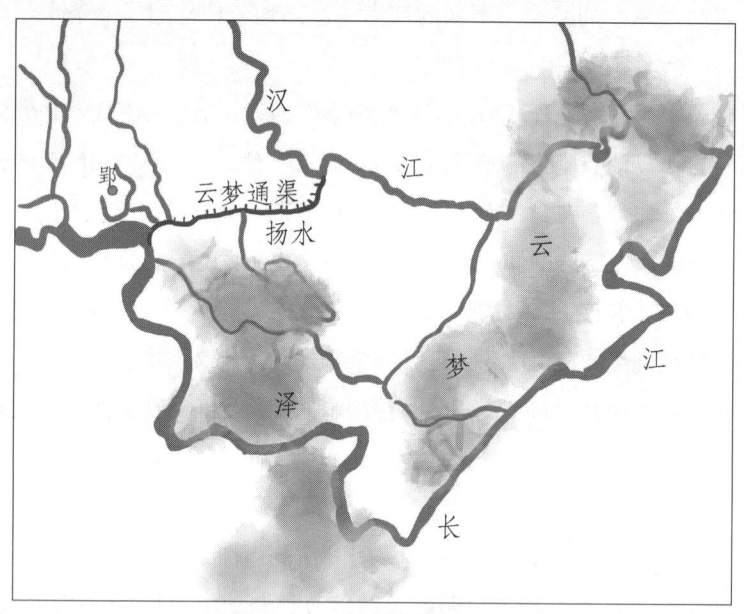

图6-1-1 云梦通渠示意图

此后，云梦通渠及其后续连通江汉的运河几经淤塞与疏浚、扩展，一直起着沟通江汉的作用，直到清末（1911年）才告中断（部分河段仍可通航）。2014年，引江济汉工程正式通水，中国当代最大的人工运河——现代"江汉运河"再度连接江汉（见图6-1-2）。

楚庄王之后，楚国北进受阻，转而东扩，逐渐攻占江淮间大片土地，楚人又在新占领的东方土地上挖掘了一条"巢肥运河"，沟通巢湖支流施水与淮河支流肥水（"淝水"），江、淮由此得以通航（见图6-1-3）。直至三国时期，巢肥运河仍旧十分重要，魏、吴水师常沿此一线展开争夺，此后其地位渐被邗沟取代，至大运河开通后终于堙废。

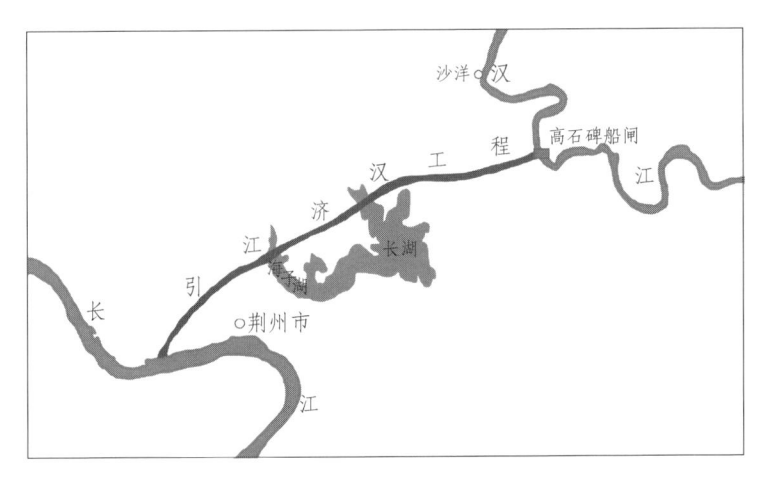

图 6-1-2　引江济汉工程示意图

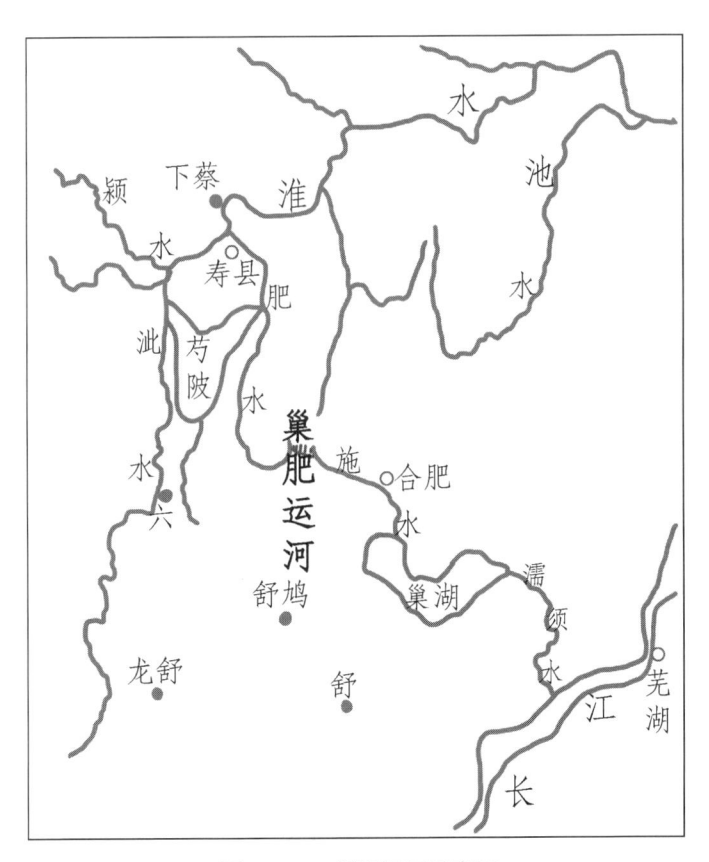

图 6-1-3　巢肥运河示意图

春秋末期，长江下游的吴国崛起。为满足争霸战争之需，吴王阖闾与夫差父子以太湖为中心，先后开通了胥溪、胥浦、百尺渎、古江南运河、邗沟及菏水等运河，它们的开通紧紧伴随着吴国的征战活动，在成就吴国霸业的同时，也极大地便利了长江下游与淮河及黄河下游之间的水运交通。

胥溪，又称"堰渎"，是伍子胥开通的一条连接太湖和长江的军运通道（见图6-1-4）。

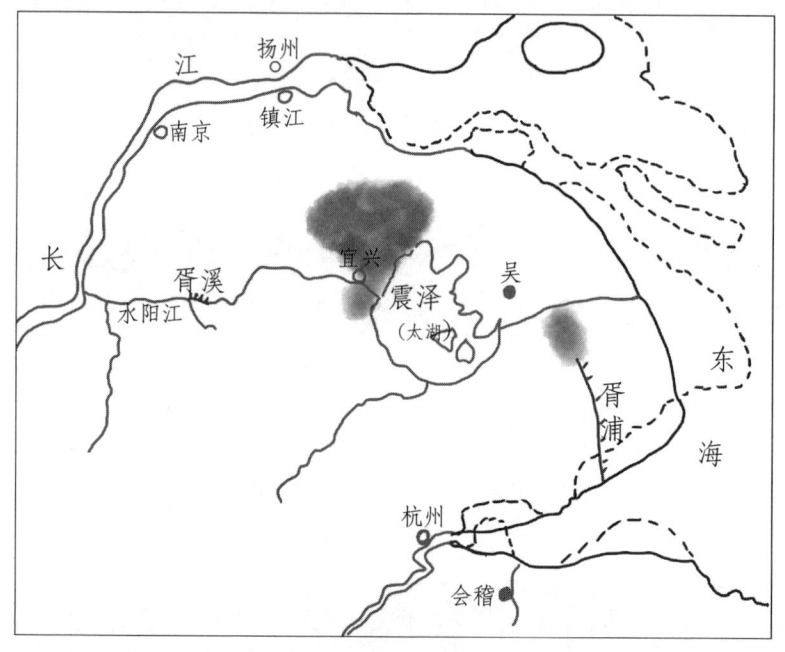

图6-1-4 胥溪和胥浦示意图

在胥溪开通之前，吴国水师欲攻打江北楚人，需从笠泽（吴淞江）入海，再溯江至濡须口，穿越巢湖，方可进入淮河流域。这不仅路途遥远，还有江涛海浪之险。

公元前6世纪末，吴王阖闾命伍子胥凿通东坝，沟通长江支流水阳江与太湖支流荆溪。建成后，吴国水师可从国都出发，向西驶入太湖，然后又由荆溪经宜兴、溧阳，由定埠进入胥溪，再经固城、石臼二湖与水阳江水系进入长江，再从芜湖渡江，经濡须口进入巢湖、淮河流域。这不但大大缩短了吴国水师通往淮河的航程,又可免江涛海浪之险。公元前506年,吴师经由胥溪水路大举攻楚,五战五胜而攻破楚都郢(纪南城)。更重要的是,"自是湖流相通,东南连两浙,西入大江,舟行无阻矣"[2],极大地便利了太湖流域与江淮之间的水路交通。

公元前495年,吴王夫差为应对日益强大的南邻越国,又命伍子胥疏浚太湖泄水道,凿成"胥浦",其西通太湖,东连大海。这不仅有利于应对越国,还方便了出海贸易。同年,吴王夫差为伐越,开通姑苏至古钱塘江北岸河庄山(今属浙江海宁盐官镇)的渠道,其被称为"百尺渎"或"百尺浦"。公元前494年,吴军由百尺渎大举攻越,越王勾践投降,越国几乎灭亡。在伐越大获全胜之后,吴王夫差开始为进军中原做准备。首先,他遣人开凿若干河段,将自然湖泊与之前开挖的邻近河渠沟通。如此一来,吴军便可由姑苏北上,经泰伯渎,至无锡西北行,过古芙蓉湖,进入长江。此即"古江南运河",是江南运河最早开挖的一段河渠(见图6-1-5)。

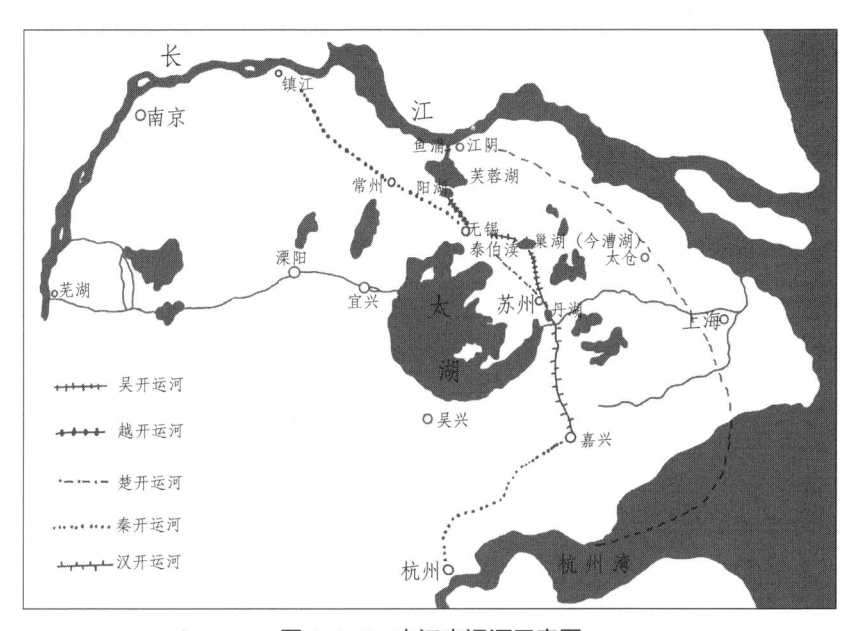

图 6-1-5 古江南运河示意图

在疏浚江南通江水道之后，吴王夫差又于公元前486年开挖"邗沟"，即自邗城（今属江苏扬州）西南引江水，在蜀冈下掘深沟，再向东北通博芝、射阳湖（射陂），折向北，至末口（今属淮安）通淮河。这是最早沟通江淮两大水系的运河工程（见图6-1-6）。但该工程系仓促完成，通航能力有限，流程曲远，未能马上投入军事用途。公元前485年，吴国水师北上攻打齐国，仍取道东海。

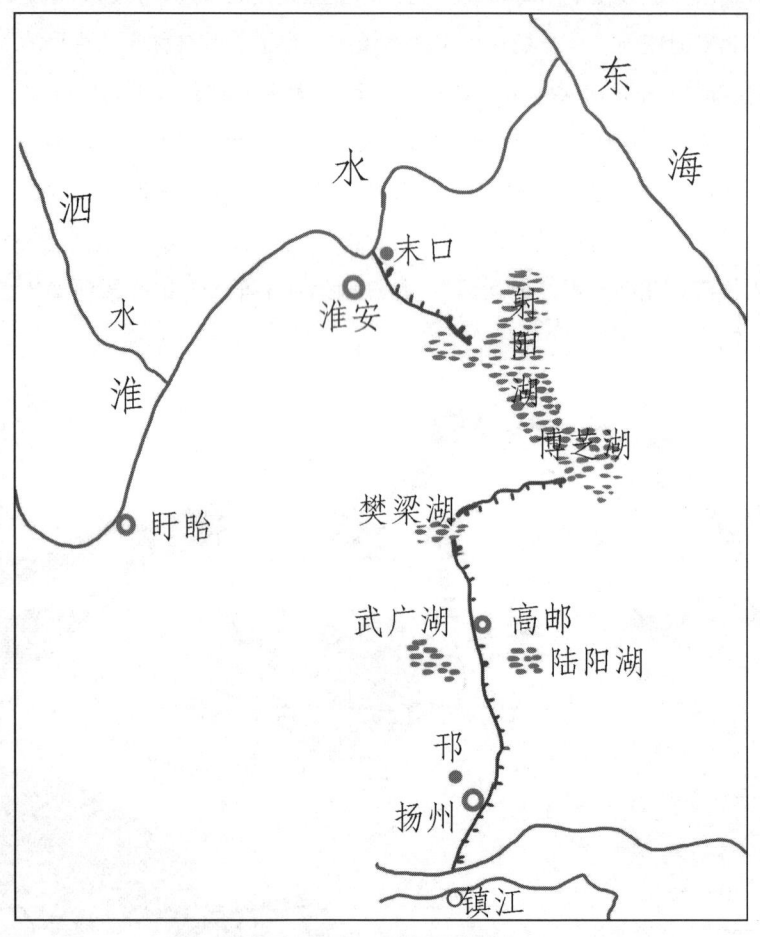

图 6-1-6　邗沟示意图

此后不久，吴王夫差为继续北上与晋国争霸，继淮南的邗沟之后，又利用泗水与黄河支流济水相距较近的有利条件，在淮河以北的今河南、山东交界地带开挖了一条沟通水道，使江淮流域与黄河流域首次连通。因其水源来自菏泽，故后世称其为"菏水"（见图6-1-7）。菏水开通之后，公元前482年，夫差率水师经古江南运河、邗沟、菏水，与晋侯在济水南岸的黄池（今属河南封丘西南）会盟，成就了吴国最后的霸业。

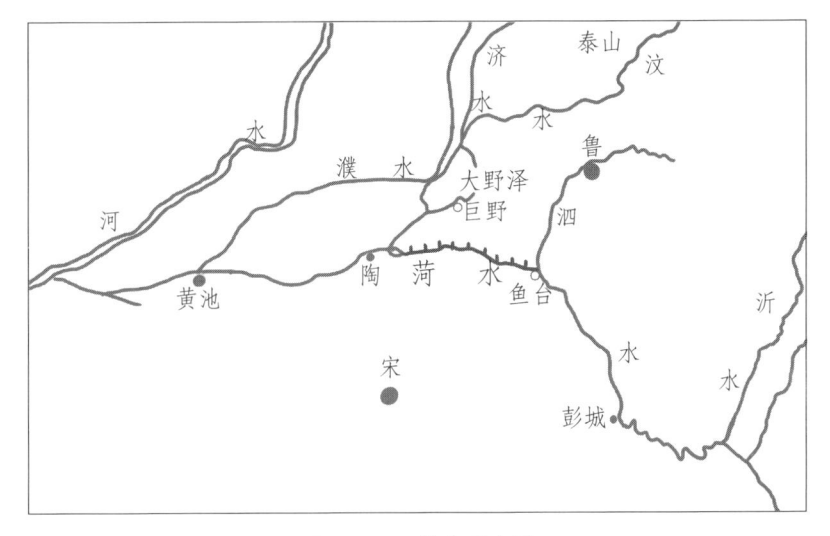

图 6-1-7　菏水示意图

春秋末期，吴国为征战活动而开凿的一系列连通运河，不但成就了自身的霸业，更重要的是，首次将太湖流域与以南的钱塘江流域及以北的江、淮、河、济四渎连通，极大地便利了南北水路交通，为大运河的最终贯通打下了坚实的基础（见图6-1-8）。

战国时期，避居西陲的秦国经商鞅变法后异军突起，东征南讨，用了130余年时间攻占巴蜀、兼并六国，并向南占领百越之地，奠定了现代中国版图的初步基础。为了满足征战需要，秦人修建了一批水利工程，很多工程既有防洪灌溉之利，又能提供水运交通之便。如战国后期蜀守李冰修建的都江堰（详见第一章）。而在秦人专为水运交通而兴修的运河中，最著名者当属灵渠。

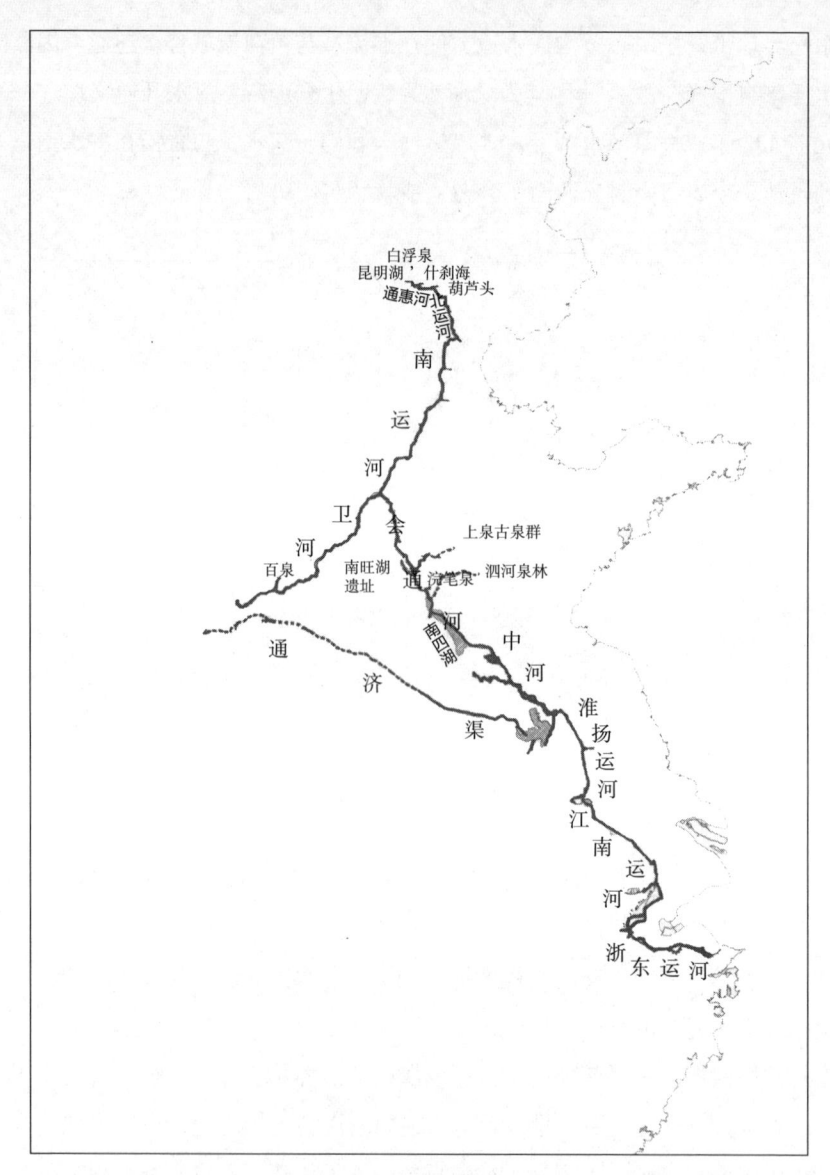

图 6-1-8 大运河总图

灵渠，古称"秦凿渠""零渠""陡河"，近代又称"湘桂运河""兴安运河"，位于广西壮族自治区桂林市兴安县境内，开通于公元前 214 年，全长仅 36.4 千米，但沟通了长江、珠江两大水系，自其建成直至 1928 年的 2 100 多年间，一直是我国南北水上交通的重要通道（见图 6-1-9）。清人陈元龙在《重修灵渠石堤陡门记》中说:"陡河(灵渠)虽小,实三楚两广之咽喉,行师馈粮,以及商贾货物之流通,唯此一水是赖。"

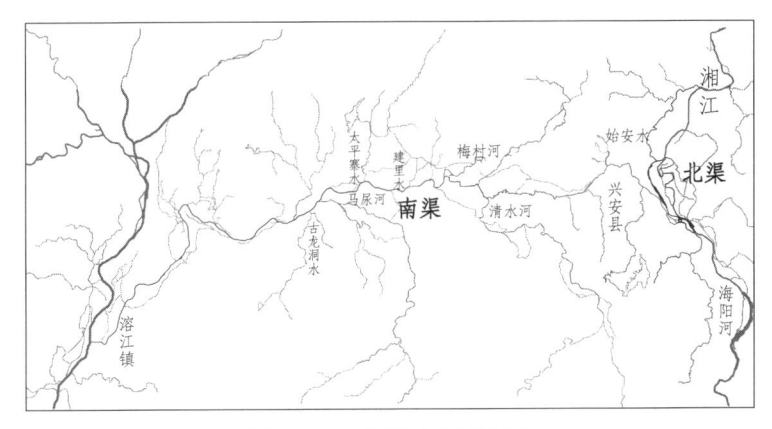

图 6-1-9　灵渠水系示意图

公元前 219 年,已完成统一六国大业的秦始皇,为将岭南百越之地纳入大秦版图,遣屠睢将兵 50 万,分五路越过南岭山脉进攻百越。但由于越人集团,尤其是西瓯人的顽强抵抗,加之山脉阻隔导致的补给困难,秦军一度陷入困境。据《淮南子》载,此役"(秦军)伏尸流血数十万",统帅屠睢也在今广西桂林一带遭百越人夜袭,不幸阵亡。为解决军粮运送困难的问题,秦始皇"使监禄凿渠运粮"。[3]

监御史禄领命之后,派出一批水工前往南岭山脉考察,发现桂林东北不远处的今兴安县一带为凿渠绝佳位置。此地有南岭五岭中的二岭——越城岭和都庞岭——分据西北、东南,地势高耸;县内东南尚有海洋山纵贯,越城岭和海洋山相夹的狭长地带地势较低(后人称之为"湘桂走廊")。而越城岭东西两侧又分别流淌着两条河流,即湘水和漓水。湘水北流注入长江,漓水南流注入珠江。漓水左岸有一条小支流,曰"始安水",其与今兴安镇高塘村旁边的湘江岸畔的直线距离仅为 1.6 千米,可谓近在咫尺,只是中间横亘一列宽 300 余米、高 20 余米的土岭,若将此土岭挖穿,湘、漓二水就可通,秦军粮草便可从长江流域南下直达岭南前线。

但这么做会有一个问题:土岭东侧的湘江比始安水低 4 米,直线开凿必会令水量本就不多的始安水倾入湘水，粮船也会因始安水浅甚至断流而无法继续南下。而秦人若欲引湘水注入始安水，就需要在高塘村旁的湘水建5米以上的大坝以抬高水位，这在当时的技术条件下很难完成，且紧张战事绝不容许启动此类旷日持久的工程。于是，水工们继续向湘水上游勘察，终于在稍远处（约距始安水4.2千米）寻得一处由湘江支流海洋河形成的静水区，曰"渼潭"（今称"分水塘"），此处较始安水略高（1.1米），且水面开阔，水流平缓，适合筑坝，并可容纳多艘粮船来往交会。于是，秦人即在此处拦河筑坝，挖掘其与始安水的连通沟渠，并疏浚拓宽始安水河道，终于在公元前214年成功引湘水流入始安水，沟通湘、漓二水，秦人粮船得以源源不断地翻越南岭运抵前线，秦军遂一举击溃广西西瓯人和越南中北部雒越人的残余反抗势力，攻占岭南地区。

秦朝的灵渠水利工程体系主要由渠首枢纽和干渠（南渠、北渠）组成（见图6-1-10）。渠首枢纽位于湘水，由铧嘴和大、小天平组成，主要功能是将海洋河水壅高并分流引入南渠和北渠。铧嘴是与大天平、小天平衔接的具有分水作用的砌石坝，位于分水塘拦河大坝上游，浑似中流砥柱，因前锐后钝，形似犁铧，故得此名。铧嘴于1885年被冲毁，次年于原址下游三十丈外被重建，形状已发生改变。铧嘴可将海洋河分为两支，三分水从左侧顺南渠（长33.15千米）入漓江，七分水从右侧顺北渠（长3.25千米）入湘江（"三分漓水七分湘"）。铧嘴所在河段地势较南北二渠为高，南北船只皆需逆水到达铧嘴，绕过铧嘴后即转为顺水。大、小天平皆为拦河大坝，二者呈人字形排列，可增强大坝抗压力，将海洋河隔断；在枯水期，可抬高河床水位，形成水塘，实现船只通航；在洪水期，可让多余水流自行从坝顶溢出，泄入湘江故道，纾解下游洪灾。因其"称水高下，恰如其分"，故名"天平"。大、小天平与铧嘴相互配合，将海洋河水分入南、北渠，分别流入湘、漓二水，是不折不扣的"渠首枢纽"。

灵渠的干渠分为南、北二渠。南渠是引湘济漓的主体工程，长33.15千米，其中20余千米渠道乃灵河故道，故此工程得名"灵渠"，因其渠道为人工开挖与自然河道疏浚相结合，故渠道各段宽度与水深差别较大：最窄处仅有6米，最宽处可达近50米，水深0.2~3米，大部分渠段宽7米

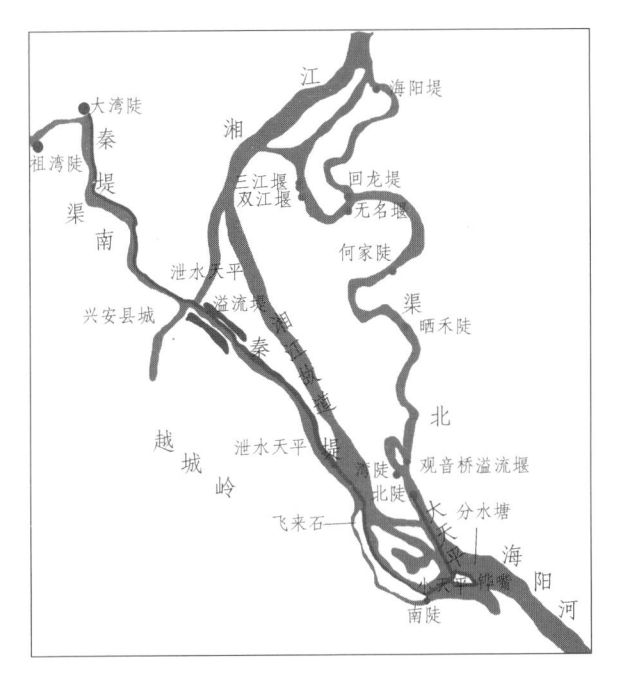

图 6-1-10　灵渠主体工程示意图

以上，水深 0.6 米以上；北渠长 3.25 千米，一般宽 13~15 米，皆系人工开凿，蜿蜒（连续两个 S 渠段）流入湘水，从而使水流变缓，水位上升，以保证通航。南、北渠皆设有泄水天平和溢流堰以分流多余水量，秦人还在南渠和湘江故道之间设置了一道长约 1.7 千米的堤坝以隔开湘水，堤坝两面皆由整块条形巨石筑成，远望宛如城墙，因建于秦代，故被称为"秦堤"。

秦亡之后，灵渠沿用不废，并常得修缮与改进，功能日益完善。后世先后在南、北二渠设置陡门，以壅高水位、蓄水通航，其可视为现代船闸的前身。其作用主要有二：一为调整水道水面坡降与渠道水深，以利行船；二为在海洋河枯水期时，由南、北二陡门与铧堤一起将有限水量蓄于分水塘中，再根据通航要求进行水量泄放，从而延长枯水期灵渠的通航时间。

陡门的始建时间尚无定论，最早的文字记载见于唐人鱼孟威的《灵渠记》："宝历初年（825 年），给事中考工渤廉车至此，备知宿弊，重为疏引。仍增旧迹，以利舟行。遂铧其堤以扼旁流，斗其门以级直注。"据记载，唐后期桂管观察使李渤视察灵渠，见灵渠年久失修，故加以疏浚，并设置了斗门（"陡门"）以利行船。但从其"仍增旧迹"的说法来看，灵渠此前当已设有陡门。

　　陡门一般设在水浅流急之处。在渠道的两旁各修一座半圆形[①]的陡盘（石堤），在两石堤正中大石上各凿一个放陡杆的凹槽。渠底有竖插的石条，被称为"海底"，"海底"正中的石孔（鱼眼）用于斜插陡杠。陡门一般宽5~6米，最大的大天平"第一陡门"宽7.1米。塞陡工具有陡杠（包括面杠、底杠和小陡杠，均系粗木棒）、水拼（用竹篾编成的竹垫）、陡簟（竹席）等。在枯水时节，当上游船来之际，守陡门的"陡卒"先将小陡杠下端插入陡门一侧陡盘的石孔内，上端斜插入另一侧陡盘的鱼眼之中；再以底杠一端置于陡盘的鱼嘴之上，另一端架于小陡杠下端；然后沿陡杠放置一排枊槎（俗称"马脚"，是由三根木棒扎成的三脚架），再在枊槎之上放置水拼和陡簟，这样就可堵塞陡门，拦河壅水。待水位升高至可行船时，陡卒将小陡杠敲出鱼嘴，塞陡之物就因水力而自行打开。由于水拼和陡簟之间有空隙，所以下游的水流不会干竭。至宋代，灵渠已有36座陡门，上下陡门同时运用，和现代的船闸原理相似（见图6-1-11、图6-1-12）。

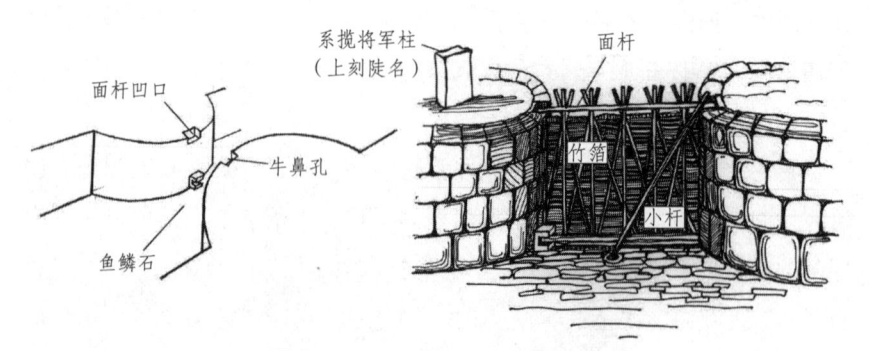

图 6-1-11　灵渠陡门构造示意图

[①] 以半圆形居多，此外尚有半椭圆形、圆角方形、梯形、蚌壳形、月牙形、扇形等。

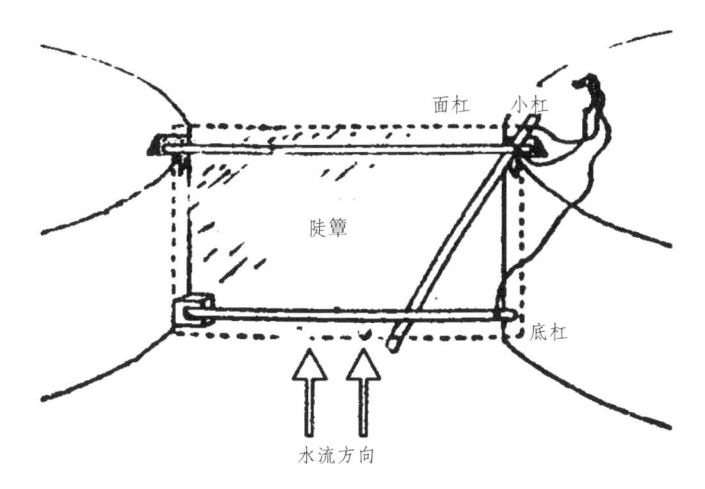

图 6-1-12　陡门使用示意图

　　除通航功能外，唐代开始在灵渠沿岸修堰筑坝，兴建灌溉设施，引水入田，发挥其灌溉功能。清代还在北渠建回龙堤、海阳堤，以保障灌溉安全。随着1928年桂黄公路和1937年湘桂铁路的建成通车，灵渠的水运使命终结，灌溉成为其主要功能。

第二节

长江与黄河的纽带：汉江

汉江全长 1 577 千米，是长江最长的支流（其流域面积在 1959 年府河改道之前亦居长江支流之冠），发源于秦岭南麓，干流自西向东横穿陕西省汉中盆地，流经湖北省江汉平原，于武汉汇入长江，支流伸入今甘肃、四川、重庆、河南四省（市）。

汉江作为连接长江、黄河两大流域的纽带由来已久。在新石器时代，长江中游和黄河中游两个地区的原始文化虽有各自显著的特征和源流，但存在着密切的联系，频繁的交流与相互融合使两地文化出现了许多共同的因素，在器物造型上也往往相互借鉴。比如，新石器时代晚期，受黄河中游的王湾类型文化影响，长江中游的石家河文化开始出现少量方格纹和绳纹；而黄河中游的王湾类型文化也同样受石家河文化的影响，出现了一些石家河文化盛行的镂空和圈足。在出土的两大流域中游新石器时代早、中、晚期的器物之上，我们都能看到两地文化交流与融合的迹象。在此过程中，汉江流域必然起到了重要的纽带作用。

成书于战国时期的《尚书·禹贡》载，在传说中的夏禹时代，长江中游荆州的贡品需"浮于江沱潜汉，逾于洛，至于南河"，就是乘船通过长江及其支流沱江、潜江、汉江到达汉江上游，改走陆路到达洛水（今河南境内的伊洛河，并非今陕西境内的渭河支流北洛水），再到南河（今山西、河南分界之河，属黄河水系）。这说明至迟到战国时期，汉江已是沟通长江、黄河两大流域最重要的水路通道。

20 世纪 50 年代末至 20 世纪 60 年代初，安徽出土了五枚金（铜）节，其中舟节二枚、车节三枚。这些都是楚怀王六年（公元前 323 年）时，楚怀王赐给其封地在鄂的儿子（"鄂君"）启的水陆交通免税通行证，其中的舟节（水运）对鄂君商船的通行线路有具体规定。

舟节的"路线"部分起首铭文云："自鄂市，逾沽，上汉，就屯，就芸阳。逾汉，就郢。"此处之"鄂"并非东鄂（今属湖北鄂州），而是西鄂，在今河南南阳市北[4]；"逾"是指顺流而下，"上"是指逆流而上；"沽"通"淯"，淯水即汉江支流"白河"。此句所言舟行路线：从河南南阳出发，顺白河南下进入汉江，再逆汉江上行，先后达到屯和芸阳，再顺汉江而下，达到楚都郢（前文已提及孙叔敖开凿云梦通渠，沟通汉水与长江，故此时商船可从汉江直达郢都）。屯和芸阳的具体地望尚存争议，大致应在今唐白河入汉江口之上的汉水中上游干流两岸，其中芸阳应为"旬阳"，即今陕西省安康市旬阳县，此处有来自今西安一带的旬河注入，其地时为秦楚边界，二国或可在此经由旬河进行商贸往来。由此可知，至迟到战国后期，汉江流域已是沟通关中、中原一带与楚国的重要水上通道，经济与军事价值极高。

秦楚数度交战，皆需仰赖汉江转运粮秣。两国围绕汉水中上游的汉中反复争夺，发生在楚怀王十七年（公元前312年）的秦楚丹阳、蓝田大战成为秦楚盛衰的转折点。楚军倾巢而出却遭遇惨败，丢失汉中土地，陷入困厄自守之局，再无力与秦争锋；而秦国则由此对楚国形成高屋建瓴之势，正如《史记·苏秦列传》中苏代所言："（秦）汉中之甲，乘船出于巴，乘夏水而下汉，四日而至五渚。"秦国汉中的军队，坐着船从巴江出来，趁着夏季的水势，从汉江顺流而下，四日就能到达邻近郢都的五渚了。这并非危言耸听，楚顷襄王二十年（公元前279年），秦将白起率军沿汉江南下，直趋楚国腹地，攻占楚副都鄢（今属湖北宜城东南）、邓（今属湖北襄阳邓城），次年拔楚都郢，楚国被迫迁都陈（今属河南淮阳），日趋没落。秦国则全面占领汉江流域，控制了南北、东西交通的要道，为今后的统一战争打下了坚实的基础。在此后的分裂时代，汉江流域都会成为南北政权的必争之地。如南宋政权的坚守和最终覆灭都与汉江中游重镇襄阳、樊城的得失干系重大。

秦汉至北宋时期，中央王朝的都城沿东西轴线移动，大致位于今黄河中下游陇海线经过的关中以及中原一带。虽然江淮及黄河之间有运河，隋朝还开通了大运河，但汉江始终是长江中上游地区财赋运往首都的重要通道，尤其是在大运河不畅之时，汉江更会成为长江以南地区粮草赋税运往京师的主要通道，备受重视。

汉初立国关中，漕运仰给河渭（黄河及其支流渭河），但路途漫长多阻，西汉政府采取了多种措施来缓解京城漕粮困难的状况，其中就有与汉江相关的"通褒斜道及漕事"（见图6-2-1）。

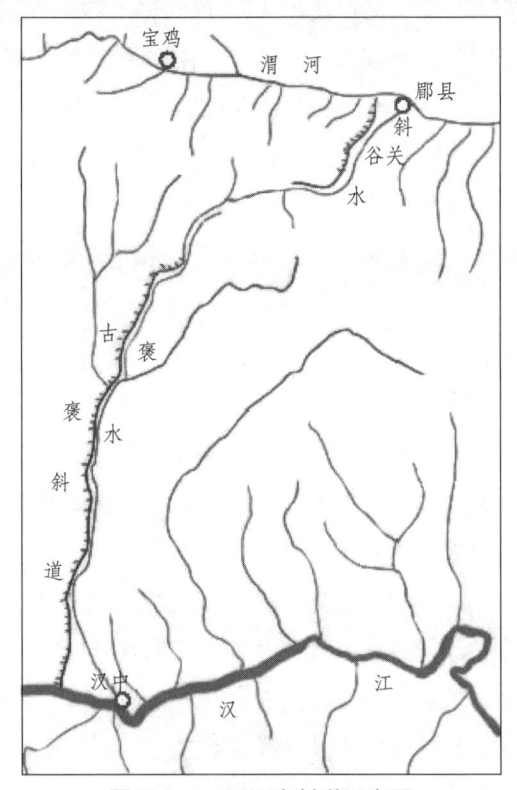

图6-2-1 西汉褒斜道示意图

其后人有上书，欲通褒斜道及漕事，下御史大夫张汤。汤问其事，因言抵蜀从故道，故道多阪，回远。今穿褒斜道，少阪，近四百里；而褒水通沔，斜水通渭，皆可以行船漕。漕从南阳上沔入褒，褒之绝水至斜，间百余里，以车转，从斜下渭。如此，汉中之谷可致，山东从沔无限，便于砥柱之漕。且褒斜材木竹箭之饶，拟于巴蜀。天子以为然，拜汤子印为汉中守，发数万人作褒斜道五百余里。道果便近，而水湍石，不可漕。[5]

提议者的理由是褒斜道可比此前的蜀道少走近400里路，且褒水通沔水（汉江）而斜水通渭河，它们都可以漕粮。山东（崤山以东）地区的漕粮，在南阳集结，走唐白河水路，进入汉江，逆流而上，再进入其支流褒水，继续逆流行船；从汉江支流褒水上游登岸，由此至渭河支流斜水，中间的百余里陆路，可用车转运；之后即可从斜水装船，顺流而下，进入渭河。如此一来，汉中的粮食可以运来，山东（崤山以东）的粮食从汉江漕运也没有险阻，比需要经过砥柱（今属河南三门峡）的河渭漕运方便。这一提议得到汉武帝的认可，他动用数万人开通500多里褒斜道，道路果然近便，但水急石多，不能漕运。虽然受航道条件限制，此水路难以实现大规模漕运，但汉江沟通南北的水运地位仍得以彰显。西汉王朝试图沟通渭河与汉江两大流域水上交通的一次重大努力，仍然得到两汉政权的重视。尤其是在东汉时期，西羌时有叛乱，褒斜道作为中央王朝控制巴蜀的交通枢纽，直至东汉末仍由皇帝下令开通。《后汉书·顺帝纪》："乙亥，诏益州刺史罢子午道，通褒斜路。"此后，褒斜道一直是川陕间最重要的交通线路之一。

唐朝时，为了开通经由汉江水系直达长安（今属西安）的水路，唐太宗于贞观二十二年（648年）试图再度开通褒斜道，但又因褒水两岸夏秋常有大石崩落，来不及在冬春清理完毕而无法施工。因当时渭河漕渠不畅，潼关以西只好采取陆运，运力下降。唐太宗之子唐高宗即位后，关中食粮供应就遇到困难。唐高宗在位期间，不得不因粮食问题而七次"巡幸"东都洛阳，之后，武则天干脆"改东都为神都"，长住洛阳了。唐高宗之子唐中宗即位后迁回长安，但景龙三年（709年），关中大饥，"群臣多请车驾复幸东都"。唐中宗为解决关中漕粮困难问题，接受了襄州刺史崔湜的建议，开通丹灞运道（见图6-2-2）。丹水和灞水分别是汉江和渭河的支流，二者源头相距仅10多里，只是高差较大，水路开通不易，最终，参与工程的数万民夫死亡过半，开通的新道也被洪水冲毁。

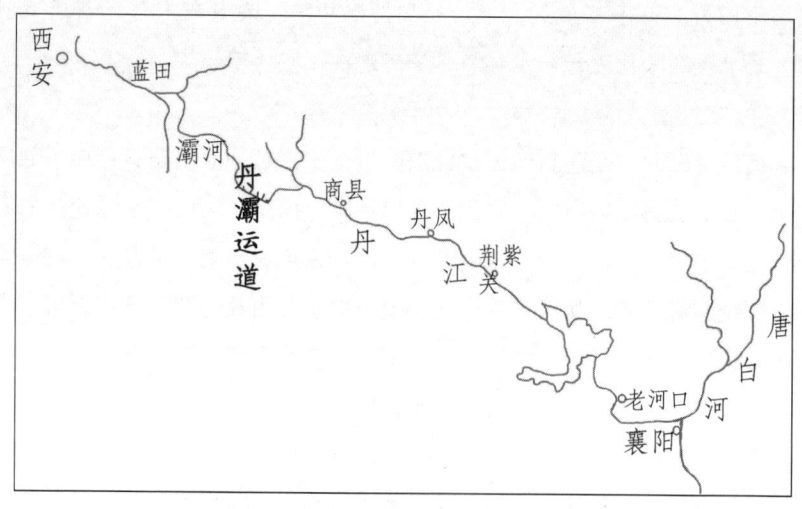

图 6-2-2　唐代丹灞运道示意图

虽然汉唐王朝三次大规模沟通渭河、汉江水路的尝试均未成功，但也由此凸显了汉江水路对关中王畿的重大意义。以唐中宗年间开通失败的丹灞运道的丹江而论，丹江发源于陕西商洛西北，于丹江口注入汉江，自古即为关中与长江中游沟通的重要水路。比如，战国后期，秦楚鏖兵的丹阳（今属河南省南阳市淅川县丹江和淅水交汇处一带）就是当时丹江水运的起点。此地的丧失意味着秦军可以以此为起点，通过汉江—丹江水路运送军粮，攻打楚国腹地，楚国核心区将无时不面临秦兵突然而至的威胁，故楚怀王不惜发倾国之兵反击。再如，东晋永和十年（354年），桓温第一次北伐，从江陵（今属湖北省荆州市）出发，先乘船经云梦通渠抵达襄阳，从襄阳进入均口（今属湖北省丹江口市均县西），逆丹江而上，到达南乡，再改由步兵从淅川西进以攻打由前秦政权控制的关中地区（今属河南省南阳市淅川县西南）。(《晋书·桓温传》："水军自襄阳入均口，至南乡，步自淅川以征关中。")

安史之乱后，受东部地区战乱和军阀割据的影响，东南财赋无法从汴水—大运河一线运到长安，于是，经鄂州（今属武昌）或荆州溯汉江而上的汉江航道就成为唐王朝最重要的水路。南方物资经汉江运至襄阳后再运往长安的主要路线有二：一是从襄阳溯汉江西上，可一直到陕西南部的洋州（今属陕西洋县，在汉江北岸），再转陆路经梁州（今属陕西汉中）走褒斜道越秦岭至长安；二是沿丹江到商洛地区，然后再陆路转运至长安。汉江—丹江水路遂成中晚唐时期京师财赋物资供给的生命线。

北宋时，首都继续东移至开封，仰赖南方漕运供给。其中，长江下游地区物资可直走大运河，而长江中上游地区物资需绕道走大运河，非常不便。当时，路出方城的"南襄隘道"为著名通道，交通频繁，而汉江支流白河流域经长期开发，其河道多有整治，较为通畅，且白河自襄阳至南阳段又是宋代的重要运粮水道，当时负责运粮的官员遂产生开凿运河以直通京师的想法。

于是，太平兴国三年（978年），西京转运使程能献提出在白河上源的南阳至方城开凿一条渠道（见图6-2-3），引白河水北上，使其通过蔡河（前身为战国时魏国所凿之沟通黄、淮的"鸿沟"）以"达于京师"。宋太宗采纳了该方案，诏发丁夫和兵丁数万人，"堑山堙谷"，但其终因地势与水位的关系——方城地势太高，所引之水无法到达，加之山洪暴发而失败。

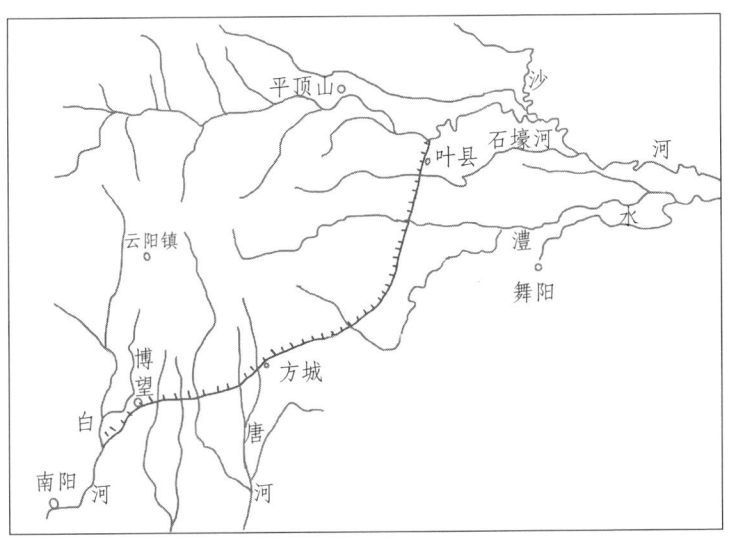

图6-2-3　北宋南阳—方城运渠示意图

诏发唐、邓、汝、颍、许、蔡、陈、郑丁夫及诸州兵，凡数万人，以弓箭库使王文宝、六宅使李继隆、内作坊副使李神佑、刘承珪等护其役。堑山堙谷，历博望、罗渠、少柘山，凡百余里，月余，抵方城，地势高，水不能至。能献复多役人以致水，然不可通漕运。会山水暴涨，石堰坏，河不克就，卒堙废焉。[6]

直接沟通汉江与黄河的运河工程虽然屡告失败，但丝毫未能影响汉江在北宋漕运方面的重要作用。10年后的端拱元年（988年），又有人建议开荆南城东漕河（见图6-2-4，前身即云梦通渠），开古白河，使物资可由荆州直达京师。虽然"古白河终不可开"，但通汉江的荆南漕河整治成功，"可胜二百斛重载，行旅者颇便"[7]。

至康定元年（1040年），欧阳修上书《通进司上书·便宜三事》，第一事即为"通漕运"。他认为汉高祖、曹操等人的行军路线表明汉江—丹江水路的意义重大，建议疏通其旧水路。如此则汉江干流沿岸武昌、汉阳、梁州、洋州、金州（今属安康）、商州（今属十堰）等地的财物，都可以通过汉江—唐白河水路运至南阳，然后通过武关道或丹江运往关西，从而纾解关西乏粮之困。他还盛赞汉江沿岸树木繁盛，易于建造船舶和车辆。[1]

---

[1] 原文：臣闻今为西计者，皆患漕运之不通，臣以谓但未求之耳。今京师在汴，漕运不西，而人之习见者遂以为不能西。不知秦、汉、隋、唐其都在雍，则天下之物皆可致之西也。山川地形非有变易于古，其路皆在，昔人可行，今人胡为而不可？汉初，岁漕山东粟数十万石，是时运路未修，其漕尚少。其后武帝益修漕渠，至漕百余万石。隋文帝时，沿水为仓，转相置运，而关东、汾、晋之粟皆至渭南，运物最多，其遗仓之迹往往皆在。然皆尚有三门之险。自唐裴耀卿又寻隋迹，于三门东、西置仓，开山十八里，为陆运以避其险，卒朔河而入渭，当时岁运不减二三百万石。其后刘晏遵耀卿之路，悉漕江淮之米以实关西。后世言能经财利而善漕运者，耀卿与晏为首。今江淮之米岁入于汴者六百万石，诚能分给关西，得一二百万石足矣。今兵之食汴漕者出戍甚众，有司不惜百万之粟分而及之，其患者，三门阻其中尔。今宜浚治汴渠，使岁运不阻，然后按求耀卿之迹，不惮十许里陆运之劳，则河漕通而物可致，以纾关西之困。使古无法，今有可为尚当为之，况昔人行之而未远，今人行之而岂难哉？耀卿与晏初理漕时，其漕尚少，至其末年，所入十倍，是可久行之法明矣。此水运之利也。臣闻汉高祖之入秦，不由东关而道南阳，过郦、析而入武关。曹操等起兵诛董卓，亦欲自南阳道丹、析而入长安。是时张济又自长安出武关，奔南阳。则自古用兵往来之径也。臣尝至南阳，问其遗老，云自邓西北至永兴六七百里，今小商贾往往行之。初，汉高入关，其兵十万。夫能容十万兵之路，宜不甚狭而险也。但自雒阳为都，行者皆趋东关，其路久而遂废。今能按求而通之，则武昌、汉阳、郢、复、襄阳、梁、洋、金、商、均、房、光化沿汉之地十一二州之物，皆可漕而顿之南阳。自南阳为轻车，人辇而递之，募置递兵于十五六铺，则十余州之物日日入关而不绝。沿汉之地山多美木，近汉之民仰足而有余，以造舟车，甚不难也。前日陛下深恤有司之勤，内赐禁钱数十万以供西用，而道路艰远，辇运逾年，不能毕至。至于军装输送，多苦秋霖，边州已寒，冬服尚滞于路。其艰如此。夫使州县纲吏远输京师，转冒艰滞然得西，岂若较南阳之旁郡，度其道里入于武关与至京师远近等者，与其尤近者，皆使直输于关西。

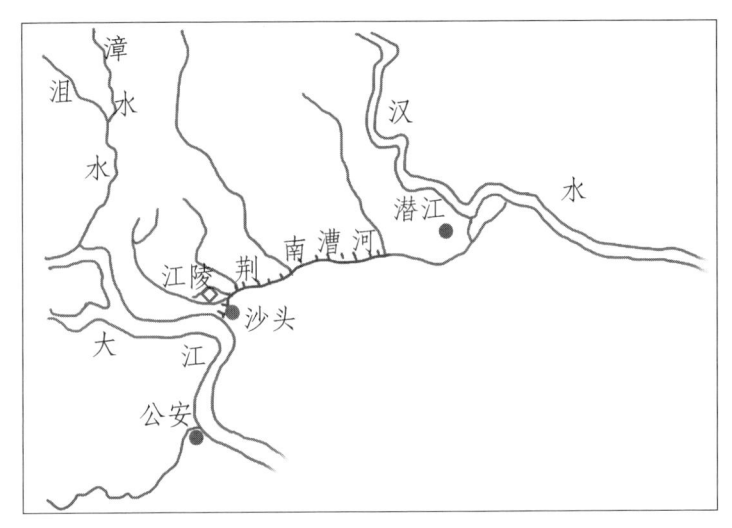

图 6-2-4　北宋荆南漕河示意图

南宋时期，为阻挡金兵南下，荆州屡兴水柜工程，由此产生规模宏大的军事水利工程——三海八柜，其淹没范围极广，荆南运漕与天然河道已相混而不可确指，至元代被废，汉江水运因此大受影响。元、明、清之后，京师常设北京，江南财富仰给大运河运送，汉江水系不再是关系社稷安危的漕运枢机，但仍是西北、中原与长江之间的水陆转运要道。

清康熙中叶，关中大饥，需运粮接济，于是又有人建议在龙驹寨（丹江航道上游终止处）和潼关之间开凿运河，以求一劳永逸地解决关中漕粮问题。此建议并未被采纳，粮食仍需经襄阳从丹江水运至商州，再陆路转运至西安。运河之事虽仍未成，但丹江水运规模在清中叶仍相当可观。

清乾隆六年（1741年），陕西对陕南垦殖政策做出重大调整，大批湖广、江西移民纷纷涌入陕南、鄂西。陕南人口在康熙中期仅有49万，至道光初年已增至384万，当地农业与手工业的蓬勃发展，使汉江干流的航运事业迅速恢复并趋于兴盛，安康逐步成为陕南、鄂西北最大的货物集散、转运中心。

第三节

近代航运

长江干流径流广远，云南水富（此前，长江干流航道起点为水富之下30千米的四川宜宾，目前水富—宜宾段30千米航道为V级，宜宾以下航道均为Ⅲ级以上。水富以上至攀枝花河段正在进行全段渠化工程，有望形成734千米的库区深水航道）以下2 838千米河道均可通航，航道终年不冻，自古即为中国东西航运大动脉。

"目前，10万吨级及以上海轮可乘潮减载抵达南通，5万吨级海轮可全天候双向直达南通港。3万吨级海轮可直达南京，洪水期可驶抵芜湖港。洪水期万吨级海轮可直抵安庆港。安庆—武汉航段可通航5 000~10 000吨级海轮。武汉—宜昌段可通航由1 000~5 000吨级内河船舶组成的船队。宜昌—重庆段可通航3 000吨级船舶。重庆—宜宾段可通航1 000吨级船舶。水富—宜宾段可通行300~500吨级船舶。安庆（钱江嘴）—武汉段、武汉长江大桥—城陵矶河段的海轮航道采用海轮推荐航线的方式，5 000吨级海轮可直达武汉，3 000吨级海轮直达城陵矶。长江中游武汉长江大桥—城陵矶段海轮航道开放期为5月1日—9月30日，安庆（钱江嘴）—武汉段海轮航道开放期为4月1日—11月15日。"[8]

此外，长江拥有7 000多条各级支流，其中3 600多条可通航，此外尚有历代开凿的大量运河，它们与干流共同织就了一张西通川黔、东到大海、北及豫陕、南连桂粤的纵横水网，其航运价值十分巨大，被誉为"黄金水道"。据学者估算，"在1840年以前，中国的内河帆船的载重量在七八百石（五十吨）以上者，当不下一万五六千只，总吨数约共一百五十万吨"，其中"载重量在七八百石以上的帆船当不下七八千只。

平均以八十吨至一百吨计，帆船就当有七十万吨左右的载重能力。加上盐船后，载重能力当共达八十多万吨"。[9]在第一次鸦片战争之前，长江流域的大型帆船载重量已超过全国内河大型帆船载重量的一半，其航运兴盛程度可见一斑。

不过，直到第二次鸦片战争之前，长江大部分河段（除入海口的上海港周边地区）的航运业仍处在木质构造、人力或风力驱动的阶段。长江的近代航运业是伴随着沿江各大口岸的接连开埠和外商轮船的驶入而起步和发展壮大的。换句话说，长江的近代航运业是伴随着自身的殖民化过程而兴起的。不过，令人欣慰的是，面对外商轮船公司咄咄逼人的气势和内外交困的局面，长江流域开眼看世界的官员们仍然坚持学习西方先进技术，自行制造或购买新式轮船，参与长江近代航运的激烈竞争。在与外国资本的竞争、妥协以及摆脱本国守旧势力束缚的过程中，中国人自主经营的长江航运业也步履维艰地迈上了近代化的征程。

一、外商轮船驶入上海

第一次鸦片战争前，作为一个水文条件上佳的内河型避风海港①和中国沿海南北货运理想交会点，加之周边地区商业市镇林立，地处长江入海口的上海早已发展成为商贸繁盛的"江海之通津，东南之都会"[10]，但受内向型经济格局的制约（特别是乾隆之后的广州一口通商政策），其不仅海运发展受限，与长江航路也往来不多，主要限于太湖流域。当时长江的航运中心是北通长江、背靠太湖、坐拥大运河的苏州，顺长江而下的沿江各省商船多以吞吐量巨大的苏州为目的地，当时的苏州"地当南北通衢，为十四省货物辐辏之所，商船往来日以千计"[11]，为天下四聚之一②。而在以内河航运为主的时代，地处长江入海口的上海显然无法与水路四通八达的苏州相提并论。

上海的转折始于道光二十三年九月二十六日（1843年11月17日）

---

① 受潮汐风浪影响少，水位落差小，常年不结冰。
② "天下有四聚，北则京师，南则佛山，东则苏州，西则汉口。"（清）刘献廷：《广阳杂记》卷4。

的正式开埠。在最早开放的通商五口中,其余四口均偏居东南沿海,而上海则地处中国沿海南北之中,背后又有广袤的长江流域①,地理位置绝佳,市场潜力巨大,很快就在同期开埠的港口中脱颖而出。大批外国商船纷至沓来②,经由上海港输入的大宗进口商品数量逐渐超过广州,至19世纪50年代初期,上海已经成为中国对外贸易第一大港和欧美列强的在华经济活动中心。殖民者们为维护上海,甚至不惜与太平军兵戎相见。而此前沿江地区大批以苏州为目的地的中国商船和粮船也都纷纷转向上海。1843年底,游历上海的英国植物学家兼英属东印度公司茶叶间谍福钧(中文名"吴智恩"),就当时上海的情况写道:"上海是中国沿海最重要的对外贸易地点,因此吸引着大部分公众的注意。我到过的城市没有一个具有这样的优越条件:它是通往中国的大门——事实上是主要的入口……上海港麇集着各种大大小小的船只……,自从开港以来,这些船只带来大量的茶和丝供应在这里开业的我国商人,在回程中把换到的欧美制造品运走……毫无疑问,几年之内,上海将不仅与广州匹敌,并且将成为一个较广州更重要的地方。"[12]至19世纪60年代,上海已经取代苏州的内河航运地位,成为新的江南首邑,由此正式成为长江近代航运的领头羊。

起初进港的外国船只仍多为木帆船,但随着需求的增大,上海港传统的沙船逐渐被载重量更大、速度更快的新式轮船取代。至1870年,上海港轮船的数量已超出木船,成为航运主力,而沙船数量则由鼎盛时期的3 000余艘锐减至1887年的200余艘。[13]

---

① 对此,后来的英国人费唐曾归纳:"长江是一条横贯东西的大江……将近50 000平方英里的长江三角洲上居住着4 000多万人口,而750 009平方英里的长江流域上的人口则是1.8亿,比世界总人口的1/10还要多。世界上没有其他地区有如此众多而稠密的人口,只依赖这么一条主要的河道。……长江的无数支流在冲积平原上指向四面八方,织成了一张水道运输网,远达北京"。(民国工部局华文处:《费唐法官研究上海公共租借情形报告书》,1931年印,第255、256页。)
② "这个口岸(上海)开放的第一年,即1844年,一共有四十四艘共载重八千五百八十四吨的外国船只进口。1849年一共有一百三十三艘船(载重五万二千五百四十七吨)进入这个口岸……1852年共有一百八十二艘船进入口岸,载重七万八千一百六十五吨……1855年共有四百三十七艘(载重十五万七千一百九十一吨),即英国船二百四十九艘(载重七万五千一百三十一吨),美国船九十六艘(载重五万六千七百九十二吨),其他各国三十六艘(载重二万二千八百五十七吨)。"([美]马士著;张汇文等译:《中华帝国对外关系史》第1卷《1834—1860年冲突时期》,北京:生活·读书·新知三联书店,1957年,第401-402页。)

二、长江近代航运业的兴起与发展

在第二次鸦片战争之前,外商的新式轮船在中国内河的活动范围仍仅限于上海周边,最远不过芜湖一带,其规模不大,且受到清政府的严格限制,如"英商船只在不通商口岸私作买卖,将船货入官之例办理",各洋商只能趁中国内乱之机,"置造小火轮船装运银两,前赴内地,采办丝斤并各项货物回沪"[14],对长江大部分地区的内河航运尚无法造成强烈冲击。不过,1858年6月26日,中英《天津条约》规定长江增开通商口岸,外国船只开始堂而皇之地驶入长江。

> 长江一带各口,英商船只俱可通商。唯现在江上下游均有贼匪(指太平军),除镇江一年后立口通商外,其余俟地方平靖、大英钦差大臣与大清特派之大学士尚书会议,准将自汉口溯流至海各地,选择不逾三口,准为英船出进货物通商之区。[15]

因当时长江中下游是太平军与清军拉锯激战之地,在许诺的"开放长江四口"中,除镇江以外,其余待选的三处沿江口岸在短期内尚不具备开埠条件。但长江流域的广阔市场令英国人急不可耐,遂于签订《中英通商章程善后条约》当天(11月8日),英国人就派额尔金率领由5艘巡洋舰和炮舰组成的舰队从上海出发,武装穿过太平军控制区(途经南京时还与太平军发生冲突),历时一个月,行程千余千米,舰队最终驶抵汉口,窥察武汉三镇达七日之久,并会见湖广总督官文。1860年11月,英国新任驻华公使卜鲁斯与恭亲王奕䜣等达成协议,不"俟地方平靖",准其"先赴汉口、九江两处开商"。[16]至此,"长江四口"已开其三,仅余中英、中法《天津条约》规定的通商口岸江宁(南京)需待战事结束后才可开埠(后因战乱残破而延宕至1899年5月1日才正式开放)。

1861年3月7日,英国军官威司利、商人韦伯乘坐商轮"扬子"号(此为首航上海—汉口的商轮)抵达汉口,"查看地势,立行通商"。[17]4天后,英国驻华参赞巴夏礼、海军提督贺布率军舰4艘来汉,面晤官文,与湖北官府签订《英国汉口租界条款》，这便是"汉口开埠"之始。由此开始，西方列强正式攫取了在长江中下游航行的特权（见图6-3-1）。一个月后，美商琼记洋行派出木制明轮（推进器装在船身两侧）"火箭"号首航汉口，当其返抵上海时，琼记洋行老板艾伯特·赫尔德不禁欢呼："我们把长江开发了。"[18] 此后不久，美英等国的洋行纷纷购置轮船，以上海为基地，大力开拓长江航运业，"到了1864年，当长江开放初期所订购的船只纷纷到达中国，其时长江上有一艘或一艘以上轮船行驶的公司，竟高达十余家之多"[19]（见表6-3-1）。

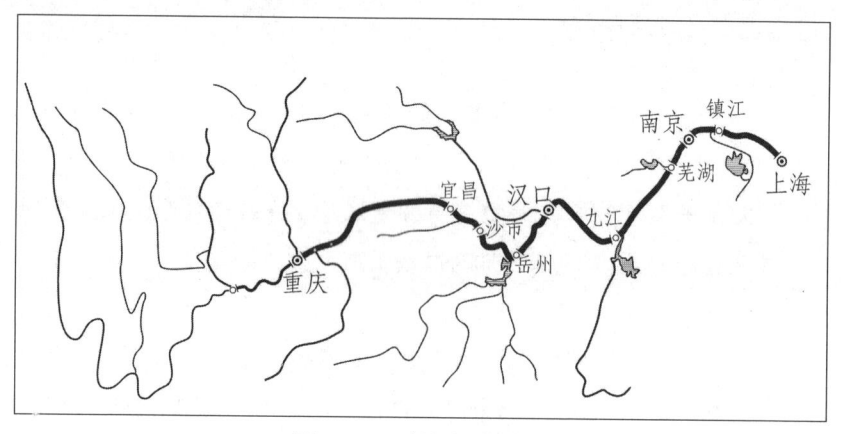

图6-3-1　长江近代航线

表6-3-1　1864年各洋行定期在长江航行的轮船[20]

船名	总吨	公司	国别
飞似海马号	1 215	宝顺	英
慕容号	1 223	吠礼查	英
火箭号	678	琼记	美
江龙号	945	琼记	美
快捷号	489	怡和	英
罗纳号	1 215	怡和	英
爆仗号	1 040	广隆	英
快也坚号	3 801	广隆	英
鄱阳号	827	同孚	美

（续表）

船名	总吨	公司	国别
大江号	609	同孚	美
九江号	1 065	同孚	美
湖广号	1 339	旗昌	美
山西号	1 006	旗昌	美
四川号	1 006	旗昌	美
江西号	1 086	旗昌	美
浙江号	1 261	旗昌	美

行驶在长江航线上的新式轮船，以航速快、运量大、安全可靠等明显的优越性，逐渐消除了中国各社会阶层对它的偏见。《申报》1872年5月30日发表《轮船论》："舟楫之利至轮船为已极矣，大则重洋巨海可以浮游而自如，小则长江内河可以行走而无滞，其运载重物也为至便，其传递紧信也为至速，其护送急客也为至妥且捷。"轮船由上海至汉口，用时不过3天，而民船最快也需20天，"其途间之累赘阻滞，较之轮船已可往返三次矣"。于是，轮船逐渐被长江沿岸居民接受，成为大众化的出行与货运、邮政通信工具。

与此同时，国人也开始仿制轮船。1864年1月28日，安庆内军械所的蔡国祥制造了我国第一艘木壳蒸汽轮船，其在安庆江面下水试航成功。曾国藩勘验后非常高兴，在日记中写道："出门至河下看蔡国祥新造之小火轮。船长约二丈八九尺，因坐至江中，行八九里，约计一个时辰可行二十五六里。试造此船，将以次放大，续造多只。"[21]

此后，经过徐寿、华蘅芳等人的不懈努力，金陵内军械所（1864年由安庆内军械所迁建于南京）终于在1866年4月制成了放大的明轮式木壳轮船。这艘轮船除了用于主轴、锅炉和气缸配件的铁料系进口，其余材料皆为国货，船身比安庆造的小火轮几乎长了1倍，时速也提高了将近1倍，船体和性能都有了明显的放大和改进。试乘后颇感满意的曾国藩将其命名为"黄鹄"，赞赏其如黄鹄般飞泳于江上。

1868年9月15日，中国第一艘自造的大型轮船①——"恬吉"号②于黄浦江下水试航，这引起社会广泛关注。当时，上海《教会新报》这样报道试航情景："而先有轮船数只皆系买之西人，兹此船乃本国始初自造也。"²²曾国藩在南京下关登船试航后，上奏折向慈禧太后道喜，盛赞该船"坚致灵便"，打算继续制造军舰，并认为"中国自强之道，或寄于此"③。

除轮船性能优良、方便大众、于国防大有裨益之外，直接推动中国资本涉足近代长江轮船运输业的原因还有其巨额的利润。据近代著名实业家徐润记载，1861年，长江四艘轮船中获利最厚的"总督号"，往返上海、汉口一次，"所收水脚（今按：水路运输的费用），足敷成本。缘彼时客位每客价银七十五两，每吨货价银二十五两，往来一律。加以下水时，拖带本地钓钩船四艘，或带镇江，或交上海，每艘装货五六百吨，每吨水脚价十五两，故获利最厚"。²³另据上海旗昌洋行行东之一金能亨在1861年的估算，当时，3艘轮船④就可组成一家轮船公司，每周定期在上海—汉口之间行驶两次，每年可获利34.2万美元（当时一两白银相当于1.35~1.43美元²⁴）。

很快，轮运业巨额的利润吸引了众多狂热的中国商人参与投资，这让"许多外国控制下的（轮船）公司的大部分股份在中国人手里"。²⁵但这些华商附股的企业的经营活动为外商及其代理人所主持，以外商利益为归附，所以"中国人的投资未能改变企业的外国对华资本输出的性质"，华商在外国轮船公司内部"处于附庸地位，就只能分润西方资本的余沥，为西方资本控制长江航运添砖加瓦，推波助澜，其作用也就只能是增强西方资本对中国本国轮船航运业的威胁"。²⁶例如，前文提及的金能亨依靠大

---

① 由江南机器制造总局徐寿父子设计制造。
② 由曾国藩亲自命名，取"四海波恬，厂务安吉"之意。
③ 奏折原文如下："恬吉号轮船造成后，先在吴淞口外行驶，再由铜沙直出大洋至浙江舟山而回，十月十五日驶至金陵。臣亲自登轮，驶至采石矶。该船坚致灵便，可以远涉重洋。打算造四艘，现第一号船属明轮，今后续造改为暗轮。将来越造越精，即使是二十余丈的大军舰，有可伸可缩的大烟囱，可高可低的轮轴，也可研制出来⋯⋯幸赖朝廷不惜巨款，不贵速效，得以从容试制，方取成功。中国自强之道，或寄于此。"
④ "后来经验证明，汉口—上海之间，每周正常航行两班，需要5艘轮船。"（刘广京：《英美航运势力在华的竞争（1862—1874年）》，上海：上海社会科学院出版社，1988年，第8页。）

量筹集华商资金，在一年之内获得了 100 万两（其持有的华商资本超过旗昌洋行本身的美籍成员），随即在 1862 年 3 月 27 日成立了旗昌轮船公司。虽然华商是这个公司最大的业主，但公司章程和结账契约明确规定，该公司的运营由旗昌洋行全权经管。"旗昌洋行是该公司（旗昌轮船公司）的永久代理人和司库。其职责是经管所有日常航运和仓库业务，包括任命高级办事人员，供应物资和煤炭，根据董事会的要求订购新的船只和机器，支付费用，收受各项收入。"[27] 大量的华商认股人，成为旗昌洋行维护其代理人地位的关键保障。

长江轮运产生的巨额利润和外国轮船公司垄断长江轮运的事实，引起了中国部分有识之士的警觉。1867 年，容闳提出了《拟议联设新轮船公司章程》，这正是针对西方轮船入侵，特别是旗昌轮船公司独占长江轮运的情况而提出的，他建议"设一新轮船公司，俱用中国人合股而成，拟装坚固快驶轮船四只，专走长江及走各埠"[28]，以打破西方资本垄断长江轮运的局面。近代启蒙思想家郑观应也曾在《易言·商务篇》(《易言》成书于 1871 年) 中说道："今者洋船往来长江，实获厚利，喧宾夺主，害不独商。宜俟中西约满之时，更换旧约，另议新章。凡西人之长江轮船，一概给价收回。所有载货水脚，因争载而递减者，酌复其旧，则西人罔敢异词。更于长江上、下游间，日开轮以报市价。庶长江商船之利，悉归中国。"[29]

1872 年 12 月 23 日，洋务领袖李鸿章也在《试办轮船招商局折》中痛心疾首地指出："各口岸轮船生意已被洋商占尽……须华商自立公司，自建行栈，自筹保险。"[30] 掌握实权的李鸿章很快将该想法付诸实践。一个月后，轮船招商局宣告成立，一举打破外商轮船公司在长江"垄断独登、操纵由己"的局面，标志着我国新式航运业的诞生。这是中国近代设立最早、历史最长、规模最大的民族轮船航运企业，也是洋务派从创办军火工业转向民用工业、由官办转向官督商办的第一个企业。

招商局成立后，派出"汉阳""洞庭"两艘轮船参与长江航运。感到垄断地位受到威胁的外国轮船公司（美国旗昌轮船公司和英国怡和、太古轮船公司），很快停止了相互之间的倾轧，转而"一致对外"。它们倚仗雄厚的资金和先进的航运工具，以及已经在中国攫取的优越航线和码头、货栈设施，采用"拒绝保险""杀价竞争""争夺客户""舆论攻击"等手段，压制、排挤招商局。但拥有清政府背景的招商局，在垫借官款、承运漕粮货物及缴税等方面都拥有特权，加之大量华商的支持，终令其在外商轮船公司的联合绞杀之下争得了一席之地。而外商轮船公司的自杀式降价竞争则反令自身陷入被动局面，尤其是曾垄断长江航运多年的美国旗昌轮船公司，"只计长江航线的情况下，1873年的旗昌不但毫无盈余，且尚有大量亏损"[31]，至1874年，旗昌轮船公司已丧失在长江航线中的优势地位，加之股票下跌、老板抽资以及旗下轮船多为木质（当时正处于铁质轮船取代木质轮船的时代），其终于在1877年将全部资产以白银222万两的高价售予招商局。招商局虽然至少多付了50万两白银，但终究因此大大提高了运力，还接收了旗昌轮船公司在沿江各地码头仓栈的扼要之区，令其日后能在与英商轮船公司的竞争中立于不败之地。1881年后，"长江生意，华商已占十分之六，南北洋亦居其半，固非归并旗昌不能及此"。[32]

虽然19世纪七八十年代官督商办的轮船招商局的崛起打破了外国资本对长江航运业的垄断，并在与英美轮船公司的对抗与妥协中不断发展壮大，但清政府奉行对民间资本开设轮船公司的打压政策，民族资本的长江近代航运业长期得不到发展。19世纪中期，长江轮运兴起之初，大批华商"其所以不乐自居华商之名，而甘附洋商之尾者"，正因"畏官之威，与畏官之无信而已"。[33] 19世纪70年代后，华商兴办内河轮运的要求也被清政府屡屡阻挠，即便政府勉强批办，也会多加限制。1877—1892年，招商局与英国太古、怡和轮船公司订立的4次齐价合同也都具有明显的排他性，"大众设法驱逐川走江海的野鸡船，俾我三家可以独占其利"。[34] 至1891年，詹事志锐奏请各省试行小火轮船，两江总督刘坤一仍以曾国藩提出的"华人行之，以豪强而占小民之利；洋人行之，以外国而夺内地之利"[35]为由反对。

1895年中日《马关条约》签订后，沙市、重庆、苏州、杭州成为新增通商口岸，列强的长江航运权由宜昌延伸至重庆，其势力也进一步扩张至长江干流之外的内河流域和广大腹地，疯狂扩张市场，掠夺资源。直至这时，清政府才相应减轻了对本国商人内河航运的束缚，开始逐步放开华商在内河行驶轮船的禁令，华商资本的内河轮运公司的经营这才突破原有限制，扩大至客货运输，并开辟了新航线。但清政府并未从根本上解除对华商经营轮运业的限制，更遑论鼓励和保护。1902年，清政府仍向外国列强承诺，凡不准外轮通行的内河，也不准华商轮船航行。加之19世纪末20世纪初，日本、德国及法国强势入侵长江航线，不仅进一步挤占了招商局的市场份额，也严重摧残了尚处萌芽期的华资轮运业。即便如此，长江流域的华资轮运业还是取得了一定的成绩。据统计，1901—1913年，长江航线上规模较大的华资轮船公司逐渐增至15家，长江轮运在一定程度上被这些公司包揽。[36]

自轮运兴起之后，长江航线很快成为中国"三大航线"中最兴盛的路线。据学者统计，到了1913年，"长江（仅以沪—汉航线为例）航线上有轮船31艘，81 035吨；北洋航线上，23艘，27 355吨；东南沿海航线上，17艘，20 812吨"。到了1937年，"长江航线，4 196.6万吨；北洋航线，至少在2 967万吨以上；东南沿海航线，2 923万吨"。[37] 长江轮船运力占全国总运力的四成以上，这一强大运力在抗战初期发挥了关键作用，肩负起了大撤退的重大战略任务，争分夺秒地将大量人员、厂矿设备及物资通过自身的航运水网撤至后方，为战略相持阶段的到来和最终的胜利蓄积了必要的力量（见图6-3-2、图6-3-3）。

图6-3-2 獭洞滩（三峡险滩之一）上的纤夫（[英]唐纳德·曼尼摄于1926年之前）

图 6-3-3　轮船行至泄滩（[英]唐纳德·曼尼摄于 1920 年）

　　另需说明，近代长江的旧式帆船业并未如上海等沿海港口沙船一般衰败。由于近代长江流域商贸的大发展，大量轮船无法到达的内陆地区、受条约限制外轮无法行驶的港埠，都需要传统帆船的转运；鉴于长江近代航线巨大的贸易规模，即使长江干流处于正常季节，其货物运输也往往需要帆船来补充轮船的运力；到了枯水期，部分干流河段的客货运输甚至要完全依靠帆船。故在相当长的时期内，长江流域的传统民船业不仅没有遭受致命打击，相反还呈现出一定的发展态势。

三、抗战初期长江大撤退的剪影——宜昌大撤退

　　1937 年"七七事变"爆发后，蒋介石于 7 月 17 日发表庐山讲话，表明了全面抗战的方针——以四川为战略大后方，以长江航道为主要通道，组织东部人员、设备与物资的大规模西撤，以保存抗战火种。

　　长江大撤退以招商、三北和大达等公司的上海航轮撤回长江为开端。8 月 11 日前，72 艘 200 吨以上的江海船舶已进入长江，加上此后俘获的 2 艘日本轮船，以及民生公司等拥有的 26 艘 200 吨以上的川江船，当时

航行在长江上的 200 吨以上轮船已达 100 艘[38]，这保证了东南沿海工厂西撤的基本运力。8 月 12 日清晨，海军司令部下令"沉船塞江"，前后两次共计 31 艘沉船阻塞毗邻上海的江阴航道，形成江阴阻塞线，以阻止日舰上窜。8 月 13 日，国民政府部队主动进攻上海日军，成功开辟了长江战场。在此前后（1937 年 7 月—1938 年 1 月），经长江向东调动的兵员多达 127.3 万人，大量军事物资使"淞沪会战"持续了 3 个月，这为民族工业的大规模西撤赢得了时间。

以此为开端，国民政府沿长江一线逐次组织抵抗，以空间换时间，充分利用长江航道，在一年多的时间内先后组织了上海撤退、南京撤退、武汉撤退与宜昌撤退等一系列撤退活动，把沿海、中原和长江中下游的大批人员、物资和军工、民用工厂撤至川湘，为支撑长期抗战奠定了人员与物质基础。

在此期间，在入川必经之路上的宜昌，发生了惊险程度和影响意义不亚于"敦刻尔克大撤退"的"宜昌大撤退"，为长江的近代航运留下了浓墨重彩的一笔。

宜昌大撤退主要由卢作孚的民生公司的船队完成。1925 年，卢作孚发起成立民生公司。次年夏，民生公司的第一艘轮船"民生"轮（载重 70.6 吨）开始在嘉陵江上营运。至 1935 年，宜宾至宜昌一线的所有数十家中国轮船公司皆已并入民生公司。1936 年，民生公司成功击败英、美、日等国的轮船公司，占据了六成以上的川江航运业务，迅速成长为中国最大、最有影响力的一家民营航运公司。随着日本帝国主义侵略步伐的加快，卢作孚开始为抗日战争的长江航运做准备。仅在 1935 年秋以后的一年半中，民生公司在上海订造的新船就达 21 艘之多。至 1937 年抗日战争全面爆发前，民生公司已拥有轮船 46 艘，总吨位为 1.8718 万吨，这为长江航线的战时运输打下了坚实的运力基础。

卢沟桥事变后不久，卢作孚接到政府通知——草拟抗日战争总动员计划。他号召民生公司将一切工作迅速转移至战争轨道，集中宜渝线上所有的轮船，抢运川军数万人出川抗日，并组织长江中下游的工业设备、物资和人员撤退至西南后方。1938 年 10 月 23 日，在武汉沦陷前夕，卢作孚飞赴宜昌，坐镇指挥宜昌撤退（见图6-3-4）。

图6-3-4 抢运物资的民生公司轮船（刘建林供图）

宜昌作为长江咽喉、入川门户，当时拥塞着3万以上的人员和待运入川的9万吨物资器材。这批物资极为重要，堪称中国战时工业的命脉，不容有失。当时，宜昌的形势万分紧急。宜昌至重庆的665千米河段为"下川江"，其多有峡谷、险滩，水流湍急，流向、流态复杂多变，1 500吨以上的轮船不能直达重庆，且夜晚不能航行，故所有上行轮船必须在宜昌等候换载川江的大马力小船。并且，当时长江上游的中水位仅能保持40天，此后较大的轮船将无法航行，而按照正常情形，民生公司在此期间最多仅能运送1.4万吨物资，运输压力十分巨大。到任后，卢作孚连夜开会分析形势，制订航行方案。

次日，卢作孚集中民生公司的22艘轮船和2艘挂法国旗的中国船，使其不停往返于宜昌与上游各港。第一批上船的有几百名孤儿难童，卢作孚亲自护送他们进舱。开船时，孩子们扒在栏杆上放声高歌，摇着小手向卢作孚告别的情景令观者动容。囤积在宜昌的物资按照轻重缓急实施分段运输，除最紧要及过于笨重的物资直接运抵重庆之外，其余物资先运至万县或三斗坪，再接运至重庆。

此外，卢作孚还主持"征集木船运输"会议，征集到了1 200艘木船参与抢运。在卢作孚的指挥之下，民生公司最大限度地利用40天中水位时间，将全部待运人员和一半以上的物资安全运抵后方。随后20天，民生公司又抢运了 2 万多吨重要的兵工器材，直至长江水位已低落至无法完成大规模运输时，战时运输最紧张的一幕——宜昌大撤退才落下了帷幕。此后，民生公司仍全力抢运物资，至 1939 年 1 月底，宜昌仅余七八千吨重件。

1938 年底的宜昌撤退，对中国的抗日战争具有重大意义，大批知识精英和大量战略物资安全撤离至大后方，为战时支援抗战和后方建设做出了巨大贡献。1940 年 5 月 26 日—6 月 4 日，英国发动敦刻尔克大撤退，30 万英法联军撤至英国，保留了反法西斯斗争的火种。有人认为，卢作孚主持的宜昌大撤退是"东方敦刻尔克"。我以为此一比拟，有道理而又须加以修正。言其有理，是因为宜昌大撤退与敦刻尔克大撤退都是二战中反法西斯阵营著名的战略大撤退，成功地保存了中英两国反侵略的有生力量。然而，"宜昌大撤退是东方敦刻尔克"毕竟是一种西方中心论的言说。以历史实际而论，此一比拟的主体应为宜昌，当称敦刻尔克撤退为"欧洲的宜昌大撤退"。宜昌大撤退发生在 1938 年，敦刻尔克大撤退发生在 1940 年，因此应以前者为比拟主体。而且，就撤退人员、转运物资的数量和延续时间而言，宜昌大撤退都在敦刻尔克大撤退之上。

更难能可贵的是，相对于英国在敦刻尔克大撤退中的举全国之力，中国宜昌大撤退的中坚力量始终是卢作孚的民生公司。为了报效国家，民生轮船公司仅收取平常运费的一二成，甚至免费运送难童，自身却付出了 16 艘船舶被炸毁，69 艘船舶被炸伤，117 名员工牺牲，76 名员工伤残，其余厂房、码头、货栈、设备损失不计其数的巨大代价。此后，卢作孚的民生公司仍在宜昌继续转运人员和物资，至 1940 年 6 月宜昌沦陷之前，共计有超过 150 万难民和 100 万吨的物资通过宜昌运至大后方。宜昌失陷后，卢作孚还亲自前往接近宜昌的三斗坪等地组织物资抢运。

结语

守护与瞻望

历史推进到当下，长江文明的发展进入了新阶段——确立了长江经济带"一轴、两翼、三极、多点"的发展新格局。"一轴"是以长江黄金水道为依托，发挥上海、武汉、重庆的核心作用，构建沿江绿色发展轴，推动经济由沿海溯江而上、梯度发展。"两翼"是指沪瑞和沪蓉两条南北运输通道，这是长江经济带的发展基础，通过促进交通的互联互通，增强南北两侧腹地重要节点城市人口和产业集聚能力。"三极"是指长江三角洲、长江中游和成渝3个城市群，充分发挥中心城市的辐射作用，打造长江经济带的三大增长极。"多点"是指发挥3个城市群以外诸多地级市的支撑作用，加强其与中心城市的经济联系与互动，带动地区经济发展。

长江经济带自下向上推进，依次包括上海、江苏、浙江、安徽、江西、湖北、湖南、重庆、四川、贵州、云南等11个省（市），占全国国土面积的21%、人口的40%、生产总值的47.6%（2017年数据），是中国总量最大、腹地最广阔的经济区，即便放之全球，也是人口最多、产业规模最大、城市体系最完整的流域经济区。

不仅如此，长江经济带的增速也是全国最高的。从2017年度的全国31省（区、市）经济增速来看，除经济发展趋于成熟的上海和江苏之外，长江经济带其余九个省市的经济增速均排在前13位，其中的贵州更是以10.2%的增速位列榜首，这显示了长江经济带在新常态下仍旧强劲的经济增长势头。

总量最大，增速最快，长江经济带无疑成为中国经济发展的龙头。但在经济急速发展的同时，我们也应直面长江流域本身承受巨大生态压力的残酷现实。就现有状况而言,长江流域最严重的两个生态问题分别是水质污染和水生态系统功能严重退化。

其中水质的污染问题最严重。长江流域主要存在三大水污染源,分别是工业污水、生活污水和农业废水。工业污水主要来自沿江两岸的众多企业,其中相当一部分企业将生产污水直排长江,形成了长江沿线主要城市附近日益扩大的污染带,累计总长度超过700千米。生活污水主要来自旅游业日益发展而配套设施不完善所造成的餐厨垃圾和白色污染,此外,由于长江航运的大发展,船舶污染或者突发水污染事故频发,其也对沿江城市的水源地安全构成巨大威胁。农业废水则与因丰水期雨水对农田的淹积而导致的大量化肥随之流入长江有关,这极易造成长江水体的富营养化,降低长江的生态容量。

在水质恶化的同时,长江流域水生态系统功能的退化也十分严重,曾经万鱼竞游的淡水鱼类天堂正逐渐陷入死寂。早在2006年,著名鱼类学家、中国科学院院士曹文宣在接受《长江商报》采访时,就忧心忡忡地表示:"如果按现有速度继续减少,40年之内,长江淡水鱼类就有可能灭种!"当时,长江流域的"四大家鱼"(青、草、鲢、鳙)的种苗产量已由最高年份的300亿尾,下降到了4亿尾,全流域的捕捞产量已降到10万吨左右,不足最高年份的1/4。

一年之后,"长江女神"白鱀豚功能性灭绝。至2012年,曾经很常见的江豚,也因长江生态被过度破坏而锐减至1 040头,种群的繁衍面临严峻考验。在未来十余年,若长江水环境仍得不到有效治理,那么"江豚拜风"的壮观场景将难再现。过去长江中下游的主要经济鱼类、"长江三鲜"之一的鲥鱼也在长江中消失了。2017年,江苏南通渔民发现一条疑似的野生鲥鱼,竟至登报宣传,令人唏嘘不已。

此外,长江流域还面临着因长期乱砍滥伐而导致的水土流失、山洪频发、洪涝灾害不断等问题。同时,因保护力度的不足和协同合作的缺失,长江沿岸的各类保护区还太少、太小,跨省市的沿江生态综合管理体制和机制也不健全,这都增加了保护长江生态的难度。

作为滋养并屡次回护中华文明的母亲河,长江流域不仅是我国国土空间开发最重要的东西向轴线,同时也是重要的生态安全载体。为了保护好母亲河,维持中华文明的持久生命力,我们必须树立"在保护中开发"的新理念,划定并严守生态保护红线,加强生态环境保护重大工程的实施,加强长江沿线绿色生态廊道的建设,确保长江流域乃至整个中华民族的生态安全。

当下中国已把修复长江生态环境摆在压倒性位置,共抓大保护,不搞大开发。这标志着长江经济带建设的重大战略转变。2016年底,原农业部网站发出《关于赤水河流域全面禁渔的通告》,决定从2017年起,在赤水河流域实施全面禁渔10年。赤水河成为第一条支持曹文宣院士"长江休渔10年"主张的试点河流,这清楚表明了政府修复长江生态的坚定决心。2019年1月6日,农业农村部、财政部、人力资源社会保障部三部委联合印发《长江流域重点水域禁捕和建立补偿制度实施方案》,要求"2019年底以前,完成水生生物保护区渔民退捕,率先实行全面禁捕,今后水生生物保护区全面禁止生产性捕捞;2020年底以前,完成长江干流和重要支流除保护区以外水域的渔民退捕,暂定实行10年禁捕"。母亲河长江已经全面进入10年休养期。

5年来,"生态优先、绿色发展"的理念已为长江沿岸的广大干部群众所理解和接受,"共抓大保护,不搞大开发"成为长江经济带发展的前进方向。长江流域水生态环境已有所改善,但总体形势仍很严峻,沿江水污染高风险产业依然存在,水生态系统的破坏仍很严重,水生态安全依旧难以保证。沿江各省市仍需进一步加强合作,继续健全水生态环境保护的法律法规体系和规划体系,持续完善水生态的保护体制和协同保护体制,加快构建水生态检测监控体系。长江流域的生态文明建设任重道远,必须按照新时期的治水方针,坚定不移地推进"生态优先、绿色发展"的新路子,引领中华文明健康向前迈进。

注释

导言

1. 梁启超著：《饮冰室文集》之十，上海：中华书局，1936年。
2. 梁启超著：《中国史叙论》，见《饮冰室合集》（第一册），北京：中华书局，1989年。
3. （明）章潢著：《图书编》卷34《统论南北形胜》，文渊阁四库全书本。
4. 谭其骧：《论两汉两晋户口》，《禹贡半月刊》第1卷第7期。
5. （清）黄宗羲著：《明夷待访录·建都》。

第一章　自然长江

1. 张玉韩等：《长江经济带矿产资源开发空间格局优化研究》，《长江流域资源与环境》2019年第4期。
2. 长江水利委员会水文局编：《长江志·水系》，北京：中国大百科全书出版社，2003年，第1页，《总述》。
3. 徐培红主编：《长江航运发展评价指标体系研究》，北京：人民交通出版社，2017年，前言及第1页。
4. 陈进著：《长江演变与水资源利用》，武汉：长江出版社，2012年，第77页。
5. 陈进著：《长江演变与水资源利用》，第78页。
6. 曾小凡、翟建青、姜彤、苏布达：《长江流域年降水量的空间特征和演变规律分析》，《河海大学学报（自然科学版）》2008年第6期。
7. 长江水利委员会水文局编：《长江志·水系》，第6-10页。
8. 水利部长江水利委员会：《长江流域防洪规划简要报告》，2005年，第 2 页。

9. 曹文宣：《长江上游水电梯级开发的水域生态修复问题》，《长江技术经济》2019 年第 2 期；马建华：《共抓长江生物资源保护，促进长江经济带高质量发展》，武汉：长江生物资源保护论坛，2018 年 11 月。

10. 中国科学院生态环境研究中心编：《长江流域生物多样性格局与保护图集》，北京：科学出版社，2011 年。

11. 杨世林，董先勇，代水平编著：《金沙江水文河道勘测技术应用概论》，郑州：黄河水利出版社，2013 年，第 3 页。

12. 王俊编著：《梯级水电站水文泥沙信息管理分析系统设计与实现》，武汉：武汉大学出版社，2014 年，第 4 页。

13. 陆铭宁，施遐著：《乡村旅游新探——以凉山州为样本的实证研究》，成都：四川大学出版社，2014 年，第 4 页。

14. 吴春华，牛治宇，陈昭友等编著：《南水北调西线一期工程调水区生态环境需水量研究 雅砻江干流河道内生态水量研究》，郑州：黄河水利出版社，2007 年，第 32 页。

15.《华阳国志·蜀志》。

16. 乌江流域在贵州境内的流域面积为 6.75 万平方千米。数据取自赵炜著：《乌江流域人居环境建设研究》，南京：东南大学出版社，2008 年，第 8 页。

17. 黄健民著：《乌江流域研究》，北京：中国科学技术出版社，2007 年。

18. 长江水利委员会长江勘测规划设计研究院编：《长江志·水力发电》，北京：中国大百科全书出版社，2004 年，第 88 页；全国水力资源复查工作领导小组编，湖南省水利水电勘测设计研究院、中南勘测设计研究院编制：《中华人民共和国（分省）水力资源复查成果（2003 年）·湖南省》，北京：中国电力出版社，2004 年，第 4 页；全国水力资源复查工作领导小组编，贵阳勘测设计研究院、贵州省水利水电勘测设计研究院编制：《中华人民共和国（分省）水力资源复查成果（2003 年）·贵州省》，北京：中国电力出版社，2004 年，第 175 页。

19. 有关沅江的干流总长及上、中、下游长度存在诸多说法，可参朱道清编纂：《中国水系辞典》，青岛：青岛出版社，2007 年，第 358 页；长江水利委员会水文局编：《长江志·水系》，北京：中国大百科全书出版社，2003 年，第 220–221 页；长江水利委员会长江勘测规划设计研究院编：《长江志·水力发电》，北京：中国大百科全书 出版社，2004 年，第 88 页。

20. 隆院男，刘晶，李志威，蒋昌波：《近 30 年湘江中下游典型江心洲演变规律》，《泥沙研究》2017 年第 6 期。

21. 雷保寿：《汉江源头在哪里》，《中国水文化》2017 年第 3 期。

22. 税晓洁：《北源与新源》，《中国三峡》2015 年第 4 期。

23. 蔡述明，陈国阶主编：《汉江流域资源合理开发利用与经济发展综合研究》，武汉：湖北科学技术出版社，1997 年，第 168 页。

24. 窦鸿身，姜加虎主编：《中国五大淡水湖》，合肥：中国科学技术大学出版社，2003 年，第 2 页。

25. 李跃龙等著：《洞庭湖的演变、开发和治理简史》，长沙：湖南大学出版社，2014 年。

26. 同上。

27. 谢振东，邵长生，陈立德编著：《鄱阳湖的前世今生》，武汉：中国地质大学出版社，2018 年。

第二章　自然长江认知史

1.（西汉）司马迁著：《史记》卷 8《高祖本纪》。

2. 石泉著：《古代荆楚地理新探》，武汉：武汉大学出版社，1988 年，第 67 页。

3. 武汉大学历史地理研究所：《石泉先生的学术师承与学术成就》，《武汉大学学报（哲学社会科学版）》1998 年第 6 期。

4.（北魏）郦道元注，杨守敬，熊会贞疏，段熙仲点校，陈桥驿复校：《水经注疏》，南京：江苏古籍出版社，1989 年，第 2734 页。

5.（唐）樊绰著：《蛮书》卷 2《山川江源》。

6. 覃影：《地图史上的"马湖现象"考》，《民族学刊》2010 年第 2 期。

7.《图书编》卷 58《江源总论》。

8.（清）齐召南著：《水道提纲》卷 8《江上》。

9. 长江水利委员会水文局编：《长江志·水系》，北京：中国大百科全书出版社，2003 年，第 354 页。

10. 1987 年长办最终定稿的关于长江源的《考察报告》，转引自韩承荣主编，长江水利委员会水文局编：《长江志·水文》，北京：中国大百科全书出版社，2000 年，第 124 页。

第三章　大河文明纵览

1.［德］黑格尔著，王造时译：《历史哲学》，北京：生活·读书·新知三联书店，1956 年，第 130 页。

2. 周光坰：《从考古看史前流体力学的发生和发展（续）》，《力学与实践》2001 年第 6 期；何三怡，刘冠美：《现代水利五大特征之一——人文水利》，《四川水利》2004 年第 2 期；比斯瓦斯著，刘国纬译：《水文学史》，北京：科学出版社，2007 年，第 4-7 页；郑家馨著：《一方水土养育一方文明：非洲文明之路》，北京：人民出版社，2011 年，第 7 页。

3. 拱玉书，颜海英，葛英会著：《苏美尔、埃及、中国古文字比较研究》，北京：科学出版社，2009 年，第 238-249 页。

4. 甲骨文和古埃及文类似的字例参见拱玉书，颜海英，葛英会著：《苏美尔、埃及、中国古文字比较研究》，第 280-284 页。

5. 吴宇虹：《生态环境的破坏和苏美尔文明的灭亡》，《世界历史》2001 年第 3 期。

6. 宋娇，李海峰：《古代两河流域地区土地盐碱化问题探析》，《农业考古》2015 年第 3 期。

7. William W. Hallo and William Kelly Simpson, The Ancient Near East: A History, New York: Harcout, Brace, Jovanovich, 1971, p.28.

8. K. van der Toorn and P. W. van der Horst, "Nimrod before and after

the Bible," Harvard Theological Review, vol 83, 1990（1）, pp.1–29.

9.［美］大卫·克里斯蒂安，辛西娅·斯托克斯·布朗，克雷格·本杰明著，刘耀辉译：《大历史——虚无与万物之间》，北京：北京联合出版社，2016年，第188页。

10. 滕大春：《关于两河流域古代学校的考古发掘》，《河北大学学报（哲学社会科学版）》1984年第4期。

11. S.N.Kramer, History begins at Sumer, University of Pennsylvania Press, 1988, p.289.

12. 刘建、朱明忠、葛维钧著：《印度文明》，福州：福建教育出版社，2008年，第71-72页。

13. 张同标：《长江流域早期楼阁式佛塔形制特征》，《湖南大学学报（社会科学版）》2011年第5期。

14. 谢志成：《四川汉代画像砖上的佛塔图像》，《四川文物》1987年第4期。

15.（南朝·宋）范晔著：《后汉书》卷73《刘虞公孙瓒陶谦列传》。

16. 曾小凡、翟建青、姜彤、苏布达：《长江流域年降水量的空间特征和演变规律分析》，《河海大学学报（自然科学版）》2008年第6期。

17. 王良智，曲新楠：《彭头山文化分期与类型》，《江汉考古》2018年第3期。

18. 郑云飞、陈旭高、丁品：《浙江余杭茅山遗址古稻田耕作遗迹研究》，《第四纪研究》2014年第1期。

19. 刘斌，王宁远等：《2006—2013年良渚古城考古的主要收获》，《东南文化》2014年第2期。

20. 严文明著：《求索文明源：严文明自选集》，北京：首都师范大学出版社，2017年，第58页。

21. 湖南省文物考古研究所编著：《澧县城头山：新石器时代遗址发掘报告》，北京：文物出版社，2007年，第13页。

22. 江省文管会、浙江博物馆：《河姆渡发现原始社会重要遗址》，《文物》1976年第8期；浙江省文管会、浙江博物馆：《河姆渡遗址第一期发掘报告》，《考古学报》1978 年第 8 期；河姆渡遗址考古队：《浙江河姆渡遗址 第二期发掘的主要收获》，《文物》，1980 年第 5 期。

23. 魏东：《略论中国养蚕业起源于长江三角洲》，《中国农史》1983 年第 1 期。

24. 李宾泓：《我国蚕桑丝织业探源》，《地理研究》1989 年第 2 期。

25. 周颖：《丝之源——湖州钱山漾》，《丝绸》2006 年第 6 期。

26. 陈珲：《六千年前世界最早茶树：再证"杭州湾地区是茶文化起源地暨茶树起源中心"》，《农业考古》2012 年第 5 期。

27. 王宁远：《良渚古城及外围水利系统的遗址调查与发掘》，《遗产与保护研究》2016 年第 5 期。

28. 同上。

29. 黄河志编纂委员会编：《黄河志》卷2《黄河流域综述》，郑州：河南人民出版社，2017 年，第 97 页。

30. 黄河志编纂委员会编：《黄河志》卷2《黄河流域综述》，第 88 页。

31. 黄河志编纂委员会编：《黄河志》卷7《黄河防洪志》，郑州：河南人民出版社，2017 年，第 4 页。

32. 水利部长江水利委员会编著：《长江流域水旱灾害》，北京：中国水利水电出版社，2002 年，第 31 页。

33. 长江水利委员会水文局，长江水利委员会综合勘测局编：《长江志》卷 1《流域综述》第 4 篇《自然灾害》，北京：中国大百科全书出版社，2005 年，第 212 页。

34. 葛剑雄，胡云生著：《黄河与河流文明的历史观察》，郑州：黄河水利出版社，2007 年，第 56 页。

35. 水利部长江水利委员会编著：《长江流域水旱灾害》，北京：中国水利水电出版社，2002 年，第 31 页。

36. Manal Mariah：《中东地区水外交》，吉林大学 2020 年硕士论文。

37. 郭明建：《良渚文化玉器工业初探》，《东方考古》2019 年。

38. 方向明：《成组玉礼器与良渚文明模式》，《博物院》2019 年第 2 期。

39. 详见任式楠：《长江中游文明起源探索》，载中国社会科学院历史研究所编：《华夏文明与传世藏书》，北京：中国社会科学出版社，1996年。

40. 赵春青：《长江中游与黄河中游史前城址的比较》，《江汉考古》2004年第3期。

41. 李学勤：《试论余杭南湖良渚文化黑陶罐的刻划符号》，《浙江学刊》1991年第4期。

42. 罗二虎：《长江流域早期城市初论》，《文物》，2013年第2期。

第四章　文化分区

1. 谭其骧：《中国文化的时代差异和地域差异》，见复旦大学历史系编：《中国传统文化的再估计—首届国际中国文化学术讨论会（1986）文集》，上海：上海人民出版社，1987年，第41页。

2. 陈梦家著：《殷虚卜辞综述》，北京：科学出版社，1956年，第281页。

3. 顾颉刚：《从古籍中探索我国的西部民族——羌族》，《社会科学战线》，1980年第1期。

4.（南宋）章樵注：《古文苑》卷4《扬雄赋三首》之《蜀都赋》章樵注引《先蜀记》。

5.（南朝·宋）范晔著：《后汉书》卷86《南蛮西南夷传》。

6.（唐）魏征著：《隋书》卷83《西域传》。

7. 李春雨主编：《藏羌文化与民俗》，成都：西南交通大学出版社，2014年，第40-43页。

8.（元）脱脱等著：《金史》卷91《杨仲武传》。

9.（南宋）李焘著：《续资治通鉴长编》卷279"熙宁九年十一月癸酉条"。

10. 严福昌主编：《四川民俗戏剧》第2卷《四川少数民族风情》，贵阳：贵州人民出版社，2011年，第9页。

11. 沈仲常：《从考古资料看羌族的白石崇拜遗俗》，《考古与文物》

1982年第6期；沈仲常：《白石崇拜遗俗考》，《文博》1985年第5期；钱安靖：《试论以白石崇拜为表征的羌文化》，《宗教学研究》1988年第4期；李鉴踪：《羌族白石崇拜渊源探》，《文史杂志》1990年第4期；林继富：《灵性高原——西藏民间信仰源流》，武汉：华中师范大学出版社，2004年。

12. 有关白石崇拜的各种传说尚可参看吕大吉、和志武主编：《中国原始宗教资料丛编（纳西族卷、羌族卷、独龙族卷、傈僳族卷、怒族卷）》，上海：上海人民出版社，1992年，第462-464页。

13. 王玉德等主编：《中国传统文化新编》，武汉：华中理工大学出版社，1996年，第148页。

14.《史记》卷116《西南夷列传》。

15. 向零、余宏模、张济民主编：《民族志资料汇编》第9集《土家族》，贵州省志民族志编委会，1989年，第44页，文字略有改动。

16.（东晋）常璩撰，任乃强校注：《华阳国志校补图注》卷1《巴志》，上海：上海古籍出版社，1987年，第4页。

17.（春秋）左丘明著：《左传·昭公九年》。

18.《华阳国志校补图注》卷1《巴志》，第5页。

19.（南宋）王象之编纂：《舆地纪胜》卷162。

20.《华阳国志校补图注》卷1《巴志》，第4页。

21. 张勋燎：《古代巴人的起源及其与蜀人、僚人的关系》，《南方民族考古》第1辑，成都：四川大学出版社，1987年，第45-50页，文字略有改动。

22.（北宋）乐史撰，王文楚等点校：《太平寰宇记》卷136《山南西道四·渝州》，"风俗"条，北京：中华书局，2007年，第2660页。

23.《太平寰宇记》卷88《剑南东道七·昌州》，"风俗"条，第1747页。

24.《华阳国志校补图注》卷1《巴志》，第20页。

25. 谭继和：《论古巴蜀巢居文化渊源及其历史发展》，载氏著《巴蜀文化辨思集》，成都：四川人民出版社，2004年，第126-130页。

26.（唐）杜甫诗《客居》，详见钱牧斋笺注：《杜工部诗集》，第

113页。

27.（唐）杜甫诗《戏作俳谐体遣闷二首》之一，详见钱牧斋笺注：《杜工部诗集》，第366页。

28.谭继和：《论古巴蜀巢居文化渊源及其历史发展》，载氏著《巴蜀文化辨思集》，成都：四川人民出版社，2004年，第126—130页。

29.冯汉骥、杨有润、王家祐：《四川古代的船棺葬》，《考古学报》1958年第2期。

30.（唐）刘𫗧、张鷟撰，程毅中、赵守俨点校：《隋唐嘉话·朝野佥载》之《朝野佥载》卷2，北京：中华书局，1979年，第40页。

31.冯天瑜、何晓明、周积明著：《中华文化史》，上海：上海人民出版社，2005年，第283-284页。

32.《古文苑》卷4《扬雄赋三首》之《蜀都赋》章樵注引《先蜀记》。

33.郭沫若著：《卜辞通纂》，北京：科学出版社，1983年，第453页，引罗振玉《殷虚书契前编》八、三、八。

34.（北宋）李昉、李穆、徐铉等撰：《太平御览》卷85引《古本竹书纪年》。

35.《华阳国志校补图注》卷3《蜀志》，第118页。

36.《华阳国志校补图注》卷3《蜀志》，第113页。

37.《正义》引文出自《风俗通义》，文字略有改动。

38.（清）张澍著：《蜀典》卷5《故事类》，道光十四年刻本。

39.（东汉）班固著：《汉书》卷24《食货志》。

40.《史记》卷30《平准书》。

41.《汉书》卷6《武帝纪》。

42.（西晋）左思著：《三都赋》之《蜀都赋》。

43.（西汉）扬雄著：《蜀都赋》，见（清）严可均辑《全汉文》卷51。

44.《文选》载左思《蜀都赋》，（唐）李善注引谯周《益州志》。

45.《史记》卷70《张仪列传》。

46.《汉书》卷89《循吏列传》。

47.《华阳国志校补图注》卷3《蜀志》，第141页。

48.（东汉）班固著：《汉书》卷28《地理志》。

49. 袁庭栋：《"天府之国"由来的历史考察》，《社会科学研究》1985年第1期。

50.（唐）慧立，彦悰著：《大慈恩寺三藏法师传》卷1。

51.（北宋）王钦若、杨亿、孙奭等编：《册府元龟》卷486。

52.《册府元龟》卷498。

53.（北宋）苏轼著：《东坡全集》卷36《眉州远景楼记》。

54. 蓝勇著：《西南历史文化地理》，重庆：西南师范大学出版社，1997年，第88页。

55. 许肇鼎编：《宋代蜀人著作存佚录》，成都：巴蜀书社，1986年。

56. 曾大兴著：《中国历代文学家之地理分布》，武汉：湖北教育出版社，1995年。

57. 谭继和：《四川保路运动：巴蜀文化由古典形态向现代形态转型的标志》，《西华大学学报（哲学社会科学版）》，2012年第1期。

58. 费正清、刘广京编：《剑桥中国晚清史（下卷）》，北京：中国社会科学出版社，1985年，第667页。

59.《史记》卷63《老子韩非列传》。

60.《汉书》卷28《地理志》。

61.（春秋）老聃著：《老子》第二十五章。

62.（战国）庄周著：《庄子·盗跖》。

63.（春秋）管仲著：《管子·内业》。

64. 刘师培：《南北文学不同论》，载氏著《清儒得失论》，长春：吉林出版社，2017年，第225页。

65.（南朝·梁）刘勰著：《文心雕龙·辨骚》。

66.（春秋）左丘明著：《国语·楚语下》。

67. 湖北省社会科学院历史研究所编：《湖北简史》，武汉：湖北教育出版社，1994年，第226页。

68. 任放：《明清湖北商品经济的发展状况》，《湖北大学学报（哲学社会科学版）》2003年第1期。

69.（明）袁宏道著：《袁宏道集笺校》卷4《锦帆集之二——游记、杂著》之《叙小修诗》，上海：上海古籍出版社，1981年，第187页。

70. 侯祖畬修，吕寅东等纂：《民国夏口县志》卷2《风土志》，民国九年刻本。

71. 张继煦：《湖北学生界叙论》，《湖北学生界》第一期，1903年1月29日。

72.（宋）黎靖德编：《朱子语类》，北京：中华书局，1986年，第2389页。

73.（宋）朱熹编：《河南程氏遗书》卷15。

74.《河南程氏遗书》卷18。

75.《道藏·洞神部·玉诀类·道德真经广圣义·不尚贤》第二注。

76. 罗运环主编：《荆楚文化》，太原：山西教育出版社，2006年，第715页。

77.（唐）房玄龄著：《晋书·范宣传》。

78.（宋）欧阳修、宋祁著：《新唐书·钟传传》。

79.（宋）杨亿口述，黄鉴笔录，宋庠整理：《杨文公谈苑》，上海：上海古籍出版社，1993年，第148页。

80.（明）王守仁著：《王阳明全集》，上海：上海古籍出版社，1992年，第1230页。

81. 李琳琦：《明清徽州进士数量、分布特点及其原因分析》，《安徽师范大学学报（人文社会科学版）》2001年第1期。

82.《史记》卷31《吴太伯世家》。

83.《史记》卷41《越王勾践世家》。

84.《史记》卷6《秦始皇本纪》。

85.《国语·越语上》。

86.《史记》卷129《货殖列传》。

87. 朱伯谦：《绍兴漓渚的汉墓》，《考古学报》1957年第1期。其中有23座战国墓。

88.（西汉）刘安著：《淮南子》卷1《原道训》。

89.（西汉）刘向集录：《战国策》卷 20《赵策三》。

90.《史记》卷 120《汲郑列传》。

91.《汉书》卷 28《地理志》。

92.《史记》卷 41《越王勾践世家》。文中"死士"在《左传·定公十四年》中作"罪人"。

93.《汉书》卷 64《严朱吾丘主父徐严终王贾传》。

94.《史记》卷 28《封禅书》。

95.（战国）吕不韦及其门客著：《吕氏春秋》卷 10《异宝》。

96.（东汉）应劭著：《风俗通义》卷 9《怪神》。

97.《隋书》卷 31《地理志下》。

98.《史记》卷 43《赵世家》。

99. 高至喜：《湖南发现的几件越族风格的文物》，《文物》1980 年第 12 期。

100.《淮南子》卷 20《泰族训》许慎注。

101.《汉书》卷 28《地理志》应劭注。

102.《战国策》卷 19《赵策二》。

103.（东汉）袁康、吴平辑录：《越绝书》卷 8《记地传》。

104.《史记》卷 6《秦始皇本纪》。

105.《后汉书》卷 76《循吏列传·任延》。

106. 梁方仲编著：《中国历代户口、田地、田赋统计》，上海：上海人民出版社，1980 年，第 124、155 页。

107. 方如金：《南宋浙江文化的大发展》，《浙江师范大学学报》1986 年第 1 期。

108.（南宋）陈亮著：《陈亮集》卷 1《书疏·上孝宗皇帝第一书》。

109. 范金民：《明清江南进士数量、地域分布及其特色分析》，《南京大学学报（哲学·人文科学·社会科学版）》1997 年第 2 期。

110. 范金民：《赋税甲天下，科第冠海内》，《光明日报》2011 年 10 月 26 日第 14 版。

111. 此据康熙六十年《上元县志》卷 3 所载，应以乾隆十六年《上元县志》卷 3 "织造署在督院前街内。有圣祖行宫"之说为是。

112. 曹聚仁：《京派与海派》，《申报·自由谈》1934 年 1 月 17 日。

第五章　文明演进

1. 朱乃诚：《中国新石器时代早期文化遗存的新发现和新思考》，《东南文化》1999 年第 3 期。

2. 高大伦，郭明：《三星堆遗址古文明的长度、宽度和高度》，《四川文物》2016 年第 6 期。

3. 张绪球：《石家河文化的玉器》，《江汉考古》1992 年第 1 期。

4. 严文明著：《长江文明的曙光》，武汉：湖北教育出版社，2004 年，第 14-15 页。

5. 任式楠：《长江中游文明起源探索》，载中国社会科学院历史研究所编：《华夏文明与传世藏书》，北京：中国社会科学出版社，1996 年。

6. 李伯谦：《长江流域文明的进程》，《考古与文物》1997 年第 4 期。

7. 严文明著：《长江文明的曙光》，第 11 页。

8. 江林昌著：《中国上古文明考论》，上海：上海教育出版社，2005 年，第 326 页。

9. 李永加：《河姆渡遗址出土"骨哨"研究》，《东南文化》2012 年第 4 期。

10. 严文明著：《求索文明源·严文明自选集》，北京：首都师范大学出版社，2017 年，第 411 页。

11. 周膺著：《美的事迹之美丽旧世界·良渚文化与杭州的缘起》，北京：当代中国出版社，2002 年，第 43 页。

12. 张忠培：《良渚文化的年代和其所处社会阶段——五千年前中国进入文明的一个例证》，《文物》1995 年第 5 期。

13. 刘斌，王宁远，陈明辉：《从考古遗址到世界文化遗产：良渚古城的价值认定与保护利用》，《东南文化》2019 年第 1 期。

14. 王宁远：《良渚古城及外围水利系统的遗址调查与发掘》，《遗产与保护研究》2016 年第 5 期。

15. 赵辉：《远古的王城——良渚的国家形态》，《杭州（周刊）》2017年第16期。

16. 王钰：《浙江良渚遗址考古历经80年 实证中华五千年文明》，《人民日报》2018年1月26日。

17. 赵辉：《远古的王城——良渚的国家形态》，《杭州（周刊）》2017年第16期。

18. 刘斌，王宁远，陈明辉，朱叶菲：《良渚：神王之国》，《中国文化遗产》2017年第3期。

19. 赵晔：《良渚：中国早期文明的典范》，《南方文物》2018年第1期。

20. 张正明：《古希腊文化与楚文化比较研究论纲》，《江汉论坛》1990年第4期。

21. 吴泽：《群策群力开拓客家研究新局面》，客家史与客家人研究编辑室：《客家史与客家人研究》，上海：华东师范大学出版社，1989年。

22.《晋书·愍帝纪》《晋书·慕容皝载记》《晋书·乞伏国仁载记》。

23. 谭其骧：《晋永嘉丧乱后之民族迁徙》，《燕京学报》第15期，1934年，收入氏著《长水集》，北京：人民出版社，1987年。

24. 吴松弟：《三次北方人口南迁和南方汉族的形成与发展》，中国地理学会历史地理专业委员会《历史地理》编辑委员会：《历史地理（第14辑）》，上海：上海古籍出版社，1998年。

25.（梁）沈约著：《宋书·沈昙庆传》。

26.（唐）李白著：《永王东巡歌十一首》之二。

27. 葛剑雄，曹树基，吴松弟著：《简明中国移民史》，福州：福建人民出版社，1993年，第258页。

28.（后晋）刘昫著：《旧唐书·地理志》。

29.（北宋）李昉等编：《文苑英华》卷422。

30.（北宋）司马光著：《资治通鉴》卷237"元和二年"条下。

31.（元）脱脱等著：《宋史·范缜传·范祖禹附传》。

32.（北宋）魏泰著：《东轩笔录》卷3。

33.（北宋）欧阳修著：《洛阳牡丹记·风俗记第三》。

34.（北宋）张邦基著：《墨庄漫录》。

35.《宋史·杨时传》。

36.（南宋）洪迈著：《容斋四笔》卷5之"饶州风俗"。

37.（南宋）李心传著：《建炎以来系年要录》卷86，绍兴五年闰二月壬戌。

38. 吴松弟著：《北方移民与南宋社会变迁》，台北：文津出版社，1993年，第137页。

39.（明）章潢著：《图书编》卷34《统论南北形胜》，文渊阁四库全书本。

40.（北宋）宋祁，欧阳修，范镇，吕夏卿等著：《新唐书·历志三上》《新唐书·历志一》。

41.《新唐书·权德舆传》。

42. 杨荣垓：《曲辕犁新探》，《农业考古》1988年第2期。

43. 汪家伦，张芳编著：《中国农田水利史》，北京：农业出版社，1990年，第237页。

44. 汪家伦，张芳编著：《中国农田水利史》，第235、236页。

45.《续资治通鉴长编》卷143范仲淹《答手诏条陈十事》。

46.（南宋）范成大著：《吴郡志》卷50《杂志》。

47.（明）何孟春著：《余冬序录》卷59《职官》。

48. 葛剑雄著：《中国人口发展史》，福州：福建人民出版社，1991年，第190页。

49.（唐）王定保著：《唐摭言》卷1之《会昌五年举格节文》所载当年规定全国各道州荐送举子限额。

50. 赵刚：《康熙博学鸿词科与清初政治变迁》，《故宫博物院院刊》1993年第1期。

51. 陈正祥著：《中国文化地理》，北京：生活·读书·新知三联书店，1983年，第22页。

52. 缪进鸿，郑云山主编：《中国东南地区人才问题国际研讨会论文集》，杭州：浙江大学出版社，1993年。

53.《吴郡志》卷 1 "户口租税"条。

54.（南宋）周密著：《齐东野语》卷 5。

55.（宋末元初）郑思肖著：《心史·大义略叙》。

56.《图书编》卷 36 "吴风俗"条。

57.（明）宋濂等著：《元史·食货志·海运》。

58.（南宋）陆游著：《渭南文集》卷 3。

59. 二十五史刊行委员会编：《二十五史补编》，北京：中华书局，1955 年，第 8567-8570 页。

60.（北宋）李昉等编：《文苑英华》。（唐）独孤及：《福州都督府新学碑铭》。

61.《图书编》卷 34《统论南北形胜》。

62. 朱海滨编著：《鸟瞰中华——中国文化地理》，沈阳：沈阳出版社，1997 年，第 70 页。

63. 王会昌，王云海，余意峰著：《长江流域人才地理》，武汉：湖北教育出版社，2005 年，第 131 页。

64. 同上。

65.（清）王启原编钞，周殿富编注：《曾国藩日记类钞》，合肥：安徽人民出版社，2013 年，第 112 页。

66. 张仲礼主编：《近代上海城市研究》，上海：上海文艺出版社，2008 年，第 342 页。

67. 汪敬虞编：《中国近代工业史资料（第二辑）1895—1914 年上册》，北京：科学出版社，1957 年；杜恂诚著：《日本在旧中国的投资》，上海：上海社会科学院出版社，1986 年。

68. 罗敦伟：《从工业方面观察各国在华之经济势力》，《中国经济》第 2 卷第 5 期，1934 年。

69. 王铁崖编：《中外旧约章汇编》，北京：生活·读书·新知三联书店，1957 年，第 616 页。

70. 汪敬虞编：《中国近代工业史资料（第二辑）1895—1914 年上册》，北京：科学出版社，1957 年，第 711 页。

71. 陈真编：《中国近代工业史资料（第四辑）》，北京：生活·读书·新知三联书店，1961年，第465页。

72. 汪敬虞编：《中国近代工业史资料（第二辑）1895—1914年上册》，第295页。

73. 罗威廉著：《汉口：一个中国城市的商业和社会，1796—1889》，北京：中国人民大学出版社，2016年，第28页。

74. 吴松弟主编：《中国百年经济拼图：港口城市及其腹地与中国现代化》，济南：山东画报出版社，2006年，第5-6页，开放时间略有改动。

75. 吴振坤主编：《中国对外开放通论》，北京：北京工业大学出版社，1993年，第462页。

76. 毛文骥，杨夫芳主编：《论中国社会主义市场经济体制》，北京：中共中央党校社出版社，1993年，第250页。

77. 熊月之，沈祖炜：《长江沿江城市与中国近代化》，《史林》2000年第4期。

78. 苑书义、孙华峰、李秉心主编：《张之洞全集》第6册《公牍·札委王仁俊办理湖北官报馆事务》，石家庄：河北人民出版社，1998年，第4163页。

79. 张继煦著：《张文襄公治鄂记》，湖北通志馆1947年刊本，第7页。

第六章　水运交通

1. 浙江省文物考古研究所，萧山博物馆编：《跨湖桥》，北京：文物出版社，2004年，第40-50页。

2. （清）顾炎武著：《天下郡国利病书》载（明）韩邦宪《广通镇坝考》。

3. 《史记·平津侯主父列传》。

4. 陈伟：《〈鄂君启节〉之"鄂"地探讨》，《江汉考古》1986年第2期；晏昌贵，郭涛：《〈鄂君启节〉铭文地理研究二题》，《华北水利水电学院学报（社科版）》2012年第5期。

5.《史记·河渠书》。

6.《宋史·河渠志》。

7. 同上

8. 徐培红主编：《长江航运发展评价指标体系研究》，北京：人民交通出版社，2017年，第3页。

9. 樊百川著：《中国轮船航运业的兴起》，成都：四川人民出版社，1985年，第82-83页。

10. 陈文述著：《嘉庆上海县志》序。

11.《监察御史吴震方奏》（康熙二十四年十二月初三日），《清户部档案抄件》，中国社会科学院经济研究所藏。

12. Robert Foryune. Two Vists to the Tea Countries of China and the British Tea Plantations in the Himalaya. John Murray, Albemarle Street,1853：96-98. 转引自丁名楠等著：《帝国主义侵华史》（第1卷），北京：人民出版社，1992年，第89页。

13. 凌弓：《近代上海航运发展与城市变迁》，《社会科学》1996年第12期。

14.（清）李鸿章编：《通商条约章程成案汇编》卷24，第13、14页。

15. 王铁崖编：《中外旧约章汇编》第1册《1689—1901》，北京：生活·读书·新知三联书店，1957年，第97页。

16. 齐思和等编：《第二次鸦片战争资料》（第5册），上海：上海人民出版社，1978年，第307-308页。

17.（清）宝鋆编修：《筹办夷务始末（同治朝）》，故宫博物院，1930年，第75卷，第5-6页。

18. S.C.Lockwood,Augusiage Heard & Co., Americian Merchants in China（1858—1862），1971年，第93页。

19.［美］刘广京著：《英美航运势力在华的竞争（1862—1874年）》，上海：上海社会科学院出版社，1988年，第36页。

20. 资料来源：据1864年《北华捷报》（上海）航业动态，转引自［美］刘广京著：《英美航运势力在华的竞争（1862—1874年）》，第37页。

21.（清）曾国藩著：《曾国藩全集·日记二》，长沙：岳麓书社，1988年，第960-961页："同治二年十二月二十日"。

22.《我国第一艘兵轮"恬吉"号》，《船舶工程》2005年第1期。

23.（清）徐润著：《徐愚斋自叙年谱》，南昌：江西人民出版社，2012年，第15页。

24.［美］刘广京著：《英美航运势力在华的竞争（1862—1874年）》，《导言》第8页。

25. G.C.Allen,Western，Enterprise in Far Eastern Economic Development，China and Japan，1954年，第132页。

26. 陈绛：《清季西方资本与长江航运的近代化》，《上海社会科学院学术季刊》1987年第4期。

27.［美］刘广京著：《英美航运势力在华的竞争（1862—1874年）》，第29页。

28. "中央研究院"近代史研究所编：《海防档·甲·购买船炮（第三册）》，台北市："中央研究院"近代史研究所，1957年，第872-873页。

29. 夏东元编：《郑观应集》，上海：上海人民出版社，1982年，第197页。

30.（清）李鸿章著：《李文忠公全集》，清光绪三十一年至三十四年（1905—1908）金陵刻本，第19卷第49页。

31. 聂宝璋著：《中国买办资产阶级的发生》，北京：中国社会科学出版社，1979年，第90页。

32. 中国史学会主编：《洋务运动》（第六册）（中国近代史资料丛刊），上海：上海人民出版社，1961年，第59页。

33. 夏东元编：《郑观应集》，上海：上海人民出版社，1982年，第54页。

34.《盛宣怀档案》,《严吉迪致盛宣怀函》(原译件),1891年9月27日,转引自汪熙：《论晚清的官督商办》,《历史学》1979年第1期。

35. （清）刘坤一著:《刘坤一集》（第 2 册），长沙：岳麓书社，2018 年，第 174 页。

36. 许涤新，吴承明主编:《中国资本主义发展史》第 2 卷《旧民主主义革命时期的中国资本主义》，北京：人民出版社，1990 年，第 500、674 页。

37. 陈正书:《关于近代东南沿海城市交通投资取向问题之考察》，《史林》1995 年第 4 期。

38. 黄振亚著:《长江大撤退全景实录（"新史学"丛书）》，广州：广东人民出版社，2013 年，第 9 页。

参考文献

基本文献：

1. （春秋）诗经[M]//（清）阮元校刻.十三经注疏[M].北京：中华书局，1980.
2. （春秋）左丘明.春秋左氏传[M]//（清）阮元校刻.十三经注疏[M].北京：中华书局，1980.
3. （战国）吕不韦及其门客著；许维遹集释.吕氏春秋集释[M].梁运华，整理.北京：中华书局，2009.
4. （战国）屈原著；蒋天枢校释.楚辞校释[M].上海：上海古籍出版社，1989.
5. （战国）庄周著；（清）王先谦撰.庄子集解[M].北京：中华书局，2018.
6. （西汉）刘安著；何宁集释.淮南子集释[M].北京：中华书局，1998.
7. （西汉）刘向集录；范祥雍笺证；范邦瑾协校.战国策笺证[M].上海：上海古籍出版社，2006.
8. （西汉）司马迁.史记[M].北京：中华书局，2013.
9. （东汉）班固.汉书[M].北京：中华书局，1962.
10. （东汉）应劭撰；王利器校注.风俗通义校注[M].北京：中华书局，1981.
11. （东汉）袁康，吴平.越绝书[M].杭州：浙江古籍出版社，2013.
12. （三国）王弼注，楼宇烈校释.老子道德经注校释[M].北京：中华书局，2008.
13. （三国）王肃注.孔子家语[M].上海：上海古籍出版社，1990.
14. （东晋）常璩撰；任乃强校注.华阳国志校补图注[M].上海：上

海古籍出版社，1987.

15.（北魏）郦道元注；杨守敬，熊会贞疏.水经注疏[M].段熙仲，点校，陈桥驿，复校.南京：江苏古籍出版社，1989.

16.（南朝·宋）范晔.后汉书[M].北京：中华书局，1965.

17.（南朝·齐）刘勰；黄叔琳注；李详补注；杨明照校注拾遗.增订文心雕龙校注[M].北京：中华书局，2012.

18.（南朝·梁）萧统.文选[M].上海：上海古籍出版社，1986.

19.（南朝·梁）萧子显.南齐书[M].北京：中华书局，1972.

20.（唐）杜光庭.道德真经广圣义[M].巩曰国，点校.南京：凤凰出版社，2017.

21.（唐）樊绰撰，向达校注.蛮书校注[M].北京：中华书局，1962.

22.（唐）房玄龄.晋书[M].北京：中华书局，1996.

23.（唐）慧立，彦悰.大慈恩寺三藏法师传[M].孙毓棠，谢方，点校.北京：中华书局，2000.

24.（唐）魏征，令狐德棻.隋书[M].北京：中华书局，1973.

25.（唐）徐坚等.初学记[M].北京：中华书局，1982.

26.（唐）张鷟.朝野佥载[M].赵守俨，点校.北京：中华书局，1979.

27.（后晋）刘昫.旧唐书[M].北京：中华书局，1975.

28.（五代）王定保.唐摭言[M].上海：上海古籍出版社，1978.

29.（北宋）陈尧佐著；程瑞钊等解析.陈尧佐诗辑佚注析[M].成都：巴蜀书社，1991.

30.（北宋）乐史.太平寰宇记[M].王文楚等，点校.北京：中华书局，2007.

31.（北宋）李昉.文苑英华[M].北京：中华书局，1966.

32.（北宋）李昉，李穆，徐铉.太平御览[M].北京：中华书局，1960.

33.（北宋）米芾.画史[M].北京：中华书局，1985.

34.（北宋）欧阳修.洛阳牡丹记[M].王云，校；王云，整理.上海：

上海书店，2017.

35.（北宋）司马光.资治通鉴[M].（元）胡三省，注释.北京：中华书局，2011.

36.（北宋）苏轼著；李之亮笺注.苏轼文集编年笺注[M].成都：巴蜀书社，2011.

37.（北宋）王钦若.册府元龟[M].周勋初等，校订.南京：凤凰出版社，2006.

38.（北宋）魏泰.东轩笔录[M].李裕民，点校.北京：中华书局，1983.

39.（北宋）张邦基.墨庄漫录[M].孔凡礼，点校.北京：中华书局，2002.

40.（南宋）陈亮.陈亮集[M].邓广铭，点校.北京：中华书局，1987.

41.（南宋）范成大.吴郡志[M].北京：中华书局，1985.

42.（南宋）洪迈.容斋随笔[M].北京：中华书局，2015.

43.（南宋）李焘.续资治通鉴长编[M].北京：中华书局，1985.

44.（南宋）李心传.建炎以来系年要录[M].上海：上海古籍出版社，1992.

45.（南宋）黎靖德.朱子语类[M].王星贤，注解.北京：中华书局，1986.

46.（南宋）陆游著；马亚中，涂小马校注.渭南文集校注[M].杭州：浙江古籍出版社，2015.

47.（南宋）王象之.舆地纪胜[M].赵一生，点校.杭州：浙江古籍出版社，2012.

48.（南宋）文天祥.文文山全集[M].上海：国学整理社，1936.

49.（南宋）章樵.古文苑[M].钦定四库全书本.

50.（南宋）朱熹.河南程氏遗书[M].陈京伟，点校.济南：山东人民出版社，2019.

51.（南宋）周密.齐东野语[M].高心露，高虎子，校点.济南：齐鲁书社，2007.

52.（宋末元初）郑思肖.心史[M].上海：广智书局，1942.

53.（元）马端临.文献通考[M].北京：中华书局，2011.

54.（元）脱脱.宋史[M].北京：中华书局，2013.

55.（元）朱思本撰，（明）罗洪先补，（明）胡松增补.广舆图[M].影印国家图书馆藏明嘉靖刻本.

56.（明）陈建.皇明通纪[M].北京：中华书局，2011.

57.（明）何孟春.余冬序录摘抄内外篇[M].北京：中华书局，1985.

58.（明）黄仲昭.八闽通志[M].福建省地方志编纂委员会旧志整理组，福建省图书馆特藏部，整理.福州：福建人民出版社，1990.

59.（明）宋濂.元史[M].北京：中华书局，1976.

60.（明）徐光启.农政全书[M].北京：中华书局，1956.

61.（明）徐弘祖.徐霞客游记[M].上海：上海古籍出版社，2010.

62.（明）袁宏道.袁宏道集笺校[M].上海：上海古籍出版社，1981.

63.（明）章潢.图书编[M].文渊阁四库全书本.

64.（清）爱新觉罗·玄烨.康熙几暇格物编[M].上海：上海古籍出版社，1990.

65.（清）曾国藩.曾国藩全集[M].长沙：岳麓书社，1988.

66.（清）陈梦雷.古今图书集成[M].北京：中华书局；成都：巴蜀书社，1985.

67.（清）顾炎武.天下郡国利病书[M].黄坤，校点.上海：上海古籍出版社，2012.

68.（清）黄宗羲.明夷待访录[M].北京：中华书局，1985.

69.（清）李鸿章.李文忠公全集[M].刻本.金陵，1905—1908（清光绪三十一年至三十四年）.

70.（清）李鸿章.通商条约章程成案汇编[M].1886（清光绪十二年）.

71.（清）刘坤一.刘忠诚公遗集[M]//沈云龙主编；欧阳辅之编.近代中国史料丛刊.台北：文海出版社，1973.

72.（清）刘咸炘.推十书·戊辑[M].上海：科学技术文献出版社，

2009.

73.（清）刘献廷.广阳杂记[M].北京：中华书局，1985.

74.（清）齐召南.水道提纲.胡正武，点校.北京：国家图书馆出版社，2017.

75.（清）王大同.嘉庆上海县志[M].上海：上海书画出版社，2018.

76.（清）王启原.曾国藩日记类钞[M].周殿富，编.合肥：安徽人民出版社，2013.

77.（清）徐润.徐愚斋自叙年谱[M].南昌：江西人民出版社，2012.

78.（清）严可均.全汉文[M].任雪芳，审订.北京：商务印书馆，1999.

79.（清）张澍.蜀典[M].刻本：1834（道光十四年），安怀堂藏版.

80.（清）张廷玉.明史[M].北京：中华书局，2013.

81.大清帝国全图[M].上海：商务印书馆，1905（清光绪三十一年）.

82.清户部档案抄件[M].中国社会科学院经济研究所藏.

83.范祥雍.古本竹书纪年辑校订补[M].上海：上海古籍出版社，2011.

84.（清）宝鋆.筹办夷务始末：同治朝[M].北京：故宫博物院，1930.

85.国家统计局.中国统计年鉴：2018[M].北京：中国统计出版社，2018.

86.侯祖畬修，吕寅东等纂.民国夏口县志[M].民国九年刻本.

87.黎翔凤.管子校注[M].北京：中华书局，2009.

88.民国工部局华文处.费唐法官研究上海公共租借情形报告书[R].1931年.

89.齐思和.第二次鸦片战争资料：第5册[M].上海：上海人民出版社，1978.

90.钱牧斋.杜工部诗集[M].上海：世界书局，1935.

91.王铁崖.中外旧约章汇编[M].北京：生活·读书·新知三联书店，1957.

92. 吴承仕. 经典释文序录疏证 [M]. 北京：中华书局，1984.

93. 夏东元. 郑观应集 [M]. 上海：上海人民出版社，1982.

94. 许涤新，吴承明. 中国资本主义发展史 [M]. 北京：人民出版社，1990.

95. 徐元诰. 国语集解 [M]. 王树民，沈长云，点校. 北京：中华书局，2002.

96. 许肇鼎. 宋代蜀人著作存佚录 [M]. 成都：巴蜀书社，1986.

97. 赵尔巽. 清史稿 [M]. 北京：中华书局，1998.

98. 中国第一历史档案馆. 鸦片战争档案史料：第7册 [M]. 天津：天津古籍出版社，1992.

99. "中央研究院"近代史研究所. 海防档·甲·购买船炮：第三册 [M]. 台北："中央研究院"近代史研究所，1957.

研究著作：

1. 蔡竞. 长江经济带区域合作发展研究 [M]. 成都：四川人民出版社，2015.

2. 蔡述明，陈国阶. 汉江流域资源合理开发利用与经济发展综合研究 [M]. 武汉：湖北科学技术出版社，1997.

3. 曾大兴. 中国历代文学家之地理分布 [M]. 武汉：湖北教育出版社，1995.

4. 陈芳国，涂天向. 武汉通史 [M]. 武汉：武汉出版社，2006.

5. 陈进. 长江演变与水资源利用 [M]. 武汉：长江出版社，2012.

6. 陈进. 长江文明之旅：神秘的三江源之旅 [M]. 武汉：长江出版社，2015.

7. 陈夔龙. 梦蕉亭杂记 [M]. 太原：山西古籍出版社，1996.

8. 陈立德. 长江中游城市群国土资源与环境地质图集 [M]. 武汉：中国地质大学出版社，2017.

9. 陈真. 中国近代工业史资料：第四辑 [M]. 北京：生活·读书·新知

三联书店，1961.

10. 陈正祥.中国文化地理[M].上海：上海三联书店，1983.

11. 丁名楠，余绳武，张振鹍，等.帝国主义侵华史：第1卷[M]，北京：人民出版社，1992.

12. 丁援.中国文化线路遗产[M].上海：东方出版社，2015.

13. 窦鸿身，姜加虎.中国五大淡水湖[M].合肥：中国科学技术大学出版社，2003.

14. 杜恂诚.日本在旧中国的投资[M].上海：上海社会科学院出版社，1986.

15. 二十五史刊行委员会.二十五史补编[M].北京：中华书局，1955.

16. 樊百川.中国轮船航运业的兴起[M].成都：四川人民出版社，1985.

17. 范锴.汉口丛谈[M].武汉：湖北人民出版社，1997.

18. 方楠，秋燕.河流的故事[M].北京：团结出版社，2007.

19. 房成祥，李振民.中国革命史教程（修订本）[M].西安：陕西人民出版社，1986.

20. 冯辉.百年汉阳造[M].武汉：湖北人民出版社，2013.

21. 冯天瑜，何晓明，周积明.中华文化史[M].上海：上海世纪出版集团，2005.

22. 冯友兰.三松堂全集[M].郑州：河南人民出版社，1989.

23. 葛剑雄，胡云生.黄河与河流文明的历史考察[M].郑州：黄河水利出版社，2007.

24. 葛剑雄.西汉人口地理[M].北京：人民出版社，1986.

25. 葛剑雄.中国人口发展史[M].福州：福建人民出版社，1991.

26. 葛剑雄，曹树基，吴松，等.简明中国移民史[M].福州：福建人民出版社，1993.

27. 拱玉书，颜英，葛英会.苏美尔、埃及、中国古文字比较研究[M].北京：科学出版社，2009.

28. 顾诚.明末农民战争史[M].北京：中国社会科学出版社，1984.

29. 顾明杰，何立高. 乌江山峡旅游[M]. 北京：中国旅游出版社，2005.

30. 胡昭曦. 胡昭曦宋史论集[C]. 重庆：西南师范大学出版社，1998.

31. 湖北省经济体制改革研究会. 经济体制改革文件资料选编[C]. 1984.

32. 湖北省社会科学院历史研究所. 湖北简史[M]. 武汉：湖北教育出版社，1994.

33. 湖南省文物考古研究所. 澧县城头山：新石器时代遗址发掘报告[R]. 北京：文物出版社，2007.

34. 黄河水利委员会黄河志总编辑室. 黄河志：11卷[M]，郑州：河南人民出版社，2017.

35. 黄健民. 乌江流域研究[M]. 北京：中国科学技术出版社，2007.

36. 黄振亚. 长江大撤退全景实录[M]. 广州：广东人民出版社，2013.

37. 贾大林，司徒淞，庞鸿宾，等. 节水农业与区域治理[M]. 北京：中国农业科技出版社，1992.

38. 江林昌. 中国上古文明考论[M]. 上海：上海教育出版社，2005.

39. 姜守明，贾雯. 世界大河文明[M]. 济南：山东画报出版社，2011.

40. 科技部国家计委国家经贸委. 中国重大自然灾害与社会图集[M]. 广州：广东科技出版社，2004.

41. 蓝勇. 西南历史文化地理[M]. 重庆：西南师范大学出版社，1997.

42. 李广生. 时代笔录：辛亥革命亲历亲闻[M]. 天津：百花文艺出版社，2012.

43. 李默. 中国历史上的六次民族大融合[M]. 广州：广东旅游出版社，2013.

44. 李耀仙. 廖平选集[C]. 成都：巴蜀书社，1998.

45. 李跃龙. 洞庭湖的演变、开发和治理简史[M]. 长沙：湖南大学出版社，2014.

46. 李哲，谭德宝，王腊春，等. 基于物联网的时空连续多元信息获取布局技术研究[M]. 南京：东南大学出版社，2017.

47. 梁方仲. 中国历代户口、田地、田赋统计[M]. 上海：上海人民出版社，1980.

48. 梁启超. 饮冰室文集 [M]. 上海：中华书局，1936.

49. 林华东. 河姆渡文化初探 [M]. 杭州：浙江人民出版社，1992.

50. 林之光. 中国气候 [M]. 北京：气象出版社，1987.

51. 刘宏友，徐诚. 湖北航运史 [M]. 北京：人民交通出版社，1995.

52. 刘建，朱明忠，葛维钧. 印度文明 [M]. 福州：福建教育出版社，2008.

53. 刘建新. 灵渠 [M]. 广州：广东人民出版社，2010.

54. 刘清河. 汉水文化史 [M]. 西安：陕西人民出版社，2013.

55. 刘师培. 清儒得失论 [M]. 长春：吉林出版社，2017.

56. 刘英姿，张光清，[德] 安德斯. 工程·文化·景观："ICOMOS-Wuhan 无界论坛"论文集 [C]. 南京：东南大学出版社，2014.

57. 刘仲桂. 灵渠 [M]. 南宁：广西科学技术出版社，2014.

58. 陆铭宁，施遇. 乡村旅游新探——以凉山州为样本的实证研究 [M]. 成都：四川大学出版社，2014.

59. 罗小韵. 民族之魂 万里长江 [M]. 上海：上海锦绣文章出版社，2008.

60. 罗运环. 荆楚文化 [M]. 太原：山西教育出版社，2006.

61. 马正林. 中国历史地理简论 [M]. 西安：陕西人民出版社，1987.

62. 毛文骥，杨夫芳. 论中国社会主义市场经济体制 [M]. 武汉：中共中央党校社出版社，1993.

63. 聂宝璋. 中国买办资产阶级的发生 [M]. 北京：中国社会科学出版社，1979.

64. 齐涛. 中国通史教程教学参考：近代卷（第二版）[M]. 济南：山东大学出版社，2005.

65. 全国水力资源复查工作领导小组编；贵阳勘测设计研究院，贵州省水利水电勘测设计研究院编制. 中华人民共和国（分省）水力资源复查成果（2003 年）第 21 卷贵州省 [M]. 北京：中国电力出版社，2004.

66. 全国水力资源复查工作领导小组编；湖南省水利水电勘测设计研

究院，中南勘测设计研究院编制．中华人民共和国（分省）水力资源复查成果（2003 年）第 15 卷 湖南省 [M]．北京：中国电力出版社，2004．

67．施友义．中国最大的淡水湖鄱阳湖 [M]．福州：海风出版社，1993．

68．石铭鼎．难忘的长江源考察 [M]．武汉：长江出版社，2010．

69．石泉．古代荆楚地理新探 [M]．武汉：武汉大学出版社，1988．

70．首届长江文化暨楚文化国际学术讨论会筹备委员会．长江文化论集 第 1 辑 首届长江文化暨楚文化国际学术讨论会文集 [C]．武汉：湖北教育出版社，1995．

71．水利部长江水利委员会．长江流域防洪规划简要报告 [R]．2005．

72．水利部长江水利委员会．长江流域水旱灾害 [M]．北京：中国水利水电出版社，2002．

73．四川省文物考古研究院，三星堆博物馆，三星堆研究院．三星堆出土文物全记录（第一册）：青铜器 [M]．成都：天地出版社，2009．

74．苏秉琦．中国远古时代 [M]．上海：上海人民出版社，2010．

75．孙栋苗等．河姆渡古韵：余姚记忆最后的历史文化遗产 [M]．2011．

76．谭继和．巴蜀文化辨思集 [C]．成都：四川人民出版社，2004．

77．唐长孺．魏晋南北朝隋唐史三论：第 2 版 [M]．武汉：武汉大学出版社，2013．

78．童恩正．古代的巴蜀 [M]．重庆：重庆出版社，1998．

79．汪家伦，张芳．中国农田水利史 [M]．北京：农业出版社，1990．

80．汪敬虞．中国近代工业史资料：第二辑（上）[M]．北京：科学出版社，1957．

81．王会昌，王云海，余意峰．长江流域人才地理 [M]．武汉：湖北教育出版社，2005．

82．王俊．梯级水电站水文泥沙信息管理分析系统设计与实现 [M]．武汉：武汉大学出版社，2014．

83．王育民．中国历史地理概论（上）[M]．北京：人民教育出版社，1985．

84．王仲荦．北周地理志 [M]．北京：中华书局，1980．

85. 魏嵩山，肖华忠 . 鄱阳湖流域开发探源 [M]. 南昌：江西教育出版社，1995.

86. 吴昌华 . 自然科学发展史话 [M]. 沈阳：辽宁科学技术出版社，2018.

87. 吴春华，牛治宇，陈昭友，等 . 南水北调西线一期工程调水区生态环境需水量研究：雅砻江干流河道内生态需水量研究 [M]. 郑州：黄河水利出版社，2007.

88. 吴松弟 . 北方移民与南宋社会变迁 [M]. 台北：文津出版社，1993.

89. 吴松弟 . 中国百年经济拼图：港口城市及其腹地与中国现代化 [M]. 济南：山东画报出版社，2006.

90. 吴振坤 . 中国对外开放通论 [M]. 北京：北京工业大学出版社，1993.

91. 武汉地方志编纂委员会 . 武汉市志·交通邮电志 [M]. 武汉：武汉大学出版社，1998.

92. 武汉地方志编纂委员会 . 武汉市志·工业志 [M]. 武汉：武汉大学出版社，1999.

93. 武汉市档案馆 . 武汉对外开放史 [M]. 武汉：武汉出版社，2005.

94. 谢振东，邵长生，陈立德 . 鄱阳湖的前世今生 [M]. 武汉：中国地质大学出版社，2018.

95. 宿白 . 中国佛教石窟寺遗迹 [M]. 北京：文物出版社，2010.

96. 徐培红 . 长江航运发展评价指标体系研究 [M]. 北京：人民交通出版社，2017.

97. 严文明 . 求索文明源：严文明自选集 [C]. 北京：首都师范大学出版社，2017.

98. 严文明 . 长江文明的曙光 [M]. 武汉：湖北教育出版社，2004.

99. 杨宽 . 中国上古史导论 [M]. 上海：上海人民出版社，2016.

100. 杨世林，董先勇，代水平 . 金沙江水文河道勘测技术应用概论 [M]. 郑州：黄河水利出版社，2013.

101. 于殿利 . 人性的启蒙时代：古代美索不达米亚的艺术与思想 [M].

北京：紫禁城出版社，2016.

102. 袁北星. 荆楚近代史话 [M]. 武汉：武汉出版社，2013.

103. 袁继池. 生态文明简明读本 [M]. 武汉：华中科技大学出版社，2015.

104. 苑书义，孙华峰，李秉心. 张之洞全集 [M]. 石家庄：河北人民出版社，1998.

105. 张汉江，潘胜强，胡列格，等. 湘江长沙综合枢纽建设运行的宏观效益分析 [M]. 湘潭：湘潭大学出版社，2013.

106. 张继煦. 张文襄公治鄂记 [M]. 湖北通志馆，1947.

107. 张正明. 楚文化史 [M]. 上海：上海人民出版社，1987.

108. 张正明. 张正明学术文集 [C]. 武汉：湖北人民出版社，2007.

109. 张仲礼. 近代上海城市研究 [M]. 上海：上海文艺出版社，2008.

110. 长江水利委员会水文局，长江水利委员会综合勘测局. 长江志：7卷23部 [M]，北京：中国大百科全书出版社，2000—2007.

111. 赵德馨. 张之洞全集 [M]. 武汉：武汉出版社，2009.

112. 赵炜. 乌江流域人居环境建设研究 [M]. 南京：东南大学出版社，2008.

113. 赵晔. 湮灭的古国故都：良渚遗址概论 [M]. 杭州：浙江摄影出版社，2007.

114. 浙江省文物考古研究所，萧山博物馆. 跨湖桥 [R]. 北京：文物出版社，2004.

115. 郑家馨. 一方水土养育一方文明：非洲文明之路 [M]. 北京：人民出版社，2011.

116. 郑绍昌. 宁波港史 [M]. 北京：人民交通出版社，1989.

117. 郑肇经. 太湖水利技术史 [M]. 北京：农业出版社，1987.

118. 中国科学院生态环境研究中心. 长江流域生物多样性格局与保护图集 [M]. 北京：科学出版社，2011.

119. 中国人民大学中国历史教研室. 明清社会经济形态的研究 [M]. 上海：上海人民出版社，1957.

120. 中国史学会. 洋务运动：第六册 [M]，上海：上海人民出版社，1961.

121. 中华人民共和国水利部. 新中国水利 60 年 [M]. 北京：水利水电出版社，2009.

122. 周兴志，赵建功. 长江流域地质环境和工程地质概论 [M]. 武汉：中国地质大学出版社，2004.

123. 周膺. 美的事迹之美丽旧世界：良渚文化与杭州的缘起 [M]. 北京：当代中国出版社，2002.

124. 朱道清. 中国水系辞典 [M]. 青岛：青岛出版社，2007.

125. 朱道清. 中国水系图典（修订版）[M]. 青岛：青岛出版社，2010.

126. 朱海滨. 鸟瞰中华：中国文化地理 [M]. 沈阳：沈阳出版社，1997.

127. 宗菊如，周解清. 中国太湖史 [M]. 北京：中华书局，1999.

128. Bin Liu, Ningyuan Wang, Minghui Chen, Xiaohong Wu, Duowen Mo, Jianguo Liu, Shijin Xu, and Yijie Zhuang. The earliest hydraulic enterprise in China, 5,100 years ago. Proceedings of the National Academy of Sciences of the United States of America.Dec 2017.

129. G.C.Allen,Western，Enterprise in Far Eastern Economic Development，China and Japan，1954.

130.［加］Asit K. Biswas. 水文学史 [M]. 刘国纬，译. 北京：科学出版社，2007.

131.［美］大卫·克里斯蒂安，辛西娅·斯托克斯·布朗·克雷格·本杰明. 大历史——虚无与万物之间 [M]. 刘耀辉，译. 北京：北京联合出版社，2016.

132.［美］费正清，刘广京. 剑桥中国晚清史 [M]. 北京：中国社会科学出版社，1985.

133.［美］贾志扬（JohnChaffee）.宋代科举 [M]. 台北：东大图书公司，1995.

134.［德］黑格尔. 历史哲学 [M]. 王造时，译. 北京：生活·读书·新知三联书店，1956.

135.［美］马士.中华帝国对外关系史：第1卷：1834—1860年冲突时期[M].张汇文等，译.北京：生活·读书·新知三联书店，1957.

136.［美］刘广京.英美航运势力在华的竞争（1862—1874年）[M].上海：上海社会科学院出版社，1988.

137.［美］罗威廉.汉口：一个中国城市的商业和社会（1796—1889）[M].北京：中国人民大学出版社，2016.

138. Robert Foryune. Two Vists to the Tea Countries of China and the British Tea Plantations in the Himalaya. John Murray, Albemarle Street,1853.

139. William W. Hallo and William Kelly Simpson, The Ancient Near East:A History, New York: Harcout, Brace, Jovanovich,1971.

140.［美］S.N.克莱默.历史始于苏美尔[M]，宾夕法尼亚大学出版社，1981.

141.希罗多德.希罗多德历史[M].王以铸，译.北京：商务印书馆，1985.

研究论文：

1.曹聚仁.京派与海派[N].申报：自由谈，1934-1-17.

2.曹文宣.长江上游水电梯级开发的水域生态修复问题[J].长江技术经济，2019（02）.

3.曾小凡、翟建青、姜彤、苏布达.长江流域年降水量的空间特征和演变规律分析[J].河海大学学报（自然科学版），2008（06）.

4.陈珲.六千年前世界最早茶树：再证"杭州湾地区是茶文化起源地暨茶树起源中心"[J].农业考古，2012（05）.

5.陈绛.清季西方资本与长江航运的近代化[J].上海社会科学院学术季刊，1987（04）.

6.陈陆.史禄：灵渠巧连湘漓水[J].中国三峡，2014（06）.

7.陈伟.《鄂君启节》之"鄂"地探讨[J].江汉考古，1986（02）.

8. 陈绪石.海派文化视角下海派文学研究的现状与未来[J].西南农业大学学报（社会科学版），2010（06）.

9. 陈正书.关于近代东南沿海城市交通投资取向问题之考察[J].史林，1995（04）.

10. 樊哲理.长江几多小三峡[J].中国三峡，2017（02）.

11. 范金民.赋税甲天下，科第冠海内[N].光明日报,2011-10-26(14)。

12. 范金民.明清江南进士数量、地域分布及其特色分析[J].南京大学学报（哲学·人文科学·社会科学版），1997（02）.

13. 方如金.南宋浙江文化的大发展[J].浙江师范大学学报,1986(01).

14. 方向明.成组玉礼器与良渚文明模式[J].博物院，2019（02）.

15. 冯汉骥、杨有润、王家祐.四川古代的船棺葬[J].考古学报,1958（02）.

16. 冯郁.光电子信息产业集群发展现状及特点分析[J].商业时代，2011（22）.

17. 冯长生.重庆乌江[J].西部金融，2017（09）.

18. 甘满堂.清代中国茶叶外销口岸及运输路线的变迁[J].农业考古，1998（04）.

19. 高策，吴文清.先秦科学思想管窥——以《诗经》与《楚辞》关于"天"的认识比较为例[J].自然辩证法研究，2008（02）.

20. 高大伦.三星堆遗址古文明的长度宽度和高度[J].四川文物，2016（06）.

21. 高至喜.湖南发现的几件越族风格的文物[J].文物，1980（12）.

22. 郭明建.良渚文化玉器工业初探[J].东方考古，2018.

23. 何炳棣.明清进士与东南人文[A]//缪进鸿，郑云山.中国东南地区人才问题国际研讨会论文集[C].杭州：浙江大学出版社，1993：216-221.

24. 何三怡，刘冠美.现代水利五大特征之一——人文水利[J].四川水利，2004（02）.

25. 河姆渡遗址考古队.浙江河姆渡遗址第二期发掘的主要收获[J].文

物.1980（05）.

26. 胡皓.赣江下游水沙特性及河床演变分析[D].天津大学，2016.

27. 季羡林.中国古史应当重写[J].群言，1993（06）.

28. 蒋太旭.汉口近代制茶工业开启武汉的机器时代[J].武汉文史资料，2015（04）.

29. 匡峰.赣江尾闾河床演变及整治研究[D].天津大学，2014.

30. 雷保寿.汉江源头在哪里[J].中国水文化，2017（03）.

31. 李宾泓.我国蚕桑丝织业探源[J].地理研究，1989（02）.

32. 李伯谦.长江流域文明的进程[J].考古与文物，1997（04）.

33. 李家添.中国远古文明起源长江流域考古概述[J].中国文物世界，1996（03）.

34. 李银安.程颢、程颐出生地考[J].长江论坛，2006（01）.

35. 李永加.河姆渡遗址出土"骨哨"研究[J].东南文化，2012（04）.

36. 李跃龙.洞庭湖的演变、开发和治理简史 01 绪论[A].湖南省洞庭湖区域经济社会发展研究会专题资料汇编.长沙：湖南大学出版社，2014.

37. 廖小红，王维俊，宋平，等.湘江流域径流特性分析[J].湖南水利水电，2019（02）.

38. 凌弓.近代上海航运发展与城市变迁[J].社会科学，1996（12）.

39. 刘斌，王宁远，陈明辉，等.良渚：神王之国[J].中国文化遗产，2017（03）.

40. 刘斌，王宁远，陈明辉.从考古遗址到世界文化遗产：良渚古城的价值认定与保护利用[J].东南文化，2019（01）.

41. 刘斌，王宁远.2006—2013 良渚古城考古的主要收获[J].东南文化，2014（02）.

42. 刘可晶.水利工程的明珠——灵渠[J].力学与实践，2013（06）.

43. 刘云.沅水生命探源[J].中国三峡，2012（08）.

44. 隆院男，刘晶，李志威，等.近 30 年湘江中下游典型江心洲演变规律[J].泥沙研究，2017（06）.

45. 罗教伟.从工业方面观察各国在华之经济势力[J].中国经济，

1934, 02 (05).

46. 吕国利, 陈珲. 古茶树资源应受到保护 [J]. 农业考古, 2001 (02).

47. 马建华. 共抓长江生物资源保护, 促进长江经济带高质量发展 [A]. 武汉: 长江生物资源保护论坛, 2018.

48. 潘前芝. 抗战时期中国工业的"敦刻尔克"大撤退 [J]. 军事文摘, 2019 (05).

49. 彭文璟. 荆江流域水工程历史变迁研究 [D]. 长江大学, 2019.

50. 任放. 明清湖北商品经济的发展状况 [J]. 湖北大学学报（哲学社会科学版）, 2003 (1).

51. 任式楠. 长江中游文明起源探索 [C]// 中国社会科学院历史研究所. 华夏文明与传世藏书. 北京: 中国社会科学出版社, 1996.

52.《上海水务》编辑部. 世界第一长河为亚马孙河 [J]. 上海水务, 2008 (03).

53. 税晓洁. 饮水必思源——人类对大河源头的渴求: 长江到底有多长 [J]. 中国国家地理, 2009 (03).

54. 税晓洁. 北源与新源 [J]. 中国三峡, 2015 (04).

55. 宋娇, 李海峰. 古代两河流域地区土地盐碱化问题探析 [J]. 农业考古, 2015 (30).

56. 孙文. 大总统令内务部筹划兴复汉口市场文 [M]// 中国社会科学院近代史研究所史料编译组编辑. 辛亥革命资料. 北京: 中华书局, 1961.

57. 孙仲明, 赵苇航. 我国对长江江源认识的历史过程 [J]. 扬州师院学报（自然科学版）, 1984 (01).

58. 覃影. 地图史上的"马湖现象"考 [J]. 民族学刊, 2010 (02).

59. 谭继和. 四川保路运动: 巴蜀文化由古典形态向现代形态转型的标志 [J]. 西华大学学报（哲学社会科学版）, 2012 (01).

60. 谭其骧. 晋永嘉丧乱后之民族迁徙 [C]. 燕京学报, 1934 (15)// 谭其骧. 长水集. 北京: 人民出版社, 1987.

61. 谭其骧. 论两汉两晋户口 [J]. 禹贡半月刊, 1 (07).

62. 滕大春. 关于两河流域古代学校的考古发掘 [J]. 河北大学学报（哲

学社会科学版），1984（04）．

63. 汪熙．论晚清的官督商办[J]．历史学，1979（01）．

64. 王良智，曲新楠．彭头山文化分期与类型[J]．江汉考古，2018（03）．

65. 王宁远，刘斌．杭州市良渚古城外围水利系统的考古调查[J]．考古，2015（01）．

66. 王宁远．良渚古城及外围水利系统的遗址调查与发掘[J]．遗产保护与研究，2016（05）．

67. 王钰．浙江良渚遗址考古历经80年，实证中华五千文明[N]．人民日报，2018-1-26．

68. 魏东．略论中国养蚕业起源于长江三角洲[J]．中国农史，1983（01）．

69. 吴松弟．三次北方人口南迁和南方汉族的形成与发展[C]．中国地理学会历史地理专业委员会《历史地理》编辑委员会．历史地理：14辑．上海：上海古籍出版社，1998．

70. 吴宇虹．生态环境的破坏和苏美尔文明的灭亡[J]．世界历史，2001（03）．

71. 吴泽．群策群力开拓客家研究新局面[C]//客家史与客家人研究编辑室．客家史与客家人研究．上海：华东师范大学出版社，1989．

72. 谢志成．四川汉代画像砖上的佛塔图像[J]．四川文物，1987（04）．

73. 熊月之，沈祖炜．长江沿江城市与中国近代化[J]．史林，2000（04）．

74. 晏昌贵，郭涛．《鄂君启节》铭文地理研究二题[J]．华北水利水电学院学报（社科版），2012（05）．

75. 杨华．论《开元礼》对郑玄和王肃礼学的择从[J]．中国史研究，2003（01）．

76. 杨荣垓．曲辕犁新探[J]．农业考古，1988（02）．

77. 袁庭栋．"天府之国"由来的历史考察[J]．社会科学研究，1985（01）．

78. 院文清．石家河文化玉器赏析（上）[J]．收藏家，2010（07）．

79. 张笃勤．晚清汉口茶市与武汉社会经济[J]．江汉大学学报，2005（03）．

80. 张继煦. 湖北学生界叙论 [J]. 湖北学生界，1903（01）.

81. 张胜邦. 寻访长江源 [J]. 森林与人类，2017（11）.

82. 张硕. 大河与稻作农业起源 [J]. 化石，2018（02）.

83. 张同标. 长江流域早期楼阁式佛塔形制特征 [J]. 湖南大学学报（社会科学版），2011（05）.

84. 张绪球. 石家河文化的玉器 [J]. 江汉考古，1992（01）.

85. 张勋燎. 古代巴人的起源及其与蜀人、僚人的关系 [C]. 南方民族考古：1辑. 成都：四川大学出版社，1987.

86. 张玉韩，吴尚昆，董延涛. 长江经济带矿产资源开发空间格局优化研究 [J]. 长江流域资源与环境，2019（04）.

87. 张正明. 古希腊文化与楚文化比较研究论纲 [J]. 江汉论坛，1990（04）.

88. 张之恒. 长江流域在中国文明起源中的地位及作用 [N]. 光明日报，1995-10-16（05）.

89. 赵刚. 康熙博学鸿词科与清初政治变迁 [J]. 故宫博物院院刊，1993（01）.

90. 赵辉. 远古的王城——良渚的国家形态 [J]. 杭州（周刊），2017（16）.

91. 赵晔. 良渚：中国早期文明的典范 [J]. 南方文物，2018（01）.

92. 浙江省文管会、浙江博物馆. 河姆渡发现原始社会重要遗址 [J]. 文物，1976（08）.

93. 浙江省文管会、浙江博物馆. 河姆渡遗址第一期发掘报告 [J]. 考古学报，1978（08）.

94. 郑洪波，魏晓椿，王平，等. 长江的前世今生 [J]. 中国科学：地球科学，2017（04）.

95. 郑云飞、陈旭高、丁品. 浙江余杭茅山遗址古稻田耕作遗迹研究 [J]. 第四纪研究，2014（01）.

96. 周光垌. 从考古看史前流体力学的发生和发展（续）[J]. 力学与实践，2001（06）.

97. 周国兴. 长江流域——中华民族远古文明的又一摇篮 [J]. 史前研究，

1983（02）.

98. 周颖. 丝之源——湖州钱山漾[J]. 丝绸，2006（06）.

99. 朱乃诚. 屈家岭文化的文化成就及在中国文明起源中的地位与作用[J]. 考古学集刊，2017.

100. 朱乃诚. 中国新石器时代早期文化遗存的新发现和新思考[J]. 东南文化，1999（03）.

101. K.van der Toorn and P.W.van der Host, "Nimrod before and after the Bible", The Harvard Theological Review 83, 1990（01）: 1-29.

图片来源

彩插	图 26	湖北省博物馆,湖北省文物考古研究所网站,见 http://www.hbww.org/home/Index.aspx。
4	图 1-1-1	作者自绘,资料来源:蔡竞主编:《长江经济带区域合作发展研究》,成都:四川人民出版社,2015 年,第 4 页。
8	图 1-2-1	作者自绘,资料来源:周兴志,赵建功编著:《长江流域地质环境和工程地质概论》,第 3 页。
10	图 1-2-2	作者自绘,资料来源:周兴志,赵建功编著:《长江流域地质环境和工程地质概论》,第 3 页。
10	图 1-2-3	作者自绘,资料来源:长江水利委员会水文局编:《长江志·水系》,北京:中国大百科全书出版社,2003 年,第 24 页。
12	图 1-2-4	作者自绘,资料来源:长江水利委员会水文局编:《长江志·水系》,第 65 页。
14	图 1-2-6	作者自绘,资料来源:长江水利委员会水文局编:《长江志·水系》,第 108 页。
16	图 1-2-7	作者自绘,资料来源:长江水利委员会水文局编:《长江志·水系》,第 195 页。
17	图 1-2-8	陈进著:《长江演变与水资源利用》,武汉:长江出版社,2012 年,第 46 页。
18	图 1-2-9	作者自绘,资料来源:长江水利委员会水文局编:《长江志·水系》,第 286 页。
19	图 1-2-10	作者自绘,资料来源:长江水利委员会水文局编:《长江志·水系》,北京:中国大百科全书出版社,2003 年,第 195 页。
20	图 1-2-11	作者自绘,资料来源:夏海斌,蒋雪中,刘斐编著:《话说长江河口》,上海:上海科技教育出版社,2017 年,第

	22页。
22	图1-3-1 作者自绘，资料来源：长江水利委员会水文局编：《长江志·水系》，第65页。
24	图1-3-2 作者自绘，资料来源：长江水利委员会水文局编：《长江志·水系》，第118页。
25	图1-3-3 作者自绘，资料来源：刘星辉著：《都江堰工程现状和历史问题》，成都：四川科学技术出版社，2014年，第14页。
26	图1-3-4 作者自绘，资料来源：长江水利委员会水文局编：《长江志·水系》，第141页。
28	图1-3-5 作者自绘，资料来源：长江水利委员会水文局编：《长江志·水系》，第163页。
31	图1-3-6 作者自绘，资料来源：长江水利委员会水文局编：《长江志·水系》，第206页。
32	图1-3-7 作者自绘，资料来源：长江水利委员会水文局编：《长江志·水系》，第206页。
33	图1-3-8 作者自绘，资料来源：广西壮族自治区桂林市兴安县人民政府：《灵渠世界文化遗产预备名录申报文件》（2012），第4页。
34	图1-3-9 作者自绘，资料来源：长江水利委员会水文局编：《长江志·水系》，第227页。
37	图1-3-10 作者自绘，资料来源：长江水利委员会水文局编：《长江志·水系》，第243页。
38	图1-3-11 作者自绘，资料来源：窦鸿身，姜加虎主编：《中国五大淡水湖》，合肥：中国科学技术大学出版社，2003年。
39	图1-4-1 作者自绘，资料来源：窦鸿身，姜加虎主编：《中国五大淡水湖》。
40	图1-4-2 作者自绘，资料来源：朱道清编著：《中国水系图典（修订版）》，青岛：青岛出版社，2010年。
42	图1-4-3 作者自绘，资料来源：陈立德编著：《长江中游城市群国

	土资源与环境地质图集》，武汉：中国地质大学出版社，2017年，第29页。图片资料截止日期：2015年12月。
44	图1-4-4 作者自绘，资料来源：朱道清编著：《中国水系图典（修订版）》。
45	图1-4-5 作者自绘，资料来源：魏嵩山、肖华忠著：《鄱阳湖流域开发探源》，南昌：江西教育出版社，1995年，第11页。
45	图1-4-6 作者自绘，资料来源：谢振东，邵长生，陈立德编著：《鄱阳湖的前世今生》，武汉：中国地质大学出版社，2018年，第55页。
47	图1-4-7 作者自绘，资料来源：朱道清编著：《中国水系图典（修订版）》。
48	图1-4-8 作者自绘，资料来源：朱道清编著：《中国水系图典（修订版）》。
61	图2-2-1 作者自绘，资料来源：谭其骧主编：《中国历史地图集》，北京：中国地图出版社，1982年。
61	图2-2-2 作者自绘，资料来源：石铭鼎著：《难忘的长江源考察》，武汉：长江出版社，2010年，第26页。
63	图2-2-3 作者自绘，资料来源：《大清帝国全图》第25图《青海西藏》，上海：商务印书馆，1905年。
63	图2-2-4 作者自绘，资料来源：石铭鼎：《难忘的长江源考察》，第29页。
64	图2-2-5 作者自绘，资料来源：石铭鼎：《难忘的长江源考察》，第30页。
65	图2-2-6 作者自绘，资料来源：孙仲明，赵苇航：《我国对长江江源认识的历史过程》，《扬州师院学报（自然科学版）》1984年第1期。
66	图2-2-7 作者自绘，资料来源：石铭鼎著：《难忘的长江源考察》，第32页。
66	图2-2-8 作者自绘，资料来源：同上。

67	图 2-2-9 作者自绘，资料来源：地图出版社：《中华人民共和国地图集》，北京：地图出版社，1972 年，第 52 页。
68	图 2-2-10 作者自绘，资料来源：孙仲明，赵苇航：《我国对长江江源认识的历史过程》，《扬州师院学报（自然科学版）》1984 年第 1 期。
69	图 2-2-11 作者自绘，资料来源：石铭鼎著：《难忘的长江源考察》，第 39 页。
75	图 3-1-1 姜守明，贾雯著：《世界大河文明》，济南：山东画报出版社，2011 年，第 29 页。
76	图 3-1-2 比斯瓦斯著；刘国纬译：《水文学史》，北京：科学出版社，2007 年，第 5 页。
80	图 3-1-3 徐子方编著：《世界艺术史纲》，南京：东南大学出版社，2016 年。
81	图 3-1-4 同上。
82	图 3-1-5《中国美术报》2013 年 4 月 27 日第 80 版。
83	图 3-1-6 作者自绘，资料来源：姜守明，贾雯著：《世界大河文明》，济南：山东画报出版社，2011 年，第 2 页。
86	图 3-1-7 方楠，秋燕编著：《河流的故事》，北京：团结出版社，2007 年，第 45 页。
92	图 3-1-8 朱伯雄主编：《世界经典雕塑建筑鉴赏辞典》，北京：中国青年出版社，2004 年。
92	图 3-1-9 朱铭编著：《中外雕塑名作欣赏》，济南：山东教育出版社，1993 年。
93	图 3-1-10 于殿利著：《人性的启蒙时代 古代美索不达米亚的艺术与思想》，北京：紫禁城出版社，2016 年。
106	图 3-2-1 张硕：《大河与稻作农业起源》，《化石》2018 年第 2 期。
118	图 3-2-3 方向明：《玉见良渚，超时空的精神与艺术》，《杭州》2019 年第 26 期。
157	图 4-3-1 作者自绘，资料来源：高寿仙著：《徽州文化》，沈阳：

	辽宁教育出版社，1993 年，第 3 页。
178	图 5-1-2 作者自绘，资料来源：周膺著：《美的事迹之美丽旧世界良渚文化与杭州的缘起》北京：当代中国出版社，2002 年，第 25 页。
178	图 5-1-3 林华东著：《河姆渡文化初探》，杭州：浙江人民出版社，1992 年，彩版二。
178	图 5-1-4 同上。
179	图 5-1-5 作者自绘，资料来源：王斌：《马家浜文化研究》，上海大学 2019 年博士论文，第 26 页。
179	图 5-1-6 作者自绘，资料来源：陈同滨：《世界文化遗产"良渚古城遗址"突出普遍价值研究》，《中国文化遗产》2019 年第 4 期。
181	图 5-1-7 作者自绘，资料来源：王宁远：《良渚古城及外围水利系统的遗址调查与发掘》，《遗产与保护研究》2016 年第 5 期。
181	图 5-1-8 作者自绘，资料来源：同上。
221	图 6-1-3 作者自绘，资料来源：王育民著：《中国历史地理概论（上）》，北京：人民教育出版社，1985 年，第 243 页。
222	图 6-1-4 作者自绘，资料来源：王育民著：《中国历史地理概论（上）》，第 244 页。
223	图 6-1-5 作者自绘，资料来源：郑肇经主编：《太湖水利技术史》，北京：农业出版社，1987 年，第 167 页。
224	图 6-1-6 作者自绘，资料来源：王育民著：《中国历史地理概论（上）》，第 246 页。
225	图 6-1-7 作者自绘，资料来源：王育民著：《中国历史地理概论（上）》，第 248 页。
226	图 6-1-8 作者自绘，资料来源：丁援、马志亮、许颖著：《文化线路在中国》，上海：东方出版中心，2020 年，第 273 页。
227	图 6-1-9 作者自绘，资料来源：广西壮族自治区桂林市兴安县人民政府：《灵渠世界文化遗产预备名录申报文件》，2012 年。
229	图 6-1-10 作者自绘，资料来源：陈陆：《史禄：灵渠巧连湘漓

	水》,《中国三峡》2014 年第 6 期。
230	图 6-1-11 广西壮族自治区桂林市兴安县人民政府:《灵渠世界文化遗产预备名录申报文件》。
231	图 6-1-12 刘建新著:《灵渠》,广州:广东人民出版社,2010 年,第 17 页。
234	图 6-2-1 作者自绘,资料来源:长江水利委员会长江勘测规划设计研究院编:《长江志·航运工程》,北京:中国大百科全书出版社,2004 年,第 259 页。
236	图 6-2-2 作者自绘,资料来源:长江水利委员会长江勘测规划设计研究院编:《长江志·航运工程》,第 260 页。
237	图 6-2-3 作者自绘,资料来源:长江水利委员会长江勘测规划设计研究院编:《长江志·航运工程》,第 261 页。